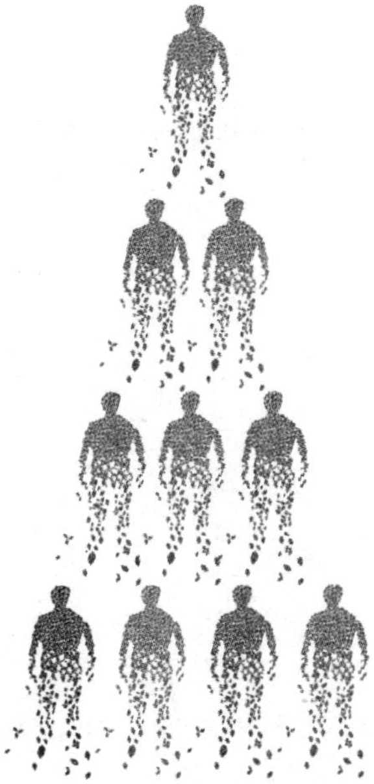

表态的艺术

邓峻浩◎著

北京大学出版社
PEKING UNIVERSITY PRESS

图书在版编目（CIP）数据

表态的艺术／邓峻浩著．—北京：北京大学出版社，2013.3

ISBN 978-7-301-21979-9

Ⅰ.①表… Ⅱ.①邓… Ⅲ.①语言艺术 Ⅳ.①H019

中国版本图书馆CIP数据核字（2013）第012538号

书　　名：表态的艺术
著作责任者：邓峻浩　著
策划编辑：朱　笛
责任编辑：秦　雯　谢安洁
标准书号：ISBN 978-7-301-21979-9 / F · 3485
出版发行：北京大学出版社
地　　址：北京市海淀区成府路205号　100871
网　　址：http://www.pup.cn　新浪官方微博：@北京大学出版社
电子信箱：tbcbooks@vip.163.com
电　　话：邮购部 62752015　发行部 62750672
　　　　　编辑部 82893506　出版部 62754962
印　刷　者：北京嘉业印刷厂
经　销　者：新华书店
　　　　　787毫米×1092毫米　16开本　15.75印张　232千字
　　　　　2013年3月第1版　2013年3月第1次印刷
定　　价：39.00元

目录

序

“元芳，你怎么看？”

据说每每神探狄仁杰询问副官：“元芳，你怎么看”，元芳总是回以“此事大有蹊跷……”，然后静候领导的神算与运筹，不多言、不妄言，充分展示了他混迹官场的圆熟心计。

表态在中国文化里似乎一直是一件触及灵魂的活儿。中国人大多惧怕表态。特别是过去数十年，但凡“运动”都需要表态，而且稍有差池往往“后果很严重”。

时至今日，有人仍时不时需要审时度势、察言观色、言不由衷、指鹿为马地表态，更多的则是一种人云亦云、亦步亦趋、囿于条条、缚于框框的表态。据说这种表态是一种“生态”，除了要遵循套路之外，还要会“打太极”、“运气功”……他们说：表态是一种艺术。

这种“表态的艺术”，就像在一定程度上被异化了的“公关的艺术”一样，如果存在、如果需要，我更愿意留给读者自己去悟。其实今日今时，很多时候一句“此事大有蹊跷”并不能成为“元芳们”的护身符。而且在一个公民社会里，随着新媒体的出现，似乎人人都有机会成为指点江山、激扬文字的“元芳”。因此，“元芳们”亟须真正的表态智慧和素质。本书把表态作为公共演讲的一部分，而且把它置于新闻发言、危机管理等大众传播、公共关系课题的框架之内，真正将其作为一门艺术、一门学问来讨论，试图还原并探寻它的专业性。

本书引用了大量重大事件、重要场合中当事人对公众的表态实例。表态的范例，常常能够反映新闻发言的智慧、浓缩危机管理的精华，让我们通过当事人舌尖上的风采一睹其思想上的魅力。我不揣浅陋，希望通过对这些实例的点评，帮助读者领略其中的“字外乾坤”、“字外功夫”，体会新闻发言和危机管理的精彩和微妙，含英咀华、学为我用。

所以说，这是一本人人能看的“说话”书。它告诉你，好的表态在工作和生活中实在是太重要了；它告诉你，怎样表态才能“话”半而功倍；它告诉你，那些优秀演讲者、发言人的“说话术”，你也能掌握！但是，这又不仅仅是一本好看的“说话”书，你从例子、故事以及我的点评中，一定能悟到很多新闻发言和危机管理的真谛，从而让自己的表态更加专业、更有力道、更见方略。

最重要的是，这还是一本涉足公关、传播领域多年的专业人士认真写就的“说话”书。我写作此书没有其他的目的，唯一的想法就是用心把一段时间以来积累的专业经验，与读者进行一次畅快的分享。所以即使显拙也在所不惜——唯望同好多多交流，诚乞方家不吝赐教。

邓峻浩

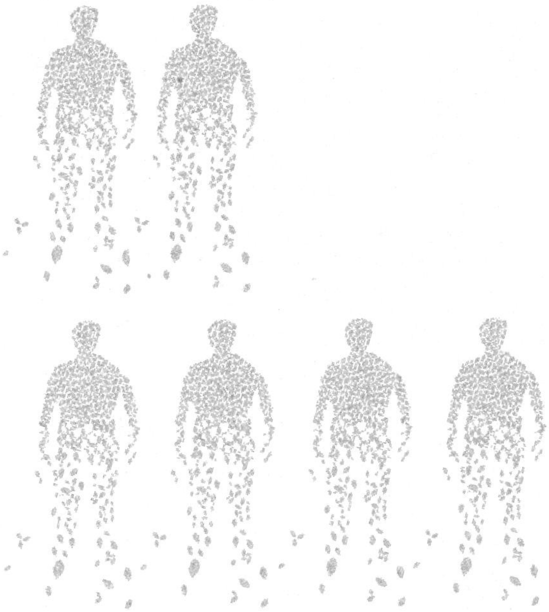

“莎朗·石头”
——“失言”如何善后

汶川大地震后，美国影星莎朗·斯通由于一句冷血言论搬起“石头”砸了自己的脚。她是怎样一步步对外表态，及至最后在一定程度上表达歉意的？从专业的角度来看，“范跑跑”应该怎样纠偏？为什么有些话会特别受人关注？一则表态声明的结构通常应该是怎样的？

2008年5月12日，四川汶川，八级强震猝然来袭，顷刻间山崩地裂，生灵涂炭。汶川大地震发生后，四海哀悼，五洲悲戚。

可是，就在中国人民全力赈灾、国际社会爱心驰援的大背景下，我们听到了一声刺耳的啸叫。因出演《本能》而为中国观众所熟悉的好莱坞影星莎朗·斯通（Sharon Stone），竟然拿伤亡数十万人的自然大灾难说事儿，意指汶川大地震是中国人的“报应”。莎朗·斯通的冷血言论很快激起了中国民众的强烈愤慨，国际社会也大多指责其为“脑残明星”（Sharon Stone Representing Idiotic Celebrities ——YouTube上某相关视频资料的标题，中文：“莎朗·斯通是弱智明星的代表”）。由于她的姓氏“斯通”的英文是“Stone”（石头），中外主流媒体对她的针砭主要是：一，铁石心肠（Heart of Stone）、冷血动物；二，愚笨如石，逞一时口舌之快；三，事业和财路可能因此“触礁”。

中国网民群起笔伐莎朗·斯通肯定是不在话下的。官方也作了表态，其中新华社在一篇评论中称莎朗·斯通是“全人类共同的敌人”（Public Enemy of All Mankind）。时任中国外交部发言人秦刚在答记者问时表示：

> 我们注意到莎朗·斯通女士日前所发表的言论，也注意到她已经通过她的代理人就此事向中国人民道歉。我们希望中国政府和人民的抗震救灾努力能得到国际社会充分的理解和支持。我们也希望演艺界人士多做有利于增进各国人民之间相互了解和友好感情的事情。

We have noted her remarks and I've noticed that today she has apologized through her agent. We hope that the earthquake relief efforts by the Chinese people and the government can be fully understood and supported by the international community. Artists should do more to help improve mutual understanding and friendship between countries.

莎朗·斯通的铁石心肠和愚笨如石、倔强如石，在后来她对事态的应对上也展现无遗。秦刚在发言中所说的她"就此事向中国人民道歉"究竟是怎么回事呢？

实际上，她的道歉不啻为风波中的风波。就道歉问题，莎朗·斯通显然与她在中国所代言的迪奥品牌及其所属公司LVMH集团发生了龃龉。迪奥当然希望息事宁人，而倔强如石的莎朗·斯通由于没有意识到其发言的反人类、无人性的严重性质，显然还不想放下她高傲的身段。LVMH集团的高层人员Antonio Belloni在受访时曾表示这是"不幸"的事件：

如果（斯通女士）能够发诸内心地廓清视听，那将是最好不过的。如果她不同意，我想我们不得不接受她不同意的事实并与她划清界限。

If there is a possibility of putting things in the right perspective, coming from the heart, I think that is the best thing to do. If she doesn't agree, I think we have to acknowledge she doesn't agree and detach us from her.

如何处理"被失言"？LVMH集团的思路是对路的：首先，希望通过与失言者的积极沟通使其自认、自悔过失，主动、真诚地表态，以廓清视听、消除影响；其次，如果失言者一意孤行，则应果断与之划清界限、减少影响；最重要的是，表态之外，要有及时、断然的行动，而且所有的表态和行动不应再节外生枝。

而莎朗·斯通也是"立场坚定"的。据媒体报道，她曾对LVMH集团的人说过："我要严肃地说：你们是很了解我的，我不会道歉。我当然不会为不实的、虚假的东西道歉。——不会为了往脸上抹霜。"此处"往脸上抹霜"似乎是双关语，它表明莎朗·斯通不会为了面子上过得去或者为了代言迪奥护肤霜而妥协。

莎朗·斯通实际上从未对此事进行过真正的静心自省并幡然悔悟。她先是让身边工作人员通过电子邮件回复《纽约时报》的采访，内容颇为轻描淡写、敷衍塞责：

"我非常伤心，一段剪辑糟糕的4秒长的视频，玷污了我20多年来为国际慈善组织提供慈善服务的声誉。我的本意是想帮助中国人民。"她对地震灾民表示同情，并说如果她在戛纳所说的话受到误解，她感到遗憾。

"I am deeply saddened that a 4-second poorly edited film clip has besmirched my reputation of over 20 years of charitable services on behalf of international charities. My intention is to be of service to the Chinese people." She expressed sympathy for the earthquake victims and said she regretted if her comments in Cannes were misunderstood.

很快，一份据说来自迪奥（中国）的以莎朗·斯通名义发出的声明见诸报端。这份声明，一看就让人怀疑是出自身在中国的迪奥公关人员或其代理公关公司人员的手笔，因为"公关雕琢"的痕迹过于明显，即所谓的"好得无法置信"（Too Good to Be True）。迪奥（中国）或其代理公关公司在未经当事人完全同意、充分授权的情况下，以他人名义仓促发布通稿，其情可鉴，其行可疑。声明的主要部分是这样说的：

由于我在受访中的不当言行伤害了中国人民，我深感难过和抱歉。我愿意投身到中国地震救援行动当中，尽我最大的力量帮助受灾的中国人民。

Due to my inappropriate words and acts during the interview, I feel deeply sorry and sad about hurting Chinese people. I'm willing to take part in the relief work of China's earthquake, and wholly devote myself to helping affected Chinese people.

这份声明发出后，大洋彼岸的莎朗·斯通不乐意了。她并不买账，并表示她反对迪奥的危机处理做法，她说以其名义发出的道歉函歪曲了她的原话。她声称迪奥（中国）的声明"使我好像承认我真的干了坏事一样"。她还表示，她相信该声明并非由于糟糕的翻译，而是另外的手笔。当然，在有记者让她重听了当时的录音之后，她开始略有歉意。她发出了以"莎朗·斯通原话版"（In my own words by Sharon Stone）为题的新声明：

关于我在戛纳的讲话，媒体作了不少报道。我想阐明内心感受以正视听，结束所有误会。我承认失言，并十分懊悔自己的这一错误。那是无心之失。我道歉。那些话无意伤害任何人，它是我心不在焉引发的事态，也是新闻炒作的结果。对于这件事情给中国毁灭性地震灾民所造成的伤害，我深感悲伤。

There have been numerous reports about what I said in Cannes. I would like to set the record straight about what I feel in my heart and end all of the misunderstandings. Yes, I misspoke. I could not be more regretful of that mistake. It was unintentional. I apologize, those words were never meant to be hurtful to anyone, they were an accident of my distraction and a product of news sensationalism. I am deeply saddened by the pain that this whole situation has caused the victims of the devastating earthquake in China.

在上述"道歉"声明中，莎朗·斯通虽然承认"失言"，但旋即自辩是"无心之失"；虽然"道歉"，但同时指责此事是"新闻炒作的结果"。这是一种大家司空见惯的虚与委蛇的"道歉"：先是自辩自己的讲话或行为是"无意伤害任何人"的"无心之失"，进而卸责给媒体的"断章取义"或"新闻炒作"。这样的声明，虽然也能传达一定的歉意，但也反映出其内心没有真正的悔意，甚至让人从字里行间嗅出些许傲慢与偏见。因此，这样的声明，在帮助平息这次轩然大波的“功效”上面，是要打些折扣的。**实际上，失言者处理自己的失言，应该第一时间意识到自己的过失、一步到位地承认自己的错误，并通过表明态度和交代行动展现悔过、改过的诚意，从而尽最大可能挽回影响。表态过程中应尽量避免通过“自辩”而给自己找台阶下——须知，最好的“台阶”就是真诚的表态和举动。**

除了由于莎朗·斯通太过大牌，迪奥（中国）乃至LVMH集团的硕大胳膊拧不过她的粗壮“大腿”（指的是“大牌”）之外，迪奥在中国连发的三份声明倒是有理、有利、有节的。以下是迪奥（中国）的三份声明原文：

迪奥（中国）2008年5月26日发表的声明：

美国好莱坞影星莎朗·斯通于2008年5月24日在法国戛纳电影节接受中国香港有线电视采访时，就中国四川汶川地震发表了她的个人言论，我们对此未经深思的突发言论绝不认同，也深表遗憾。

迪奥（Dior）是最早进入中国的国际品牌之一，深受广大消费者的喜爱和尊重，我们决不支持任何伤害中国人民情感的言论。

我们对此次四川汶川大地震中不幸遇难的同胞表示哀悼，并对灾区的人民表示深切的同情和慰问。

我们重申对中国市场的长期承诺并对灾区重建予以鼎力支持。

特此声明！

迪奥（中国）

2008年5月26日

迪奥（中国）2008年5月29日发表的声明：

鉴于近期莎朗·斯通失当的言论所造成的社会不良反应，迪奥（中国）现已决定，立即撤销并停止任何与莎朗·斯通有关的形象广告、市场宣传以及商业活动。

我们对此次四川汶川大地震中不幸遇难的人表示哀悼，并对灾区的人民表示深切的同情和慰问。我们重申对中国市场的长期承诺并对灾区重建予以鼎力支持。

特此声明！

迪奥（中国）

2008年5月29日

迪奥（中国）2008年6月2日发表的声明：

莎朗·斯通于2008年5月31日，通过其公关负责人Cindi Berger，联络CNN有线电视（www.cnn.com)，再次声明她的个人立场，表示她说错了话，并就此道歉。

就莎朗·斯通事件，迪奥（中国）已及时公开声明绝不认同她的个人言论，并宣布了立即撤销并停止任何与莎朗·斯通有关的形象广告、市场宣传以及商业活动的决定。

自此迪奥（中国）不会再针对此次事件及相关话题作任何说明和评论，我们相信媒体朋友已清楚了解迪奥（中国）的立场并给予了我们充分理解。

再次感谢媒体朋友长期以来对迪奥（中国）的关注和支持！

迪奥（中国）

2008年6月2日

话说回来，虽然莎朗·斯通个性执拗，超然物外，但经此一役，她的傲气还是一定程度上受到了挫败。她在接受媒体采访时曾经表示：“我4秒钟的失言，居然成了国际事件！”其实，**对于明星、官员、所谓的意见领袖甚至是平民百姓来说，“失言”所致的舆论事件只会越来越多，在全民的“自媒体”时代尤为如此。你通过微博或其他即时沟通平台不经意发送的一条帖子，很可能会一石激起千层浪。话说出去之前，你是话的主人；话说出去之后，你便成为话的奴隶。所以，在掷出那颗“石子”之前，每个人都确实需要三思而后**

“言”。其中的一个参考标准就是：我的话具有新闻价值吗？我的话会不会上报纸？我的话放在微博上会不会被广为转发和评论？而且都是以一种负面的形式？

说到这里，有些非传播类专业的读者可能会感兴趣：为什么有些话、有些事会在微博上疯传，而另外一些则不会？其实，不管传播生态和途径发生怎样的变化，新闻价值的一些基本要素是一以贯之的。在传统媒体上没有太大新闻价值的事件，一般而言在微博上也不具备多大的“可转发性”或“可评论性”。传统媒体上的新闻价值可参看图1-1的粗略归纳，本书不另作赘述。（当然，社交媒体比传统媒体多了一层社交属性，即你转发某人的某个帖子，可能仅仅因为他是自己的圈内人，你的转发只是为了增进大家之间的社会交往。另外，传统媒体上的有些新闻价值要素，比如“时效性”等，在即时媒体上已经不成问题，因为你一点击，你的信息就立刻发送出去了。）

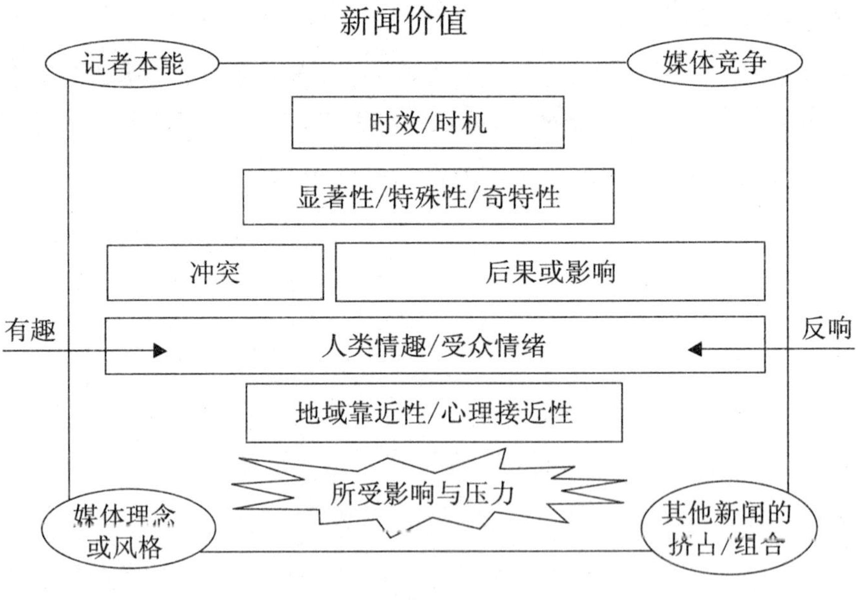

图1-1

一个网络段子生动地从一个侧面揭示了什么叫“新闻价值”。布什说：“我们准备干掉400万伊拉克人和1个修单车的。”CNN记者：“1个修单车的？为什么要杀死1个修单车的？”布什转身拍拍鲍威尔的肩膀：“看吧。我就说没有人会关心那400万伊拉克人。”——这就是公众，他们只关心奇怪的个案。

通常，这些“奇怪的个案”都具有不同程度的新闻价值。在某种意义上，传播者就是要用这个“修单车的”来说事，否则很少有人会听你讲那“400万”。这样的事例在现实中常有。2012年8月，某地发生导致36人不幸罹难的严重车祸。某官员到现场指挥善后，由于不经意的一笑而遭网友“人肉搜索”，并被爆出他曾在不同场合佩戴多只昂贵名表。其后，舆论很快聚焦到名表上面。有人不解：“36个人的生命和1个官员的手表，孰轻孰重？”——在这里，36个人的生命有点类似于“400万伊拉克人”，而1个官员的手表则相当于那“1个修单车的”。

以莎朗· 斯通的例子再略加说明。她4秒钟的发言为什么顷刻成为 “国际事件”？即使仅仅从新闻价值（或“信息价值”）的角度观之，人们也很快可知端倪。首先是因为“时机”——它发生在汶川大地震余震不断之时；其次是因为它的显著性——说话的人是国际巨星莎朗·斯通；再次是它的“冲突性”及其后果或影响——其石破天惊的发言，一定会激起极大的愤慨和抵制；然后是关乎“人类情趣或受众情绪”——在寰球同悲的时刻，莎朗·斯通口无遮拦，必定会激起受众心里的巨澜，13亿人民不会原谅，国际上所有良知未泯的人也不会答应……

无独有偶。汶川大地震不仅“震”出了一个美国的“莎朗·石头”，还“震”出了一个中国的“范跑跑”。这位据说在地震发生的瞬间跑得比学生还快的仁兄，事后这样辩解自己的行为：

我是一个追求自由和公正的人，却不是先人后己勇于牺牲自我的人！在这种生死抉择的瞬间，只有为了我的女儿我才可能考虑牺牲自我，其他的人，哪怕是我的母亲，在这种情况下我也不会管的。因为成年人我抱不动，间不容发之际逃出一个是一个，如果过于危险，我跟你们一起死亡没有意义；如果没有危险，我不管你们也没有危险，何况你们是十七八岁的人了！

如此“离经叛道”的话一经出口，无异于火上浇油，注定是要炸开锅的。勇敢是勇敢者的墓志铭，懦弱是懦弱者的通行证。虽然怀有相似想法的人应该不是个别，但问题是，敢于如此赤裸裸自我告白的人，其表态是冒天下之大不韪的。一言既出，驷马难追，“范跑跑”的“跑名”一时间名扬天下。“范跑跑”“名言”的错误性质自不待言，其对“范跑跑”本人名誉所造成的极大影响，也毋庸赘言。**假如，“范跑跑”之类的个人或组织在危机发生之后，自己有了悔悟并进而希望通过采取切实行动消除不利影响，公关公司或其公关人员在这样的时候应该积极介入，经过双方来来回回的如切如磋、如琢如磨，协助其发现内心、表达内心，并通过实际举措将其内心想法“形诸于外”，进而帮助其传播内心。**我代拟了如下可用的对外声明文字，仅供作为学习资料一阅或进一步的思考。

我的不勇敢行为完全出自逃生本能，对此我一直深感内疚与自责，并进行了真诚、深刻的检讨。我向我的学生深深致歉！我虚心接受并衷心感谢大家对我的帮助和批评。

目前我怀着和大家一样的赤子之心积极投身于力所能及的抗震救灾工作。(列举可量化的参加抗震救灾的行动，如已连续多少天参加志愿救灾，如怎样参与学校的震后自救和学生扶助工作，如参与献血、捐献工资，等等。)我希望可以做得更多。

未来我将继续加强自身修养，更加严格律己，尤其应该更加关爱学生，在做好“授业”、“解惑”的同时，在“传道”方面也要做学生的表率。我再次向我的学生和所有关心我的人诚致歉意。请大家给我一个机会。谢谢！

以上表态声明的第一段为“性质与立场”部分，即界定事件性质、表明立场或态度，比重约占整个声明的30%；第二段为“行动与举措”部分，即概述实际行动，比重约占整个声明的60%；第三段为“回顾与展望”部分，比重约占整个声明的10%。如果以上的声明内容全部发诸当事人内心，则通常情况下声明一出，树欲静而风"能"止。而且，如果当事人能够切实、持续采取应对危机的实际行，此事态对当事人声誉的负面影响应该可以逐渐消弭。甚至，"危"庶几可以转化为"机"矣。

在这里要特别强调"行动"的重要性。美国一项研究发现，人们道歉时，光说一句"对不起"而没有其他行为表示，这对被伤害者只能起到微乎其微的安抚效果；然而，如果仅有身体动作，而没有一句衷心的"对不起"，虽然被伤害者表面上情绪有所缓和，但内心还是会有疙瘩。研究结果告诉我们：真正的表态，是将行动和话语很好地结合在一起。有个段子说，道歉分为三个部分：一是"对不起"；二是"都是我的错"；三是"我要怎么做才好呢"。大部分人总忘了第三个。你呢?

图1-2归纳了一则对外声明文字的基本结构。**有人将其概括为"CAP结构"或"CAP原则"，即Concern（忧虑）、Action（行动）、Perspective（展望）。**

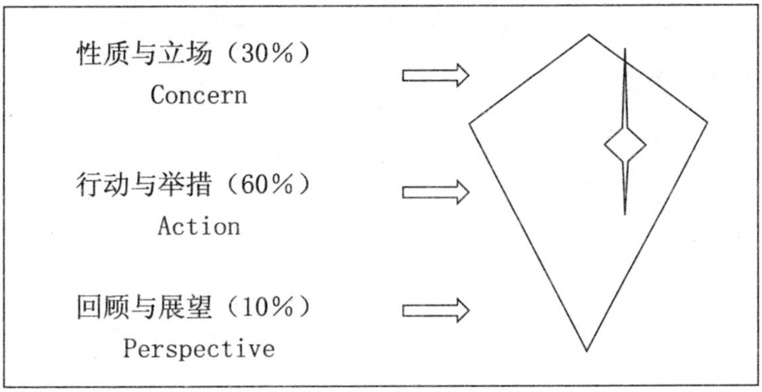

图1-2

"性质与立场"（Concern）部分（30%）：界定事件性质、表明立场或态度；

"行动与举措"（Action）部分（60%）：概述可量化的实际行动，彰显行动决心；

"回顾与展望"（Perspective）部分（10%）：回顾、展望与承诺，为立场或行动提供"上下文"语境。

当然，这只是为了方便人们更好地准备讲话的关键信息而归纳出来的通常结构。现实生活或工作中，基于不同情境和实际需要，一则表态声明并非三个部分缺一不可，其权重占比也完全可以视实际情况而有所不同：如果大家特别在意的是当事组织或个人的立场或态度，那么也许第一部分就足够了，它的比重最高可占整个声明的100%，比如，如果人们只在乎一个国家、一个组织或一个人表态“我错了”、“我道歉”，那么也许承认错误并道歉已经足够；如果大家更加在意当事组织或个人会采取什么实际行动，那么也许第二部分的比重会很大（甚至高达100%），比如，如果人们已经认定一个国家、一个组织或一个人犯了错误，那么也许大家只关心接下来这个国家、组织或个人会以什么实际行动来改正错误，此时交代行动和举措才是最为重要的……可见，“结构”只是工具，“内容”才是王者。**我们在应用这一“结构”来遣词造句、布局谋篇时，应该做到因时制宜、因地制宜、因事制宜。**

也许有人会问：你说的这些“结构”、“原则”太玄乎了吧？不就是说说话、表个态而已嘛。其实，**表态虽然简单，但是遵循“结构”或“原则”会让表态更有条理、更加专业化。**实际上，大到一国元首的施政演说，小到寻常人家的日常沟通（比如一对恋人闹别扭之后的语言攻防），都是表态。再比如，你家要装修，整个过程会影响到邻居。此时，你与邻居就形成了一种需要慎重对待的公共关系——处理得好，和谐关系得以持续；处理不好，邻里关系急转直下，甚至骂起来、打起来都有可能。通常情况下你从小区管理处拿到了装修许可证，把它往大门上一贴就完事了。而一个具有良好公共关系素养的人，面对同样状况可以怎样做呢？他可以给影响最为直接、平时甚少往来的左邻右舍派发小糕点或几颗糖提前表示歉意，并附上一封信：

1. 表明基本态度：“我们对装修可能给邻居造成的影响提前表示歉意；我们会最大限度降低装修对邻居的影响。”

2. 列出具体措施：“我们会尽量使用能够减少气味、灰尘和噪音等的材料；我们将确保只在工作日的上班期间施工，每天中午及周末休息期间停止施工；如果您有特殊情况需要我们对装修时间进行适当调整，请与我们联系，我们会尽力配合（附上联系电话）。"

3. 进行回顾与展望："我们一贯珍惜和谐的邻里关系，也希望这次装修不会影响这种关系；再次感谢您的理解和包涵。"

你看，很简单的一个表态，客观上不仅能展示他的为人和素养，更能帮助维系乃至升华他的邻里关系。这也是本书所谓的"表态"，大家也可以通过这个例子感受到"结构"对于我们组织思路的帮助，更能体会到合适的表态在现实生活和工作中所能起到的效用。

英国有一对年轻夫妇带着三个多月大的双胞胎搭乘飞机。由于担心小孩的哭闹会干扰其他乘客，他们向临近乘客派发糖果，并在所附的纸条上以小孩子的口吻写道：

我们会尽量乖，但如果我们因为害怕或耳朵疼而憋不住的话，我们先道歉了！如果您有需要，我们的爸爸妈妈会向您提供耳塞……

We'll try to be on our best behavior, but we'd like to apologize in advance just in case we lose our cool, get scared or our ears hurt. Our mom and dad have ear plugs available if you need them...

假设你收到这样的纸条之后，你心理上的"抗分贝能力"会不会大大提高呢？

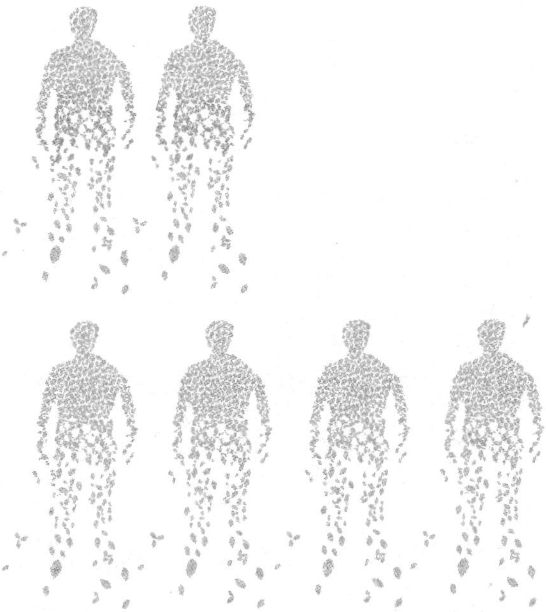

名人的那些事儿（一）
——道歉如何到位

在遭遇重大负面事件时，万人瞩目的名人是怎样对外发布信息、表明态度的？从李泽楷与梁洛施的分手声明，到阿诺德·施瓦辛格、泰格·伍兹、陈冠希犯错后的道歉声明，我们可以学到哪些说话的框框、悟出哪些表态的道道？

“名人”，字面意思即著名人物，又称“名流”。曾几何时，名人就是力量无穷的榜样。名人是点亮众生的启明星、光照社会的红太阳、指引方向的北斗星。

“青山依旧在，几度夕阳红。”只要人类还在，大多数名人在这个星球上无疑都将继续发挥巨大的感动人、感召人和感化人的力量。当然，如今名人中似乎掺杂了令人无所适从的各色“混混”，就像“小姐”这一曾经的尊称在某些时候也有了某种暧昧含义一样。而且，有些“混混名人”比其他人都擅长追逐恶名、炒作恶名、享受恶名、利用恶名——社会的多元化也让名人群体开始多样化、异质化了。

所以就有了关于名人的种种调侃：

◎名人除了名就是人，甚至可能是坏人。

◎名人是一袭华美的袍，上面爬满了虱子。

◎名人就是一个背后有着故事，而且有时是绯闻故事、丑闻故事的人名。

◎名人就是出名前别人不知道他是谁，出名后他不知道自己是谁的人。

◎世上本没有名人，骂你的人多了，你也就成了名人。

……

名人的一些故事或言论之所以具有新闻价值，首先在于他们的显著性，即名人身份的显著性，同时也关乎“人类情趣或受众情绪”——人类有围观名人和名人言行的天性。当然，任何涉及名人的冲突性事件更加具有新闻价值。两个普通人因为口角在街头打上一架，即使警察也介入了，如果没有其他元素的话，充其量不过是一个普通治安事件，不成其为新闻。而两个名人互掐，即使只是在微博上互相揶揄、调侃两句，只要内容触动了社会的“任督二脉”，也能成为有意思或有意义的新闻。

我们常能见到一些开始倦了或厌了镁光灯的“名人”真情流露或矫情流露地抱怨：“我躺着也中枪，睡觉也受伤！”也有人说：“做人难，做名人难，做互联网时代的名人更难！”我一直认为，**名人其实就是做出了名气的个人品牌，他们跟做出了名气的企业品牌一样，是指这些个人或企业拥有了优于一般品牌的正资产或正权益，或称“品牌溢价”。公众对他们无时无刻的关注，或者个别时候的针砭，就是他们的这种“品牌溢价”的伴生品、副产品，或是“代价”。**

一个人在私密的卫生间边洗澡边唱歌，他唱得再怎么走调也没人在乎。如果他小有名气，站在大舞台上，聚光灯一照，麦克风一开，他的任何一丝颤音都可能被敏锐的耳朵捕捉到，从而引发观众的蹙眉或闹心，发之于外就可能是喝倒彩，走到极端则甚至是扔掷烂番茄或臭鸡蛋。

所以，**名人尽管享受“名”所带来的“利”（物质和精神上的）好了，与此同时，作为个人品牌的所有者、经营者、管理者，他们首先应该谨言慎行，像爱惜羽毛一样地呵护自己的品牌，像淬炼金玉一样地锻造自己的品牌，不要动辄做出伤害品牌之举，同时也应该做好必要的准备工作，这样即使事态或危机猝然降临，他们也能成竹在胸、应付裕如地进行事态或危机管理（Issues/Crisis Preparedness），降低事态或危机对品牌的负面冲击或影响。**

对于“名”之“累”，中国香港的李泽楷（李嘉诚次子）和梁洛施一定深有体会。2011年年初，两人戏剧性分手，港式“灰姑娘童话”意外破灭，一场豪门情事无疾而终（外界不清楚他们的分手原因），以“娱乐至死”著称的香港媒体自然不会放过这两个当事人。从2011年2月26日梁洛施发表声明，到3月1日李泽楷首度开腔，几天内香港媒体着实热闹了一番。由于李泽楷在声明中表达了颇为严正的立场，并威胁必要时将诉诸法律，香港媒体的“狗仔队”眼见确也挖不出什么“料”来了，相关的炒作才偃旗息鼓，逐渐销声。

以下是原文照录的两人的声明内容。请注意，个别标点和文字体现的是港人的语言习惯，我未作任何修饰。

新的一年开始，我祝各位百尺竿头，更进一步。踏入2011年，我本人亦走进人生的一个新阶段，我和李泽楷先生分手了。

我们曾经拥有一段美好岁月，我们的孩子会共同抚养。他们健康快乐地成长，是我俩的共同目标。

藉此声明，望能结束外界对我无休止的猜想，臆度。

梁洛施

2011年2月26日

目前Isabella宣布了我们分手的消息，这是一件伤心的事，但我们会努力照顾我们三个儿子，为他们寻找最佳的成长环境。

近日流传一些关于我和Isabella的报道，当中牵涉了不同的第三者，涉及的名字全属我从未谋面的人士，内容均是凭空捏造，全不属实。所有提及数以亿计的所谓“分手费”的报道亦纯属杜撰，硬要将我们那段感情与金钱挂钩，其居心叵测。我不会对荒谬和失实的报道作出任何回应，我在这里恳请传媒能保持克制，特别是客观、持平的专业操守。在保护我所有家人的感受的前提下，如需要诉诸法律，我亦在所不惜。

我们明白外界对我们的关心，但这是一件伤痛的私人事宜。我希望外界对此理解和尊重。

谢谢！

李泽楷

2011年3月1日

此次李泽楷和梁洛施经由女方主动发表声明告知公众两人劳燕分飞的消息，当然并非由于他们的“觉悟”有多高。他们的初衷应该也并非为了主动满足公众的知情权利（在此实则是公众的一种猎奇心理）。实际上，他们的做法颇似“股神”巴菲特主动披露病情，是在驾驭舆情方面的一个高招——**果断出击，先发制人，化被动为主动。假设他们不这样做，“后发则制于人”，媒体全方位、全天候的围追堵截、没完没了的猜测和炒作将以更为混乱的形式、更高的“震级”伴随，更长时间地影响他们的个人生活。这是名人“阻击”负面舆论、进行自我保护的本能举措，实际上也是一个社会人的基本能力之一。**

我只是建议，名人应该从善如流，最好在采取行动之前能够认真听取公关专家的专业建议，从而使自己的行动更具专业性，确保能够最大化行动的正面效果，最小化行动的负面效应。而且，名人的所谓“助理”或“经纪人”，如果同时被委以公关代理或新闻发言之职，他们亦需加强自己在公关关系、新闻发言或危机管理方面的知识和修养。

娱乐圈是一个层出不穷地批量供应“疯声雷语”的地方。相比官场“雷语”的盛气凌人，娱乐圈的“雷语”除了“大腕”的拿腔拿调之外，更多的时候则是“娱（愚）气逼人”、“傻气雷人”。原因有几个方面：一是港台娱乐圈明星的参与和影响，他们的娱乐文化和社会氛围接受一种“无厘头式”的个性化说话方式和内容，他们甚至以此来建立自己更易于为大众所接受的随和、随性的形象；二是有些明星的素质要么本来就不算太高，要么成名后确实“不知道自己是谁了”，以至于语不“雷”人死不休，他们的一些“雷语”往往反映了光鲜外表下面的贫乏和自傲；三是有些明星本来不是那样的风格，但非要“装嫩”、“扮嗲”、“搞怪”，一不小心把脱俗“装”成了庸俗，把俏皮“扮”成了牛皮，把通俗“搞”成了粗俗；四是不排除个别明星或做明星梦者纯粹为了作秀、炒作而“装疯卖傻”，通过恶搞自己恶心公众一把（也有人认为是“娱乐”公众一把）。以下辑录一些娱乐圈“雷语”让大家乐一乐：

“我犯了一个全天下男人都会犯的错误。” ——成龙这样轻描淡写地为自己曾经的出轨开脱。

“人不能无耻到这个地步！” ——大导演陈凯歌如此斥骂制作网络短片恶搞电影《无极》的小青年。

“一般情况下，我估计现在应该没有一个男孩子在智商上面超过我，那么他们就在身高和相貌上弥补吧。我九岁博览群书，二十岁达到顶峰，没有任何人能够超过我了，我现在看的都是一种社会人文类的书。比如说《知音》杂志，或者《故事会》。以我的智商和以我的能力的话，往前推三百年，往后推三百年，总共六百年之内不会有第二个人超过我。”——网络“神女”罗玉凤（“凤姐”）口中的自己。

“我这次就是要告诉那些认为我胸大无脑的人，我的脑子和我的胸一样大。”——为新专辑作宣传的女歌手阿朵如是说。

“（我承认以前）好傻好天真。”——香港艺人钟欣桐（阿娇）回应裸照事件时如此忏悔道。

成龙的“犯了一个全天下男人都会犯的错误”已经沦为笑柄，更要命的是，他用“空手道”、“太极拳”回应外界对其昔日越轨行为的指责，态度之不端正、说辞之不专业，一直为人诟病。与之相映成趣的是，曾经出演《真实的谎言》、曾任美国加州州长的阿诺德·施瓦辛格在现实中也自导自演了一出“真实的绯闻、婚姻的谎言”。2011年5月17日，阿诺德承认，他在十多年前曾与一名女管家发生婚外情并生下一个孩子，这是导致他和“银婚”夫人（结婚25年）玛丽亚·施瓦辛格分居的主要原因。双方的声明都各有可圈可点之处：阿诺德声称他不会找借口为自己的错误行为开脱，关键词是“负责”和“道歉”；玛丽亚则表达了她个人的痛苦情状，以及“作为一名母亲”对孩子们的担忧。两则声明都很真实、合适、得体。而且两者都短小精悍，言简意赅，把该说的都说了，仿佛无需再多置喙。因此，两人的声明堪称此种情境下的最佳范本。下一次谁需要像阿诺德那样写这种性质的“检讨”，谁需要像玛丽亚那样向外界表露遭遇婚姻背叛的心迹，“模板”来了，快点收藏吧！

我不会找什么借口。对于我所造成的伤害，我负完全的责任。我已经向玛丽亚、我的孩子们和其他家人道歉。我真切地说声对不起。

阿诺德·施瓦辛格

2011年5月18日

There are no excuses and I take full responsibility for the hurt I have caused. I have apologized to Maria, my children and my family. I am truly sorry.

Arnold Schwarzenegger

May 18, 2011

这是一个痛苦而令人心碎的时刻。作为一名母亲，我担忧的是孩子们。

玛丽亚·施瓦辛格

2011年5月18日

This is a painful and heartbreaking time. As a mother, my concern is for the children.

Maria Schwarzenegger

May 18, 2011

有趣的是，与玛丽亚·施瓦辛格的声明遥相呼应的是一种为人父母的情感共振——李泽楷和梁洛施的声明也都不约而同地表达了对于孩子未来的关切。婚变或其他家庭变故中，当事人表达对于孩子日后生活的担忧以及在可能情况下交代一下相应安排，既能引发同情、转移视线，也能感染受众、以情动人。**在任何关于此类特定事件的对外声明中，建议在允许的情况下一定要挖掘那些闪烁情感光芒、能够满足受众情感诉求的所在，并且在发言中有所体现，必要时还应加大分贝，着重强调。而且，当事人必须展现真情实意，不要单纯沦为某种技巧甚至伎俩的运用。**

不管是李泽楷与梁洛施遭遇感情变故，还是施瓦辛格夫妇遭遇婚姻“红灯”，当事人基本上都能较好地掌控信息的发布——**只陈述基本事实，不提供具体细节；只展示正面态度，不流露负面情绪。**我相信，在法律和道德框架内，在某些情境下，每个组织或个人都有权利选择不发布、部分发布或延迟发布某些信息（但是最终所发布出来的信息都必须是真实的，发布者的态度都必须是诚挚和恳切的）。能够如此理智地对外发布有关感情或婚姻的负面信息，反映了当事人作为成熟社会人的冷静和理性，也说明当事人具有一定的公共关系素养。

与此相反，在网络上或通过转发的邮件、短信息，我们不难“围观”到某些情变、婚变的“苦主”，通过各种途径有意向公众散播的“互掐”短信息或电子邮件。在家丑外扬、贻笑大方的同时，这种行为只会令事态愈发不可收拾，令日后的任何“声明”都不再能够说明什么、弥补什么、解决什么。比如，我曾经“拜读”过外企圈里一位“正室”与“小三”的邮件，而这些轰动一时的邮件都是由于“正室”妒火中烧而抄送无关人等，从而引发疯狂转发所制造出来的“邮件门”。在邮件中，“正室”斥责“小三”：“睡在另一个女人丈夫的怀里究竟是什么滋味!”“小三”反唇相讥：“比睡在另一个女人丈夫的怀里更糟糕的，是睡在一个憎恶你、无法忍受你、时刻想着逃离你的男人怀里。为什么你非要对一个明摆着不想和你厮守的人纠缠不清？”还有，“正室”企图对“小三”动之以情：“这一事件对孩子们造成了灾难性的心理伤害！”“小三”则反之对其循循善诱：“请你不要向你的孩子发泄负面情绪。他们是无辜的。”……好吧，理智不存，莫此为甚。真是开了眼界了！

情爱中的男女智商都很低，情变中的男女情商都更低。信然！这个故事也提醒我们，**对外发言永远不仅仅是个炫技的“技术活”，它的基础是良好的情商和智商。不管在多么具有挑战性的纷杂情境下，心静而后“言”、三思而后“言”，永远是需要发言者苦心培养、潜心修炼的内容。只有当“发言情商”（即发言的情绪）解决了，“发言智商”（即发言的内容）才有保证。正所谓：“一切言动，都要安详；十差九错，只为慌张”、“静而后能安，安而后能虑，虑而后能得。”**

另一个犯了“全天下男人都会犯的错”的男人是前美国著名高尔夫球手泰格·伍兹（Tiger Woods，“老虎·伍兹”）。2009年11月28日，伍兹驾车不慎冲出高速公路，受了轻伤。就在发生车祸前，他正因涉嫌“偷腥”而遭遇媒体的狂轰滥炸。此后，有关伍兹的“小三”、“小四”、“小五”的多米诺骨牌被媒体一一推倒。2011年12月11日，伍兹宣布为了挽救与妻子的婚姻而退出高尔夫球界。在声明中，伍兹首次使用了“不忠”的字眼来界定他的行为，表示将“无限期退隐”。同时，在他挽救婚姻和家庭的过程中，他请求公众的理解并尊重他的“隐私”。泰格·伍兹的声明文字如下：

我深刻意识到我的不忠造成了许多人的失望和伤害，其中特别是我的妻子和孩子。我想再次对所有人说，我深深致歉并请求宽恕。也许我无法弥补所造成的伤害，但我想尽最大努力去尝试。

我想请求大家的理解，包括我的粉丝、我基金会的工作人员、商业伙伴、职业高尔夫协会以及赛场上的对手们。现在对我的家人最为重要的，是我们进行自我疗伤所需的时间、隐私空间以及一个避风港湾。

经过深刻的自我反省，我决定无限期地从职业高尔夫球赛退隐。我需要专心做好一件事：做一个更好的丈夫、父亲和人。

我再次请大家给予我的家人隐私空间，我也再次特别感谢所有在这一困难时期给过我关心和关切的人们。

I am deeply aware of the disappointment and hurt that my infidelity has caused to so many people, most of all my wife and children. I want to say again to everyone that I am profoundly sorry and that I ask forgiveness. It may not be possible to repair the damage I've done, but I want to do my best to try.

I would like to ask everyone, including my fans, the good people at my foundation, business partners, the PGA Tour, and my fellow competitors, for their understanding. What's most important now is that my family has the time, privacy, and safe haven we will need for personal healing.

After much soul searching, I have decided to take an indefinite break from professional golf. I need to focus my attention on being a better husband, father, and person.

Again, I ask for privacy for my family and I am especially grateful for all those who have offered compassion and concern during this difficult period.

说到明星丑闻，不能漏了陈冠希。这位一度成为中国香港新生代“超人气小天王”的艺人，2007年年底因与多名女星的自拍艳照被人公之于众，成为沸沸扬扬的“艳照门”主角。2008年2月21日，一度避走国外的陈冠希在经纪公司的安排下回到香港，通过一场简短的记者会，郑重为“艳照门”事件道歉，同时宣布“退出娱乐圈”。记者会的现场布置得简单、低调（适合当时的情况），陈冠希身着正装，选择用中性语调、用他的母语——英语朗读了事先准备好的如下声明（这种语言的选择在香港是可以理解的）。而且话音一落即抽身离场，没有给媒体任何提问机会，这种信息管控是有利于发布方的。

今天我回到香港，站到你们面前，为自己的事情说话。我从未逃避责任。

过去几个星期，我和我的妈妈、家人及所爱的人一起，一方面支持和爱护他们，另一方面也接受他们对我的支持和爱护。

我承认互联网上流传的大部分照片是我拍摄的。但是这些照片是非常私隐的，从未给其他人看过，也从来无意于给任何人看到。这些照片是从我这里非法窃取并未经我同意发布的。

毫无疑问，取得这些照片的人怀着歹毒的意图蓄意将它们上传到网上。事件愈演愈烈，直至整个社会都受到了它的影响。对此，我深表痛心。我希望向所有人就它所引起的伤痛及它所造成的种种问题致歉。我希望向所有女士及其家人就她们受到的损害、伤害致歉。对不起！我也要向我的母亲和父亲就过去几个星期我给他们造成的痛苦、煎熬致歉。更为重要的是，我要向所有香港人说对不起。我向你们毫无保留地、发自内心地致以诚挚歉意。

我知道香港人崇拜社会上的许多人士。在这方面我是一个失败者。作为一个楷模，我失败了。不过，我希望这一事件能够给每个人一个教训。对于社会上的年轻人，让它成为你们所有人的一个教训。这不是为你们设下的一个榜样。

在我离开期间，我作出了一项重要决定。我会全力完成直到今天为止仍未履行的所有（合同）义务。但是在那之后，我决定退出香港娱乐圈。我决定这样做以给自己一个机会疗伤并找回失落的灵魂。未来几个月我会将时间用于公益和社区工作。我会无限期退出香港娱乐圈。我的退出没有时间上的期限。自从照片发布的第一天起我就一直在协助警方调查，而且会继续协助他们。新闻发布会之后，我有义务协助他们的调查，也希望这一案件能够很快得到了结。我想每个人都有同样的愿望。

我想利用这一机会感谢警方在这一案件上的辛苦工作。谢谢你们！我相信，目前所有人也包括我自己的当务之急，是停止在此事上的煎熬和痛苦。我们不希望这一情况进一步失控。我们需要保护所有的无辜者以及所有年轻人免受这类事件的伤害。在此方面，我已经指示我的律师在法律范围内尽一切可能保护这一事件的所有无辜者和受害人。我相信就在我发言的同时，我们向大家发出了一份媒体声明阐明我的律师所建议的行动。

最后，我想感谢今天到场各位的聆听。我也要再次向所有女士及其家人、我的家人、所有香港人以及社会上的每个人致歉。我对此深表痛心。我向所有受到影响的人们致歉。我也想谢谢大家给我这个机会说出我内心一直不吐不快的话。

我希望，今天过后，我能够得到你们的原谅。有关这一事件，以及已经发生的种种，我深表歉意。我希望你们接受我的道歉并给我一个机会。谢谢！

此份声明除了篇幅上过于冗长之外，“承认事实、作出道歉”和“宣布退出、请求谅解”的内容框架是正确的。前者是“性质与立场”部分，后者则是“行动与举措”部分。整个声明的最后一段则是“回顾与展望”部分，并以“希望你们接受我的道歉并给我一个机会”来结束，态度是端正和有诚意的。难怪据说台湾有些公关课程将陈冠希的这场记者会的原声视频用作教学材料。从实际效果来看，此次新闻发布会确实起到了让公众舆论“风止而树静”的效果，原因正是由于陈冠希通过记者会所展现出来的端正而有诚意的态度。我们可以看到，**危机管理中，态度决定一切，态度比方法更重要；新闻发言中，态度左右一切，态度比内容更有分量。**所谓的“退出娱乐圈”，事后也被证明无非是用来帮助表明态度的一个姿态或手段而已。

有趣的是，2010年3月17日，曾经声明“无限期退出娱乐圈”的陈冠希，在两年的沉寂之后，在台湾的一次活动中宣布正式复出。他又签了新的代言品牌，包括“艳照门”事件后一度停用陈冠希的李维斯（Levi's）——其中一幅新的李维斯平面广告的主题是“坚持，永不放弃”。陈冠希的复出，并没有在媒体上激起太大的波澜。**可见，舆论具有一定的盲从性、盲目性，公众会一窝蜂地狂热关注一个事件，也可能会揪住一点、不及其余地死磕一个事实、死认一个道理。同时，舆论也具有一定的选择性、健忘性，经过短暂的喧嚣之后，舆论会选择性地记住或忘掉一个事件中的某些事实，而且健忘的速度之快有时会令你咋舌！**有人总结：一个事件的负面舆论通常情况下只会维持两周左右的

“热度”（在新媒体时代这个时段可能会缩短）——假设没有新的事实补充进来、没有新的枝节横生出来。为期两周之后，媒体关注热度会慢慢冷却，这也颇符合“一鼓作气，再而衰，三而竭”的兵家之道。

因此，**在舆论最为火热的时候，置身舆论漩涡中的事件当事人，或者其他有关的“围观”“意见领袖”，对于主流意见（不管是否理性）的强烈挞伐，应该尽可能避其锋芒、耗其锐气，尽量不要试图通过矢口辩驳或争论去“冒天下之大不韪”。**

比如，2002年2月，以活熊取胆为主业的归真堂申请上市引发轩然大波。就在大家围绕动物福利的话题展开对归真堂的舆论“围剿”之时，当时的中国中药协会会长仍在言语上“力挺”活熊取胆，并称取胆过程：“就像开自来水管一样简单，自然、无痛，完了之后，熊就痛痛快快地出去玩了。我感觉没什么异样，甚至还很舒服。”他的这番言论引发了媒体的普遍指责。舆论甚嚣尘上之时，国家有关主管部门接受采访时都避免直接表态。到2002年6月，国家林业局野生动植物保护司一位总工程师在接受记者采访时才表示，归真堂“只要符合国家法律就应该上市”。时过境迁，舆论对这位政府人员的表态并没有太过强烈的反应。但这句话要是搁在二三月份时说出来，说话者不被舆论的汹涌“口水”淹没才怪！

再如，2012年12月中国的白酒行业再遭塑化剂疑云压顶，商家为了自证清白，请来专家出言力挺，试图“逆袭”。某知名高校的一名教授成为某白酒企业媒体见面会的座上宾。他称，卫生部对塑化剂的检测标准本身就是不科学的。他还说三聚氰胺基本无毒，成人食用对人体无害。他的理由是：人类几百万年都没有灭绝，说明人类排毒、解毒的能力非常强大，不然为什么过去一百年有毒物质不断增加，人的寿命却一直在延长呢？在“火势最旺”的危机时刻用这般说辞为当事企业开脱和背书，颇有“酒不醉人人自醉”、“众人皆醒我独醉”的意味，非但起不了“灭火”的作用，还“煽了风点了火”，给当事企业的危机管理横生枝节。网上有人出言相讥：“叫兽”之毒，猛于塑化剂，毒过三聚氰胺！

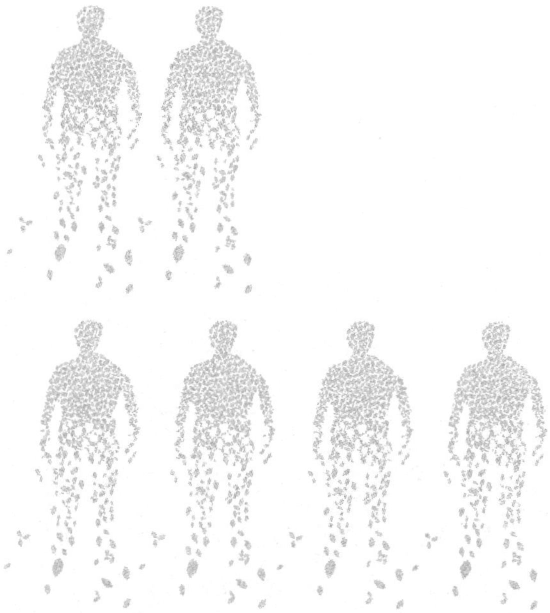

名人的那些事儿（二）
——如何通过表态自珍形象

明星代言品牌有哪些价值和陷阱？李阳遭遇“家暴”事件后，应该如何对外发言？1998年美国总统克林顿因为“拉链门”绯闻而致舆论哗然，克林顿通过全国电视讲话向美国人民交代了什么？他是怎样有限度地承认错误的？为什么他的讲话未能有效帮助平息事态？

由名人（包括各式“明星”）代言品牌是一把双刃剑。成也萧何，败也萧何。关键是，你不知道这些靓丽的“白天鹅”什么时候会突然变成狰狞的“黑天鹅”！“黑天鹅”遽然飞临之时，由于各种原因，个别品牌仍会力挺它们的代言人，特别是当事件当事人并不触犯法律、只涉及“无关大雅”的个人行为，尤其是当事件只是孤立偶发事件的时候。比如前面提及的“老虎·伍兹”的婚外情风波。一开始，当伍兹未承认传言之前，伍兹的几个主要品牌代言商也许是视伍兹的婚外情为其私生活，也许是仍然看中了伍兹的商业代言价值，关键时刻想拉他一把，因此纷纷向伍兹“表忠心”。佳得乐（Gatorade）在声明中说：

在泰格康复期间，我们送上祝福并期望见到他尽快重返球场。我们与泰格的合作关系将继续。

We wish Tiger well as he recovers and look forward to seeing him back on the course soon. Our partnership with Tiger continues.

吉列（Gillette）也表示它的市场营销策略没有因为这起事件而改变。

只有等到明星公开承认了为社会所不容的重大不道德行为，或是宣布退出其所从事的事业，又或是被指控或证实触犯法律底线的时候，几乎所有品牌都会与其代言人“划清界限”、“撇清干系”。只不过，他们在对外声明中通常会使用较为体面、婉转的字眼，避免言辞过于决绝无情。比如，在伍兹承认了婚外情并宣布退出高尔夫球界之后，吉列马上宣布减少伍兹在其市场营销活动中的角色，不过用词比较巧妙：

随着泰格淡出公众视线，我们将减少他在我们的市场营销项目中的角色，以此支持他保护隐私的愿望。

As Tiger takes a break from the public eye, we will support his desire for privacy by limiting his role in our marketing programs.

耐克在一份声明中表示：

泰格和他的家人得到来自耐克的全力支持。我们尊重泰格的隐私要求。在这个时刻，我们表达对于泰格及其家人的问候。

Tiger and his family have Nike's full support. We respect Tiger's request for privacy and our thoughts are with Tiger and his family at this time.

AT&T的表态也颇婉转：

我们支持泰格的决定并表达对他及其家人的问候。我们正在评估我们与他的合作关系。

We support Tiger's decision and our thoughts will be with him and his family. We are presently evaluating our ongoing relationship with him.

在企业品牌与丑闻明星的“断交”声明中，还有另一则值得借鉴。2009年6月，当时炙手可热的美国歌手克里斯·布朗（Chris Brown）承认对自己殴打歌手女友蕾哈娜的指控，被判处5年缓刑及6个月社区劳动。他所代言的某口香糖品牌当即撤下了由克里斯·布朗出镜的广告并停止其他相关市场营销活动。他们在声明中说：

我们对针对克里斯·布朗的严重指控表示关切。我们相信布朗先生应该像其他公民一样得到同样的公正对待。同时，我们做出决定，撤下目前由布朗出镜的广告及停止其他任何相关市场营销，直到事件得到解决。

We are concerned by the serious allegations made against Chris Brown. We believe Mr. Brown should be afforded the same due process as any citizen. However, we have made the decision to suspend the current advertising featuring Brown and any related marketing communications until the matter is resolved.

丑闻爆发之后，在个人生活中铸成终生大错、在粉丝中造成恶劣影响的克里斯·布朗，并没有在公开场合对事件作过任何正式表态。他只是若无其事地在“推特”上简单地发布了一句：“致我的粉丝：我回来了。看着我步出这些负面纷扰吧。”

我认为这是他在处理此事态上的一个败笔。他完全应该直面大众，坦诚认错。我为他代拟了一份声明：

我道歉，因为我让美国的年轻一辈失望。我要让它成为过去的一页，我想要人们知道，这不是我对生活给出的答案，而是我在成长过程中的一个精神求索。我需要寻求一些帮助。

I'm sorry for letting America's youth down. This is a part of my past, and I want people to know this is not the answer, but rather a soul-searching question, and I want to get some help.

反观作为受害人的蕾哈娜，她倒是在心理上对这一事件不设防，而且态度上不卑不亢、大方得体。她在回应外界关于她是否愿意站出来成为反家暴喉舌人物时表示：“我不想成为反家暴代言人物，因为它并不是我的角色所在。但如果我能以任何方式帮助到年青女同胞，能成为她们寻求帮助的对象之一，我愿意去做。” 后来，又传出两人冰释前嫌的消息，两人一起合作发布单曲，再度引起关注。

克里斯·布朗的丑闻爆发不久，美国一家有名的餐馆曾经推出一个“青紫套餐”（暗讽蕾哈娜被打得青紫），并利用事件大肆进行露骨宣传，拿这个不幸的家暴事件开涮。一时间，相关新闻被社交媒体及其他网上平台疯传，引发恶评如潮。一开始，这家多次通过菜单“挤兑”明星的餐馆老板还颇为得意：“我并不是试图拿家庭暴力来开玩笑，而是通过食品让人们关注（家暴的）现状。我不后悔这样做。我不后悔什么。”后来，眼见舆论一边倒，面对汹涌而来的抵制言论，他才被迫承认自己的错误。他撤下了那个创意套餐，并在接受美国广播公司的采访时低下了头：

我们一直努力成为良好的社区公民。这对我们很重要。我们从这一事件中学习和成长了。我也从中学习和成长了。

We work hard to be good community citizens. That's important to us. We have learned and grown from this incident. I have learned and grown from it.

虽然这位老板没有使用“道歉”的字眼，但他表示将把已经取得的套餐收入捐献给一个反家暴公益团体。

这个故事的教训很简单：任何组织或个人都应该坚守这个社会的道德伦理底线，有些触及和挑战道德伦理底线的话（特别是玩笑话）是万万说不得的。火玩过了头容易自焚。这个道理看似简单，但是在微博时代却很重要，也不是人人都能知所行止的。因为现在我们在微博或其他网络即时沟通平台上，频频可见有违道德伦理的各种不靠谱、不着调的肆无忌惮的所谓“个性化发言”，他们似乎错把公众讲坛当成“个人空间”，或是热衷于把出格当作“格调”。不客气地说，这些发言，往往“晒”出了博主或发帖者的空虚、肤浅、扭曲甚至道德沦丧。

无独有偶。中国的“疯狂英语”创始人李阳也出了家暴丑闻。2011年8月31日，李阳的美国籍妻子Kim在其微博上连发数张显示身体受伤的照片，并自称遭到李阳的家庭暴力。相关微博被大量转发，李阳的“疯狂家暴”大白天下。随后，李阳夫妻双方的关系急剧恶化，双方通过短信息进行的“唇枪舌剑”也频见网络、报端。事件发生之后，李阳对媒体的发言具有很高的“围观性”。对知名媒体的采访要求，他似乎来者不拒。他给他们讲述家暴的细节，他在表示“负起责任”、“真诚道歉”的同时，也发表了不少令舆论哗然的“高见”。根据媒体的报道，他的“语录”包括以下这些：

“当初我们有第一个孩子的时候，我们没有结婚，我也没有想过结婚，结婚只是我想做的一个实验，我想看看美国人的家庭教育是怎么样的。”

“现在不是男尊女卑的时代。你尊重女性，就是把女性视为弱者。”

“我愿意为了家庭改变，但我不愿意改变太多。没有任何东西，比我的工作、我的演讲重要。”

家暴事件爆发之后，有人劝李阳中断演讲，回北京处理家事。李阳回应：“我觉得这个事件没那么严重，就算拖三天也无所谓，不是人命关天的事情，我觉得可以以后再处理。我绝对不会因为这个小事，停止我的培训。”

“对家暴的惩罚东西方存在差异，学习西方文化并不代表西方文化对。”

“我道歉不够诚恳，难道非得跪在地上哭得稀里哗啦才叫诚恳么！”

李阳：“公众人物都是包装出来的，公众人物要把内幕挖出来，那都不是公众人物。”记者：“你也是包装出来的?”李阳：“对，我也是经过一定的包装的。” 李阳认为这件事其实也是一件好事，能让大家感到庆幸，感到“其实自己并不差，你的榜样也是有很多问题的。要不然他会觉得，榜样遥不可及，一切都包装得很完美。”李阳还举出克林顿和施瓦辛格的例子，告诫大家不要有假想的童话世界。

在成功的创业者、企业家当中，不乏天生具有公共关系禀赋的人物，也就是行止上“长袖善舞”、言谈上“巧舌如簧”的人。李阳是一位成功的创业者，但我建议他最好能够虚心接受深入的公关咨询或培训。我们暂且不论他是否已经真诚、彻底地认识到自己所施行的家暴行为的性质，并且由衷地愿意改过自新。单从发言的形式和内容上看，他的问题不小。身处这样的负面新闻困境，他本应采取更对路的态度和行动。以下是我为李阳先生应对此次“家暴”丑闻开出的“处方”：

1. 高度重视并第一时间处理事态，不找借口，真诚道歉；要让公众切实感受到自己道歉和改过的诚意。

2. 慎选主流媒体接受采访，或仅通过个人博客或微博平台发布信息（包括“微访谈”）。鉴于目前李阳在接受媒体采访时的表现，建议他最好采取书面回复或书面发布的形式。最重要的是，千万不要把负面事件当成另一个“疯狂英语”讲台，更不要试图通过负面事件炒作来提高“名气”、为公司上市或其他商业目的服务。

3. 回应媒体的提问不能信马由缰、知无不言，而是应该确定发言内容的框架，然后在框架内严格规限自己所要传递的信息。避免主动提供任何不必要的信息或进行任何不恰当的评论，更要避免因为受到发问者“挑衅”而口不择言。

4. 采取措施弥补自己的过错或者消除影响，即使与妻子的婚姻已无法挽回，也应作出类似这样的表态：“争取双方都能够用理性的态度平和、妥善地寻求婚姻的出路。”同时，要对如何平复孩子的心理创伤、如何为他们的未来作出合理安排有所交代。

5. 明知双方后续的任何文字交流内容（如短信息等）都有可能外流，那么发送这些文字内容时就应慎重、再慎重。

6. 应该发布的信息发布完毕之后，即可停止接受媒体采访，包括减少任何有可能“遭遇”媒体的公众活动，争取最大限度缩短“危机周期”。

7. 尽快开始进行“声誉修复”，通过一系列的正面言行，如继续展示自己的改过诚意、妥善解决自己的婚姻危机、为孩子的未来尽可能作好周全安排、利用自身已有的资源更多地参与公益活动，等等，尽快“修复”受损的个人品牌资产和声誉。

8. 如有可能，建议李阳及其公司引入一定的专业公关咨询或服务。当然，李阳先生可以从阅读本书开始，朝着专业化的对外发言和危机管理迈出关键的第一步。

再来探讨一个有趣的话题：明星的“黑天鹅事件”频传，但是众多品牌还是对明星趋之若鹜。何故？当然，他们无非是觊觎明星们对大众的影响力和召唤力。明星代言对于品牌建设和维护的“好处”表现在以下诸多方面：

◎ **建立品牌可信度**（Build Brand Credibility）。特别是对于新品牌、新产品而言更加重要，因为明星的代言是一种信用“背书”，能够确保一定的品牌知名度。

◎ **确保品牌关注度**（Ensure Brand Attention）。明星能够帮助企业或品牌从纷繁的广告中脱颖而出，确保广告和品牌更易受到目标群体的关注。

◎ **制造公关报道**（Generate PR Coverage）。明星都具有不同程度的话题性。如果与品牌结合得好，就能够制造出较好的公关报道效果。因此企业或品牌一般都在整合营销方案里利用明星，将明星应用到营销组合的各个环节，包括新品上市或其他公关活动等。

◎ **提升品牌回想率**（Increase Brand Recall）。人们通常会将明星所代言的品牌与明星的特性联系起来。久而久之，人们看到一个明星就会想起他所代言的知名品牌，从而提升了品牌的“回想价值”。

◎ **为品牌创造“关联益处”**（Provide Associative Benefit）。明星对于一个品牌的偏爱向大众传递了一个有说服力的信息：“你看看，人家明星都从这个品牌得到产品或服务的益处了，我作为消费者也可以。”

◎ **激活品牌，挽救形象**（Rejuvenate a Stagnant Brand and Mitigate a Tarnished Image）。当一个品牌缺乏新的兴奋点时，引入明星代言也许能够“搅活一池春水”；当一个品牌的形象受到损害时，明星能够帮忙“拭擦”蒙尘的品牌形象。

◎ **建立心理纽带**（Build Psychographic Connect）。明星为他们的粉丝所喜爱和崇拜，广告商希望将粉丝们对明星的这种感情“移植”到自己的品牌上来。

◎ **建立群体纽带**（Build Demographic Connect）。不同的明星吸引不同的公众群体（不同的年龄、性别、阶层和地域等群体），所以企业或品牌就会通过选择适合自己品牌的明星去与不同的消费群体建立联系纽带。

◎ **拉近大众感情**（Generate Mass Appeal）。一些明星是所谓的“大众情人”，因此有些品牌会利用这些明星去拉近与大众的感情。有些时候，当市场营销缺乏好的创意时，利用明星代言可以暂时“补位”，就是所谓“创意不够，明星来凑”。

当然，不是所有的公司或品牌都热衷于名人代言。我甚至见过有的公司管理层在某个时期曾经明文规避使用名人代言。原因不外乎出于以下风险考虑：第一，同一明星代言多个品牌，明星“曝光过度”。这种明星的过度商业化使上述的品牌好处都打了折扣。第二，所谓的“吸血鬼效应”。一位明星的光芒如果过于耀眼，而明星与品牌在内涵上没有必然的联系，那么受众就只会记住明星，而品牌却消失在晃眼的明星光环里。第三，明星代言了某个品牌，而在实际生活中并不使用该品牌的产品或服务，甚至使用了竞争品牌。如某体育明星代言某品牌牛奶，自己却只喝“洋牛奶”的传闻就在网上广受揶揄。在互联网时代，明星代言却“言行不一”，很容易因为被大肆传播而在一定意义上“为他人做嫁衣裳”——反为竞争品牌作了代言。第四，明星形象与品牌形象不匹配。明星的个性或形象是多面的、多维的，而明星个性、形象与品牌个性、形象一旦“错位”，代言的效果会大打折扣，甚至会造成一定的反效果；第五，虽然概率不大，但是一旦明星因为丑闻而骤然变得星光黯淡，甚至从公众偶像骤然沦为公众“呕象”（呕吐的对象），其对品牌的伤害是巨大的，甚至可能是致命的。

说到名人丑闻，不能不提曾经轰动全球的美国前总统比尔·克林顿的“拉链门”事件。1998年1月23日，白宫前实习生莫妮卡·莱温斯基被指与克林顿有染。克林顿一度否认与莱温斯基有任何关系，他于1月26日在一次电视访谈中说了一句后来被传为笑柄的“名言”：“我没有跟那个女人——莱温斯基小姐——发生过性关系。”

1998年1月28日，一名独立检察官被授权调查莱温斯基与克林顿的关系。8月17日，克林顿面对美国联邦大陪审团作证。当晚，他向全国人民发表电视讲话，首次承认他与莱温斯基有“不合适”的关系，并承认错误及表示“承担全部责任”。但他强调自己“在任何时候都没有教唆任何人撒谎、隐藏和销毁证据或进行任何其他违法行为”。10月8日，美国众议院批准对克林顿进行正式弹劾调查。1999年1月7日，美国参议院开始对克林顿进行弹劾审判。2 月12日，参议院在弹劾案的最终表决中，以45票赞成、55票反对否决了对克林顿“作伪证”的弹劾指控，以50票赞成、50票反对否决了他“妨碍司法”的弹劾指控。两项表决都没有达到宪法规定的对克林顿定罪和免职的票数。至此，克林顿弹劾案宣告结束，其第二届任期幸得“善终”。

克林顿的“拉链门”是美国宪政史上的一次历史性事件，也是全球瞩目的一次涉及世界上最有权力人物之一的桃色事件。因此，克林顿在1998年8月17日的全国电视讲话值得我们重温一下，不管我们希望从中读到什么。从本书的目的来看，我们想看看克林顿如何承认错误、如何道歉、如何表达对私人生活受到“侵犯”的抗议，以及如何呼吁大家回归正务、眼光向前的期盼。这样的辞令，与尼克松辞职演讲如出一辙（这在本书“你信了，他们信不信”的相关部分会讲到）。由此可见，“承认错误，表达歉意→呼吁尊重隐私→呼吁专注正务”，这是此类认错声明的通常套路和逻辑——除此之外还能说些什么呢?

晚上好!

今天下午，在这个房间，坐在这张椅子上，我面对独立调查办公室和大陪审团作了证。

我据实回答了他们的问题，包括有关我的私人生活的问题、没有任何美国公民愿意回答的问题。

虽然如此，我仍然必须为我的全部行为，包括公共的和私人的行为，负起完全的责任。这也是今晚我为什么要在此讲话的原因。

如你们所知，在一月份的一次质询中，有人问及我与莫妮卡·莱温斯基的关系。虽然我的回答从法律上讲是正确的，但我没有自愿提供更多信息。

实际上我确实与莱温斯基女士有不合适的关系。事实是，那种关系是错误的。它成为我在判断上的一个重大失误和做人的一个失败之处，对此我一人负完全的责任。

但今天我告诉了大陪审团，现在也再次对你们说，在任何时候我都没有教唆任何人撒谎、隐藏和销毁证据或进行任何其他违法行为。

我知道我对于此事的公开说法以及我保持沉默的做法给了大家一个错误印象。我误导了民众，甚至也包括我的妻子。对此我深感懊悔。

我只能告诉你们，很多因素促使我那样做。首先是一种免受自己的行为所带来的难堪的愿望。

我也非常想要保护我的家庭。此外，这些问题是在一宗政治性很强的诉讼中被问及的，而该诉讼后来被撤销，这也是我的一个考虑因素。

另外，独立检察官的调查是从二十多年前我的一些私人业务往来开始的，对此我真是深感忧虑。我要说的是，关于这些业务往来，两年多前一个独立联邦机构已经没有发现证据证明我和我的妻子存在任何过错。

独立检察官的调查目标后来转向了我的工作人员和朋友，并进而瞄准了我的私人生活。现在，连这项调查本身也在接受调查。

这个事件已经耗时太长、花费太大，并且伤害了太多无辜的人。

如今，这件事情只是我、我最爱的两个人——我的妻子和女儿，以及上帝之间的事情了。我必须解决好它，为此我准备不惜一切代价。

对我而言，没有比这件事情更重要的了。但这是私事，我决意为我的家人找回家庭生活。它与人无关，只与己有关。

总统也有私人生活。**是时候停止“毁人”不倦，是时候停止“窥人”不厌，是时候开始专注国事了。**

我们的国家已经被这一事件耗了太长时间了，我对自己应负的责任负责。这是我所能做的。

现在是时候——其实已经过了时候——向前看了。

我们有着重要的工作要做——真实的机会要去把握、真实的问题要去解决、真实的安全事务要去应对。

所以，今晚我请你们走出过去七个月的扰攘，修正这个国家的公众话题，并将精力集中到下一个世纪的美国将面临的种种挑战和希望上面。

谢谢大家的观看。

晚安。

和尼克松的辞职演讲一样，由于克林顿在认错态度上不够彻底，在“作伪证”的问题上没能说服公众、撇清干系，特别是过于强调事件仅涉及“私人生活”，急于转移大众的关注视线，因此当时有近一半收看电视讲话的观众表示失望。这也是该声明没能立竿见影地平息事态、事件还是愈演愈烈的原因之一。克林顿本人不久后在一次“总统早餐祷告会”上也对宗教界领袖承认：“我同意有人说我在作证后的第一次讲话中没有表现出足够的悔过之意。确实，我不认为可以用一种体面的方式来说‘我有罪过’。”**这再次印证了《论语》的那句“巧言令色，鲜矣仁”——巧言惑众，违背道德，最终将无法服众。**

它给我们的教训就是：**我们要掌握的，不仅仅是传递信息的能力、应对媒体的技巧、驾驭媒介的水平、处置危机的本领，而更应以诚信构建基石、靠事实赢取理解、拿行动维护形象、用道德铸造丰碑。真正的传播力和影响力，并非来自于“表达力”，最根本的是源自个人或组织的人格魅力。亦即，新闻发言人同样既要“妙手著文章”，更要“铁肩担道义”**——当然，如果新闻发言人所代表的不是本人，而是一个组织，那么这个“道义”是主要由这个组织来担负的。新闻发言人虽然可以凭借其在组织中的影响力竭力去影响管理者行为，引导组织的发展动向，帮助组织改变“道义”现状，但总体而言他在其中扮演的角色是颇为尴尬和无奈的——尤其在中国的大环境之下，发言有些时候是容易变成“发炎”的。有时，机体出了问题，表现在某个器官上，一旦急性炎症发作，那是要动刀切除的，就像阑尾一样，而其实病变的可能并非阑尾……也就是说，有些时候新闻发言人并非病灶，顶多只是其所在组织的外化病征，但发言人往往有可能最早沦为被牺牲掉的“阑尾”。我只能说，如果新闻发言人改变不了组织的“道义”现状，那么他需要有破釜沉舟的勇气去选择不再“发言”。正如《中庸》里所说：“国有道，其言足以兴；国无道，其默足以容。”（国家政治清明时，他的言语可以振兴国家；国家政治黑暗时，他的沉默足以保全自己。）

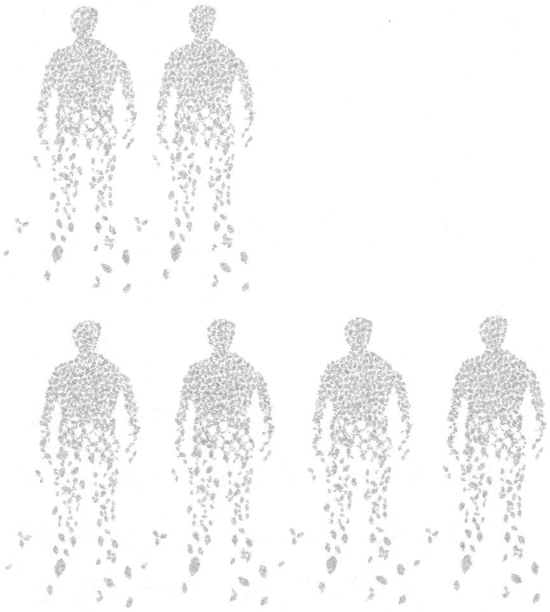

你信了，他们信不信（一）
——面对质疑如何表态

为什么政府部门的对外发言不能自囿于“不管你信不信，反正我信了”，而要多问“你信了，公众信不信”？为什么公务员队伍特别是某些官员容易成为“雷语重灾区”？

先跟大家讲一个“双城警察故事”。话说某年B城一警察与T城一警察各自便装驾驶私家车，只是因为按喇叭的小事，两人火气都大，在街头爆发争执，T城警察盛怒之下，仗着在自家地头，纠众打死了B城警察。

此事引发了媒体的强烈反响。大家如果还记得我在“莎朗·石头”中介绍过的新闻价值要素，就会知道这一事件具有很高的新闻价值：特殊性（当事双方都是警察）、显著性（这是“路怒”现象，当前社会某些暴戾之气的一个显著体现）、冲突性（死人了），以及群众的强烈猎奇心和围观欲，还有对于有关部门如何向大众合理交代、如何妥善处理这一事件的普遍期待。

实际上，当时媒体对这一事件较长时间的关注，除了与事件本身所具有的新闻价值有关之外，还与有关部门对事件的处理方式欠缺专业性有关系。由于两城公安局的上级主管部门没有经一个统一的“窗口”发言、没有用一个统一的“声音”说话，或者没有妥善授权两城公安局经过训练的专业人员来对外发言，B城和T城公安局遂成为媒体争相分别采访的对象，他们不同程度上的各执一词客观上为危机管理横生了不少不必要、不应该的枝节，使得负面消息在媒体上一波未平，一波又起。比如，双方都说各自的当事警察是“好警察”，于是媒体揶揄说，这是“一个好警察打死另一个好警察的故事”。当记者质疑T城当事警察年纪不大何以有能力购买私家车时，T城公安局有关发言人反问记者：“那辆黑桑是他花四万块钱买来的，他三十多岁的人了，还买不起一辆普桑吗？”其中一个城市“公安系统的内部人士”甚至还向记者“爆料”说，另一个城市的当事警察曾因刑讯逼供遭到撤职；也有人当着记者的面表达了对媒体采访的不耐烦："这只是个人行为，不值得媒体如此关注"……一时间，流言鹊起，舆论蜂鸣。

好在当年还没有微博这东西，否则再经微博一掺和、一放大，关于事件的舆论肯定会更加混乱和不堪。总结起来，各种从B城和T城公安局流散出来的信息无非包括：与事件不直接相关的新信息，这样的信息只会节外生枝（比如"桑塔纳"）；与当事人相关，但与具体案情无关的新信息，这样的信息只会火上浇油（比如"其中一个当事警察曾因刑讯逼供遭到撤职"）；明显不合时宜、极易引发负面舆论、属于"典型找抽型"的新信息、新评论（比如"两个当事警察都是好警察"）。

这些信息之所以会出现在媒体上，通常是由于接受采访的相关人员并不谙熟新闻发言的规则和技巧，他们或是对记者知无不言、有问必答，甚至自发提供不少本不应提供的信息；或是拧不过一些记者在发问上的穷追猛打，致使防线不断溃败——个别被采访者一开始是拒绝采访的，但是又禁不住记者的逼问或是"钓鱼采访"（一种隐蔽乃至伪装身份、目的之采访手段），随口介绍一些情况或发表几句评论；又或是"以个人身份"、"以匿名身份"向记者提供不宜提供的信息。**归根结底，主要是由于组织内部没有建立或完善一个统一的"窗口"来发言、没有通过事前的培训和事中的协调形成一个统一的"声音"来说话，也与提供信息者没有真正经过专业的新闻培训和历练有关。**

像公安系统这样的庞大组织，拥有多个层级的分支机构，而且它们分布广、数量多，颇为类似跨国、全国大型企业分布各地的"分公司"。构建一个全国性的新闻发言体系和流程，在各个主要省市建立各地的新闻发言制度，上下之间形成协调、统一的垂直管理，这对于他们是一项非常重要的制度建设工作。即使目前他们已经有了一套宣传体系，我还是建议他们——如果有可能的话——开始引入专业公关公司的常规性或项目性咨询，借鉴大型跨国或全国企业所属专业公关团队的运作和流程，在新闻发言制度建设上多下一番工夫，朝着专业性、系统性、协调性的方向更上一层楼。

其实，我认为不管是公安部的宣传部门，还是由其授权并协调两城公安局的专业新闻发言人在接受媒体采访时，他们对外提供的内容不应游离于以下关键信息以外：

◎ **性质与立场**：这是一个两人公务时间之外的孤立偶发事件；遗憾及痛心。

◎ **行动与举措**：第一，深入调查，择机公布调查结果，给公众一个交代；第二，采取措施防止同类事件的发生，加强警员教育，强化队伍建设（最好有媒体感兴趣的亮点。比如，在警员培训项目中首次引入情绪管理培训课程，近期将邀请国外资深的警员情绪管理专家来华开设示范课程并进行交流，等等）。

◎ **回顾与展望**：坚持依法从严治警，打造文明威武之师（最好能够邀请公众参与监督，并公布相关监督方式）。

有了这样的关键信息框架，相关新闻发言人所要做的（也是所能做的），就是“咬定青山不放松”，使自己的发言内容严格囿于这一框架之内。

“性质与立场”部分之所以重要，是因为最好是自己交代负面新闻，并通过界定事件性质、申明立场来赢取公众理解；“行动与举措”部分之所以重要，是因为需要通过提供正面信息来抵消或稀释负面信息；而“回顾与展望”部分之所以也重要，是因为它把事实置于大和广的背景之下，通过回顾与前瞻，通过横向与纵向观照，使受众更易接受自己的立场，从而进一步强化所要传递的关键信息。

接下来再讲一个有关政府部门面对舆情的故事。“非典”（SARS）是“非典型肺炎”的简称。也许再过一些年头，没有经历过2003年春夏之交那场突如其来却裹挟着血雨腥风的“非典”疫情的人，当被问及何为“非典”时可能会茫无所知。但是，“非典”曾经夺去全球919人的生命，其中中国的“非典”死亡病例达829例。而且，在“非典”肆虐阶段，人人闻“非”色变，疫情重灾区弥漫着一种紧张甚至是惊恐的凝重气氛。它对公众心理和实际生活的影响是罕见的——“非典”堪称一代人生活经历中少见的重大公共疫情。为了抗击“非典”疫情，全国人民迎难而上，敢于胜利，特别是医疗卫生系统涌现了许多感人至深的故事。

“非典”的最早病例发生于2002年11月。2003年1月和2月间，广西、湖南、四川分别出现少数输入性病例。2月下旬，山西省发生1例病例并在当地引发传播。3月初，北京发现来自山西省、香港特别行政区的输入性病例，很多不具备收治条件的医院开始收治“非典”患者，由于防护不到位，交叉感染严重。刚开始时防控上的不力，可能与有关部门最初对疫情控制的判断和举措不完全到位是分不开的。2003年4月3日，当时的卫生部长举行了第一次中外记者发布会，他虽然向大家通报了截至当年3月31日的数字，即全国发病1190例、死亡46例（其中北京12例、死亡3例），但他同时称“疫情得到有效控制”。以下是其通过新闻发布会传递的几个关键信息：

◎经过中央和地方卫生部门的艰苦努力，现在发病人数明显减少，治愈人数显著增加，死亡人数有所减少，疫情得到有效控制。

◎我可以负责任地告诉大家，在中国工作、生活，包括旅游，都是安全的。在座的各位，戴口罩、不戴口罩，我相信都是安全的。

◎我说的是有效控制，没有说有效消灭。而且我说的是在中国大陆有效控制，没有说在世界各地有效控制和完全消灭。考虑到在中国内地还是有少数的病例发生，也考虑到中国的香港、台湾地区有新的病例发生，也考虑到在世界上还有十多个国家有病例发生。因此，中国愿意介绍自己的经验，包括自己的教训，也愿意跟世界各国共同合作来对付非典型肺炎，造福于世界人民的健康。

◎北京由于汲取了广东的教训，有效地控制了输入病例以及由这些病例引起的少数病例，所以没有向社会扩散。

应该说，进入4月份，北京和其他几个省份的疫情开始肆虐，这位原卫生部长对疫情的判断基本上是有违事实的，其对公众防护措施的说法是不负责任的。究其原因，很可能是：其一，“人民群众的生命安全是第一位的”的意识没有真正深入人心；其二，在此之前，中国已有很长时间未曾遭遇像“非典”那样的重大公共疫情，个别政府部门及其领导习惯了动不动就说“疫情得到有效控制”的惯性思维，而不是以实事求是的态度直面和应对具体疫情，特别是全新的“非典”疫情；其三，这位原卫生部长得到的有关“非典”疫情的报告可能有些滞后，而他没有亲临一线去感知实际疫情，从而导致了他对于疫情的误判；其四，由于可能存在的政治、社会大环境各种复杂因素的制约，他也许明明掌握了实际疫情却选择了发布过度乐观的信息——有点类似 “夜行壮胆”、“自我暗示”，同时意图安抚公众、避免恐慌。

2003年4月20日，新华社发布中共中央决定，这位原卫生部长被免去卫生部党组书记职务，一名北京市委副书记亦被免职（根据惯例，这意味着前者不再担任卫生部部长、后者不再担任北京市市长）。有意思的是，前者距离履新也就一个月，后者也刚刚到任不足两个月。

假设要我给这位原卫生部长的新闻发布会提供公关咨询，我所建议的“关键信息”如下。这些“关键信息”并非事后诸葛亮的杜撰，它们凝聚和反映了危机管理、新闻发言的一般规律和原则——它们不仅适用于此，其基本精神同样适用于其他类似的情境和场合。

◎ 性质与立场：

这是一场突如其来的全新、特殊疫情；

经过一个认识过程之后，我们正在采取更加切实可行的措施，全力确保有效控制疫情。自始至终，人民群众的生命安全是第一位的。（此处可通报各地汇报上来的数据。）

◎ 行动与举措：

为了确保人民群众包括来访的国际友人的健康与安全，我们已经切实要求各地采取如下防治措施：……（包括每日向WHO和港台地区通报疫情等。）

同时，在疫情完全得到控制之前，我们请全体群众做好自我保护，包括减少出入公众场合、减少差旅等。

◎ **回顾与展望：**

中国是一个人口众多的国家，我们面对着特殊的复杂情况，在处理特殊疫情方面还缺乏经验，我们愿意多多听取各国的相关经验；

确保公共卫生安全、捍卫群众生命安全，我们的政府将一如既往地不遗余力、动用一切可动用的资源；

中国人民有着众志成城抗击重大灾情的坚强精神，我们相信中国人民一定能够战胜“非典”疫情！

在关于疫情的“性质与立场”部分，一定要以千钧之力着重强调“人民群众的生命安全是第一位的”，以人为本在这个时候应该得到最有分量的彰显，特别是作为主管公共卫生与健康的卫生部尤应如此；在“行动与举措”部分，一定要有看得见、摸得着、可量化的行动，而且要以具体举措回应当时的一些外界忧虑（如针对港台地区对于疫情信息发布的忧虑，应承诺向其“每日通报疫情”）；在“回顾与展望”部分，由于当时的公众心理非常脆弱，所以这一部分的关键信息甚为重要，因为它们关乎民心的安定和振作。

在这里要特别议一议的是，在“行动与举措”部分，我之所以用省略号代之，是想说明，根据不同的事件性质、背景和现状，作为一个组织的公关或宣传团队，应该与领导层或管理层一起，筹划并实施适时、适量、适度、适用的一些因应行动。**在这一意义上，公关或宣传团队不应只是一个组织的“喉舌”，他们应该是一个组织进行重大决策时的“战略伙伴”，通过改变一个组织的某些不当行动、促成一个组织的某些有利行动，来服务于这个组织。这显然是比发言更为重要、更有意义的使命和责任。**

在新闻发布的过程中，除了要特别注意发布内容的“适时”、“适度”、“适量”、“适效”之外，还要特别注意这些要求所建基于上的“适人”和“适位”。“适人”，即根据不同的受众采用不同的说话方式和内容；“适位”，即不能不根据自己的身份、不能不清楚自己的立场，更不能假语村言、越俎代庖、僭越职权去进行不合适、不允许的信息发布。在这一点上，2012年

2月某市人民政府新闻办公室通过官方微博所发布的，关于一位副市长“接受休假式治疗”的信息就是一个反面例子。首先，这种干系重大的信息发布已经超越了作为一市人民政府新闻办公室的权责范围；其次，“接受休假式治疗”的信息有违事实——一个组织可以根据现实情况选择不发布、延迟发布或选择性发布某些事实，但是任何情况下都不应发布有违事实的信息。

我们平时上网或看报纸时，总是能够不期然遭遇某些“雷语”，而其中有不少出自政府部门的工作人员甚至一些上了级别的领导。且让我们来“围观”几条我信手拈来的“雷语”：

“戴套不算强奸。”——贵州省某市某警察办理女教师被强奸案时称。

“你活了那么大岁数，长了那么大岁数，你说中国的事，哪一件事是可丁可卯的？”——教育部信访处某处长向家长解释招生信访事件时表示。

“这个事很重要吗？很大的新闻吗？”——湖南省教育厅新闻中心某主任就湖南高校乱收费的问题接受记者采访时诘问。

“老百姓就是事儿多，是吃饱了撑的！”——陕西省县某群众反映树木枯死，有媒体记者就此采访县林业局局长，局长表示很生气。

“至于你信不信，我反正信了。”——铁道部某原新闻发言人在2011年“7·23”甬温线动车追尾事故新闻发布会上解释“为什么救援组要仓促掩埋车头”时郑重强调。

为什么我们的公务员队伍，特别是某些官员成了“雷语重灾区”？难道真的是“官字两个口”，言多必失？我认为，除了公务员队伍极其庞大、人员素质良莠不齐之外，也与某些官员在新闻记者面前“情不知所止，话忘乎所以”，甚至态度倨傲、言谈嚣张有关。而很重要的原因还在于目前政府部门普遍没有完善的媒体政策和流程，或普遍尚未建立必要的新闻发言人制度。要改变现状需要长期的努力。**首先，需要由各个主管部门建立并严格执行垂直管理的媒体政策、新闻发言人制度和流程，其中要向队伍中的每一位人员明确一**

个简单的“规矩”：除非获得授权或经过协调，否则接受采访的职责只落在公关、宣传团队以及新闻发言人身上，其他人所需做的，就是在整个过程中恪守“多言不如守静”（曾国藩语）的教训，同时礼貌地协助媒体记者联系有关新闻发言人；其次，需要对队伍中可能需要对外发言的人员（特别是达到一定级别的领导人员）进行定期或不定期的媒体培训、发言人培训以及危机管理培训，从而使其掌握基本的媒体应对、新闻发言、危机管理的原则和技巧、框架与底线。这项长期工作关乎公务员队伍的建设、关乎政府部门的形象，甚至从一定意义上也关乎民心向背、关乎整个社会的和谐与发展。

上面所引述的铁道部某原新闻发言人所说的“至于你信不信，我反正信了”，这句话对于新闻发言人而言，很多时候是“一语成谶”的：确实，你的话说出去了，可是你的听众常常不信，而你自己信不信其实并不重要。从本质上说，沟通不是动动嘴皮子那么简单，促成行动、改变行动才是最终目的。真正的沟通者关注沟通效果。你说话的时候，重要的并非是你说了什么，而是对方理解了什么、接受了什么，甚至他们是否有热情和动力将所理解和接受的转化为自己的行动。有些时候，特别是在危机爆发之初，不管你怎么说，人家就是不信或者将信将疑，舆论的“轴劲儿”表现无遗。**这里，我们经常要面对一个“看法就是事实”、“印象就是现实”或“成见就是意见”（Perception Is Reality）的沟通困境，颇有“认为你是，你就是，不是也是”的意思。要打破这样的局面，光靠说狠话、爆“雷语”是远远不够的，而且这样做往往事与愿违。关键是要通过有说服力的方式，用铁的事实（或证据）去消除或改变公众不对、不利的看法或印象。**

行文至此，我认为有必要与读者分享2012年5月底、6月初发生在深圳市的一个舆论与公权良性互动，进而推动事件进展和信息公开的范本。我认为它将成为政府应对舆情的一个经典案例，更希望将来它能“经常被模仿，经常被超越”。

话说2012年5月26日，一辆红色GTR跑车以超过180公里的时速，在深圳滨海大道上风驰电掣。突然，它猛撞上前方一辆出租车，从而引发大火并造成

3人死亡。7小时后，“肇事逃逸的跑车司机”向警方自首。令深圳警方始料未及的是，案情的发布非但没有厘清真相，反而激起公众对于肇事者是否被“顶包”的强烈质疑，从而点燃了一场针对警方的信任危机。面对舆论压力，深圳交警不畏难、不回避、不懈怠，倾其人力物力走访排查、收集证据，并非常及时地紧扣舆论的质疑先后召开4次发布会。通过几轮攻防，深圳交警局用有说服力的监控视频及其他证据，基本说服了公众，在较短时间内使真相得以还原。

深圳交警局“攻防”回放：在官方于5月27日发布“锁定侯某为肇事者”的信息后，来自家属和接诊医生的质疑使“顶包说”开始发酵。事故中，死者三人为出租车司机和两名女乘客。死者家属首先提出了“顶包”质疑，称他在福田交警大队看到涉案司机时，该男子面部并无明显伤痕，而这与深圳华侨城医院相关医生所描述的，“疑似肇事司机”下巴有伤且被缝了8针相去甚远（事后证实的情况是，医生将碰巧同时就医的另一名与事件无关的伤者误认作肇事司机）。这些质疑犹如重磅炸弹，“引爆”了微博和其他网络平台以及传统媒体上沸沸扬扬的舆情。

◎5月28日，深圳交警局召开新闻发布会公布两天来搜集到的证据，包括肇事者在酒吧喝酒、出门进入跑车的视频资料。可令人意想不到的是，第二天质疑的声音更是甚嚣尘上，纷指视频资料不够直接、连贯、真实和清晰，且关键视频缺失。另外，警方锁定的肇事者侯某是一名来自农村的打工者，与豪车、游艇会、泡吧等警方公布的其他案情细节似乎风马牛不相及。

◎5月29日和30日，深圳交警局召开了第二场、第三场新闻发布会，针对公众质疑，继续公布大量相片、视频，包括首次公布事发路段的完整视频，以及由跑车车主、舆论所怀疑的“真正肇事者”赤裸上身、自证下巴和上身并无伤痕的视频，甚至邀请事故死者家属到场，以及公布了从肇事车辆中所提取的血液样本的分析结果。

◎5月31日，深圳交警局第四次向媒体通报，经过警方对几万张车牌识别图片的逐一反复排查，找到了当天凌晨肇事车辆事发前驶过滨海大道的图片。图片显示，跑车驾驶座位上为一名花格上衣男子，该男子与之前公布的其他视频上的侯某特征一致。至此，证据链开始完整，肇事者身份真正得以锁定，真相没有被“顶包”。

6月1日下午，深圳市交警局向深圳市检察院提请批捕“5·26”重大交通事故涉案犯罪嫌疑人侯某。至此，虽然案件中有些细节，如一名普通打工者的生活方式为什么能如此奢华等，尚未得到解答，但是在肇事者身份认定的关注焦点上，公众的质疑开始消散。6月2日下午，一名女网友在福田交警大队门前手举红色横幅，上书：“亲们：对不起！我也是曾质疑你们的一位小网民，现真诚向你们公开道歉！你们委屈了！你们辛苦了！魅力深圳会因你们的魅力而更具魅力！”可以看出，深圳交警的公权力、公信力非但没有被削弱，反而在一定意义上得到了加强。与此同时，针对此次事件中存在的硬件缺陷，深圳交警局决定立即改造和升级监控设备。

在深圳“5·26”飙车案所引发的舆论攻防战中，深圳交警方面最值得称道的是，即使身陷舆论漩涡当中，他们仍然能够直面公众质疑，用开放的态度去应对开放的环境，用透明的方式去化解透明的质疑。**网络时代里没有质疑不了的权力；法治社会里没有不可质疑的权力。在一个习惯于质疑和被质疑的时代里，互联网尤其是微博等社交媒体为这种质疑提供了技术条件和呈现平台。中国的舆论监督兜了一个大圈，却“柳暗花明又一村”地通过乱象丛生、泥沙俱下的微博等网络平台真正开始了，自下而上的监督力量在使中国的权力格局真正开始多元化，媒体作为立法、司法及行政权力之外的“第四权力”，开始真正得到最初步的实践和体现。过往治理模式中被奉为至理的“搞定就是稳定，摆平就是水平，没事就是本事”必须退场，代之以“尊重权利、敬畏舆论、崇尚法治”的治理新思维，官员要习惯在监督环境下行事、在法制轨道上用权。**

面对一个突发事件，当许多关于真相的关键信息缺位时，疑问就必然会

去“补缺”，甚至占领舆论高地，这是舆论突发事件的产生机理。当然，质疑并不意味着否定，它只是追溯真相、还原真相的起点，它既可以被证实，也可以被证伪。无视和回避质疑，最终只会使负面舆情愈演愈烈，直至导致信任危机，即所谓的“官方不说实话，网友就说脏话”。其实，正视和回应质疑并不是什么“火箭科技”，它的基础在于要容得下“吐槽”、经得起质疑，坦诚、透明地去释疑和解疑，唯有如此才能从舆论漩涡中全身而退，成为应对舆情、驾驭舆情的胜者。

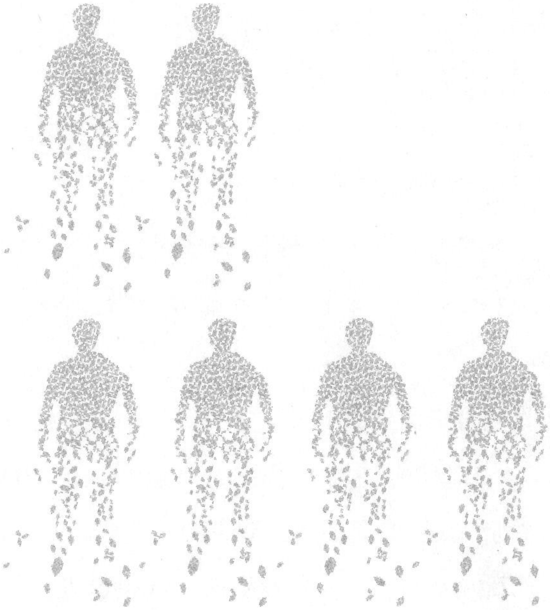

你信了，他们信不信（二）
——表态的底线是什么

2011年“7·23”动车追尾事故新闻发布会上，时任铁道部新闻发言人的几句运用个性化用词的“雷语”为什么“雷人”？在震惊世界的美国“水门”丑闻中，美国前总统尼克松对外界作过哪些发言？他在“漂亮”的辞职演讲中都说了什么？

让我们再来看看2011年“7·23”甬温线动车追尾事故后的新闻发布会。2011年7月23日晚上8时30分许，北京南至福州D301次列车与杭州至福州南D3115次列车发生追尾事故，造成40人死亡。7月24日22点43分，铁道部在浙江温州召开新闻发布会。时任铁道部新闻发言人王勇平火线勇担大任，当天的新闻发布会在一定程度上解答了公众的部分疑问。但是，王勇平的一些表现和言论被批评不够专业，几句个性化用词的“雷语”更是受人诟病。

比如，王勇平身着T恤，其间表情轻松甚至面带微笑，说话的语气也嫌过于高亢、激昂。而且，开场白时王勇平故作轻松地问：“你们是让我坐着说呢，还是站着说?” 其实，发布会一开始，由于他没能代表铁道部鞠躬致歉、没能分别向不同的群体表达慰问和谢意，他错过了一个代表铁道部展现恳切和真诚态度的良机。其次，由于当时他掌握的信息或者他所获授权发布的信息可能不够充分和准确，因此他完全应该避免有问必答，而应该只提供那些已经得到确认的准确、权威的信息，其他暂时无法回答的问题应该记下来，之后再通过后续的新闻发布会或其他途径进行回应。实际上，在这一重大事故的新闻发布会上，只有新闻发言人“一个人在战斗”，这本身就是铁道部在安排上欠缺考虑。在事件处理过程存在诸多硬伤的前提下，可能未获充分授权的新闻发言人无形之中就被推到了悲壮的境地。须知，新闻发言人的权责、代表性和影响力都是有边界的、有限制的。做过新闻发言人的人都清楚，那是一个真真正正的“烫屁股板凳”（Hot Seat），谁坐谁知道。他发言的任何不慎和不当，都可能成为其个人在新闻发言职业生涯上的一次严重“脱轨”。

下面是两个在网上被“疯传”最多的问答。

记者问：为什么早晨在事故现场开始挖坑掩埋列车残骸？

王勇平：我今天下飞机的时候，接机的同志说，在网上已经看到有这样的信息，在此之前，因为我在机上还没有掌握到，我也问他：怎么会发生这样愚蠢的问题呢？这样一个举世都知道的事故，难道能够掩埋得了吗？他告诉我，不是想掩埋……他们作出了这样的解释：因为当时现场抢险的情况环境非常复杂，下面是一个泥潭，施展开来很不方便，还要对其他的车体进行处理，所以他把那个车头埋在下面，盖上土，主要是便于抢险。目前，他解释的理由是这样。至于你信不信，反正我信了。

记者问：救援行动已经初步结束，现场指挥部多次证实现场已经没有生命体征，为什么最后还会发现那个幸存的小女孩？

王勇平：这是一个奇迹……我只能回答你，这个事情就是发生了，我们确实在后来发现了一个活着的女孩，事情就是这样。

我认为，王勇平之所以会爆出“至于你信不信，反正我信了”以及“这是一个奇迹”的“雷语”，应该是其不堪忍受记者咄咄逼人态度的一种体现，是遭到强势逼问之后的应激反应，这也能够解释为什么他运用了个性化的语言来表达，因为应激时人们的表达较易回归日常的口头语言。公众对于上面第二个回答的反响尤其强烈，指其给人的感觉是当事方漠视生命，甚至有人在网上斥其“不是人话”。有专家因此评曰：发言人，首先必须“发人言”（说人话）！

相比之下，2011年7月28日，时任国务院总理的温家宝在动车脱轨事故现场的表现却获得好评。温家宝总理向死难者献花、看望伤亡者家属、检查事故现场并召开中外媒体发布会。在发布会上，温家宝总理的开场白感情真挚、语言简洁、态度诚恳、旗帜鲜明：

记者朋友们，今天我来到铁路特别重大事故现场，给遇难者献了花圈，表示对他们的深切哀悼！刚才我到医院去看望了伤员，包括住院的。又同遇难者的家属见面。此时此刻，我的心里也很悲痛，我愿意借这个机会同各位记者见面，讲一讲我心里的话。我们不要忘记这起事故，不要忘记在这起事故中死难的人。它让我们更警醒地认识到，发展和建设都是为了人民，而最重要的是人的生命安全；它也让我们认识到一个政府最大的责任就是保护人的生命安全。作为总理，我对在事故中遇难的人们表示无限的怀念。对发生这样的特大事故，表示十分痛心。有的记者问我，平时遇到灾难，你总是第一时间来现场，这次第六天才来。我想如实地跟大家讲，我生病了，在病床上十一天，今天医生才勉强允许我出行。

他还回答了记者们提出的问题，包括一些尖锐的问题。比如有记者询问如何重拾中国高铁的信心，温家宝总理说："中国高铁技术的出口以及其他高科技产品出口的可信度不在口头上，应该在实践中。就高铁来说，应该从设计、设备、技术、建设和管理综合来考虑，在这当中，失掉了安全，就失掉了高铁的可信度。"

下面，我希望与大家分享"水门"丑闻中美国总统理查德·尼克松对外界的一些发言。1972年，"水门事件"爆发。其真相是作为共和党主席的尼克松在竞选连任时曾授权部下，在竞争对手民主党的总部安插窃听装置，以便"知己知彼，百战不殆"。最初，尼克松多次否认他曾参与其中，并在1972年11月的大选中取得了压倒性胜利。连任之后，这位自作聪明的总统开始麻烦缠身。1973年2月，新闻界开始深挖他的丑行。美国参议院成立了调查委员会。其后众议院司法委员会通过了三项对尼克松的弹劾：妨碍司法公正、滥用总统职权、试图反抗委员会的传唤以妨碍弹劾程序。1974年8月5日，尼克松终于被迫交出曾多次拒交的三盘录音带，其中一盘清晰记录了尼克松曾积极参与掩盖事件的事实。1974年8月8日，理查德·尼克松成为第一位引咎辞职的美国总统，美国历史上最大的政治丑闻至此落幕。虽然公众对尼克松政府的不法行为深感忧虑，但大多数美国人为美国的宪政力量和联邦制度的有效运作感到欣慰。

我分享尼克松的发言，并非赞同他在编织惊世谎言时的巧舌如簧。不过，作为危机管理反面案例中的对外发言内容，它可以让我们在修辞学的角度有一定的参考。更为重要的是，时过境迁，30多年后重读这些文字，我相信大家肯定对于新闻发言、危机管理时该说什么不该说什么、该做什么不该做什么会更有体会。**毕竟，时间会淘洗、淬砺很多东西，在每一次说话表态的过程中，尤其在具有重大历史意义的事件中，发言的底线应该是“发”经得起时间考验之“言”、“发”对得起良心拷问之“言”、“发”扛得住真相砥砺之“言”。**对照观之，尼克松的发言既经不起时间考验、对不起良心拷问，也扛不住真相砥砺。

在1973年4月30日的第一次“水门事件”全国电视讲话当中，尼克松除了宣布几个引咎辞职的“替罪羊”之外，还表示要一查到底，直到真相大白、正义伸张。

我决心，我们应该一查到底，让真相大白——不管谁参与其中。

不管在这之前大家认为的事件情况如何，不管整个恶劣事件还有多少不当行径仍未陆续曝光，我要美国人民——你们——笃信一点：在我的总统任期内，我们将公平、公正、完整地追求正义，无论是谁牵涉其中。白宫代表着神圣的信任，我决心不辜负这份信任。

……

对于具体个人的具体违法行为，那些行为主体当然必须承担责任和接受惩罚。

对于受到指控的白宫或我的竞选团队的不当行为，对我而言最易做的就是卸责给我委任运作竞选活动的班子。但那样做是懦弱的行为。

我不会卸责给下属，就是那些热情蒙蔽了理性、一心想要做对事情却可能犯了错的人们。

任何组织的第一把手都必须为过错担责。因此，我的办公室需要担责。我接受这份责任。所以今晚我在这个办公室向你们保证，我会在权力范围内尽一切努力确保罪行会受到正义的惩罚，确保枉法行为在未来年月里能从我们的政治体系中涤荡出去，即使在我离开白宫多年以后。

……

我们必须捍卫白宫的高尚品格，而且它的高尚品格必须是真实的，而不是虚幻的。白宫不应该是涂白的！

……

1月20日当我宣誓就职连任时，我给了每位内阁成员和每位白宫高级职员一份特别的4年日历表，每一天都作了标示，以显示本届政府的在任天数。每份日历表上印有这些文字："本届总统任期始于今日，总计1461天——一天也不多，一天也不少。每一天都能给美国带来进一步的强盛和新生，每天都能给美国经验增添深度和广度。如果我们一起努力，如果我们充分利用我们所面临的挑战和机会，那么这些日子会成为美国的黄金时光，成为人类历史上的伟大时刻。

在1973年8月15日的第二次全国电视讲话当中，尼克松除了继续矢口否认所有指控之外，还迫不及待地意欲将国人的关注焦点转移到他所谓的"国家急务"上来。

……我对水门窃听事件事先并不知情；我既没有参与也并不知晓任何之后的掩盖活动；我既没有授权也并不鼓励下属采取非法或不当的竞选手段。

这些过去是、现在仍是简单的事实。

……

是时候将水门事件交由法院来处理了，他们才是裁决孰有罪、孰无辜的机构。是时候将我们所有其他人的精力放到国家的急迫事务上了！

将近一年之后的1974年8月8日，尼克松被迫辞职下台。当晚，尼克松向全国公众发表了"漂亮"的辞职演说。演说中没有流露任何伤感的语气。他几乎没有忏悔罪行，但却承认错误——对一个自负、傲气的人来说，这已属不易。演说全文如下，读来令人掩卷叹息。

晚上好。

这是我第37次在白宫向你们发表演讲——这个地方诞生过许许多多创造了我们国家历史的决策。过去的每一次演讲，我都是为了与大家共商一些攸关国家利益的事务。

就职以来我所作的任何决定，总是竭力服务于国家的最大利益。在整个漫长而艰难的“水门事件”中，我一直认为我有责任坚持到底，竭尽全力走完你们通过选举赋予我的任期。

然而，过去几天，我清楚自己在国会中已经没有坚实的政治基础来支持我继续完成使命。这一基础如若尚存，我会坚定地认为，走完整个宪法程序是非常必要的，否则就是对精心设计的宪法精神的背叛，并且开启一个对未来极有危害的先例。

但是由于丧失了这一基础，我现在认为，宪政的目标已经达到，因此没有必要继续走完整个程序。

我原本选择无论个人要面对多大的痛苦都要继续走下去，我的家人也一致支持我这样做。但是国家的利益永远必须高于任何个人考虑。

通过我和国会领袖及其他领袖的讨论，我得出结论：由于水门事件，我可能不会再获得国会的支持，而这种支持是我根据国家利益的需要进行艰难决策、履行白宫职责所必需的。

我从来都不是一个半途而废的人。在任期结束之前离开白宫，这完全有悖于我的天性。但作为总统，我必须把美国的利益摆于首位。美国需要一个全情投入的总统以及一个全情投入的国会，尤其在这样一个国内和国外都面临挑战的时候。

如果未来我继续为个人的清白辩护，那将占去总统和国会几乎全部的时间和精力，而此时我们应该做的是全情致力于更大的议题——世界的和平以及国内没有通胀的经济繁荣。

因此，我愿意辞去总统职位，并于明天中午生效。副总统福特届时将在白宫宣誓就任总统。

当我回想开始第二届任期时为美国所绘就的宏图大计，我深感悲伤，因为我不能在未来的两年半里，继续在白宫代表你们去实现这些大计。不过将领导政府的权力交予副总统福特，我知道，正如当我十个月前提名他就任现职时对国人所说的：美国的领导权交付给了优秀的人。

在将白宫交给副总统的同时，我深感明天他将要负起的沉重的责任，从而也深感他需要全体美国人给予的理解、耐性和合作。

当他担负起这份责任之时，他理应得到我们大家的帮助和支持。展望未来，我们的关键第一步就是要平复国家所受的创伤，要抛开过去一段时间的痛苦和分歧，重新发现我们作为一个伟大而自由的民族，根植于我们的实力和团结精神内核里的那些共同理念。

通过这一行动，我希望可以加速启动美国所急需的疗伤进程。

在促成这一决定的整个事件过程中，我对于可能造成的任何伤害深感遗憾。我只能说，如果我的一些判断是错的——而一部分的确是错的——那也是因为我相信在当时它们最有利于我们的国家。

对于那些在过去艰难的几个月里始终陪伴我的人们，我的家人、朋友和那些因为相信我所做的是正确的事情而给予支持的人们，我将会永远感谢你们的支持。

而对那些未曾支持过我的人，我想说，我离开的时候对那些反对过我的人心无恨意，因为归根结底，尽管我们的判断会有不同，但我们都心系国家的利益。

因此，现在就让我们团结起来，共同坚定决心，为了全体美国人民的利益协助新总统取得成功。

我虽然因为没有完成任期而抱憾离开白宫，但是因为在过去五年半里有幸担任你们的总统而心怀感激。这些年在我们的国家和世界的历史上是一个重要的时期。这些年，在政府、国会和人民的共同努力下，我们取得了让我们引以为傲的成就。

但是未来我们所面临的挑战也同样巨大。它们同样需要人民和国会通过与新的政府合作所给予的支持和努力。

我们结束了美国最漫长的战争。但是维护世界持久和平的未来任务将更加遥远和崎岖。我们必须完成构建一个和平的秩序，从而被各国人民所传诵：我们这一代美国人不仅结束了一场战争，更防止了未来的战事。

我们开启了一扇在四分之一世纪的时间里隔绝了美国和中国的大门。

现在，我们必须确保占世界人口四分之一的中国人民一直是我们的朋友而非敌人。

在中东，近二十年来阿拉伯国家一亿人口中有许多人曾将美国视为他们的敌人，现在也开始视我们为友。我们必须继续推进这份友好关系，才能使和平最终降临中东地区，避免文明的摇篮成为文明的坟墓。

与苏联合作，我们在限制核武器进程上取得了重大突破。但是，我们的目标必须不仅是限制，更应该削减直至最终销毁这些恐怖武器。这样才能使之不再可能毁灭人类文明，使核战争的威胁不再悬于世界和人类头上。

我们与苏联的关系也打开了新局面。我们必须继续发展、拓展这一新的外交关系，从而让世界上两个最强大的国家能够合作共存，而不是对抗求存。

放眼世界，在亚洲、非洲、拉丁美洲、中东地区，还有千千万万的人们在贫困甚至饥饿中挣扎。我们必须坚持这样的目标，即用为和平而生产取代为战争而生产，让这个地球上的所有人最终拥有体面生活所需的必需品，即使一切只能在后代而不是我们这一代人身上实现。

在美国，我们感到幸运的是，大部分的人们不仅可以沐浴自由的光辉，而且有途径过上体面的，甚至按照世界标准来说是富足的生活。我们仍需继续努力，朝着一个更高的目标——即不仅为每个美国人提供更多、更好的工作，而且提供全面的机会，以及我们当前所努力追求实现的：不要通胀，只要繁荣。

在二十多年的公职生涯中，我体会了这个时代的历史风云。我为信念而战，我尽最大的努力去履行职责、承担责任。

有时我成功了，而有时我失败了，但是我一直谨记西奥多·罗斯福这样评价竞技场上的勇士："他们的脸上沾满灰尘、汗水和鲜血；他们英勇奋战；他们一遍一遍地犯错，有着这样那样的缺点，因为世事总有错误和缺陷。尽管如此，他们切切实实地奋力格斗；他们满怀激情、全情付出，将生命奉献给了有意义的事业；他们知道，最好的情况是，最后他们将收获巨大的成就和胜利；而最坏的情况是，即使失败，也要拼战到底。"

今晚我向你们保证，只要我有一息尚存，我会继续秉承这种精神。我会为我多年来不管作为众议员、参议员、副总统或总统都一直全情投入的崇高事业而继续努力——为美国乃至所有国家缔造和平，为我们的全体人民创造繁荣、正义和机会。

其中有我一直孜孜追求并将为之奋斗终生的最为崇高的事业。

当我五年半前第一次进行就职宣誓的时候，我许下了这个神圣的承诺，即"把我的整个任期、我的全部精力和我的所有智慧用于为所有国家缔造和平的事业"。

从那一刻起，每天我都竭尽全力忠实践行这一誓言。通过所有的努力，我相信，不管是对于美国人民还是各国人民，今天的世界更加安全；我相信，我们的子孙后代都比以往更有机会享受和平生活，而不是成为战争祭品。

这是我竞选总统时的最大愿望；这也是我卸任总统时希望为你们、为国家留下的最大遗产。

居白宫之高，我深感与每位美国民众有家人般的亲近；赴江湖之远，我祈愿上帝的恩泽眷顾大家的前程。

俱往矣，千古风流人物！三十多年后重温这篇从公关文字的角度上看还算"漂亮"的演说，一个"滑头"而自负的美国总统形象仍跃然纸上，令人不胜唏嘘。人无信不立，官无信不威。只有逐渐显现的事实，没有永远雪藏的真相。掩卷沉思，也许我们最该问的就是，大大小小的"尼克松"们，如果说辞背离了真相，那么即使你们信了，作为民众的他们信不信？！即使他们今日信了，待真相经过一段时间的沉淀、显现之后，人们还信不信？

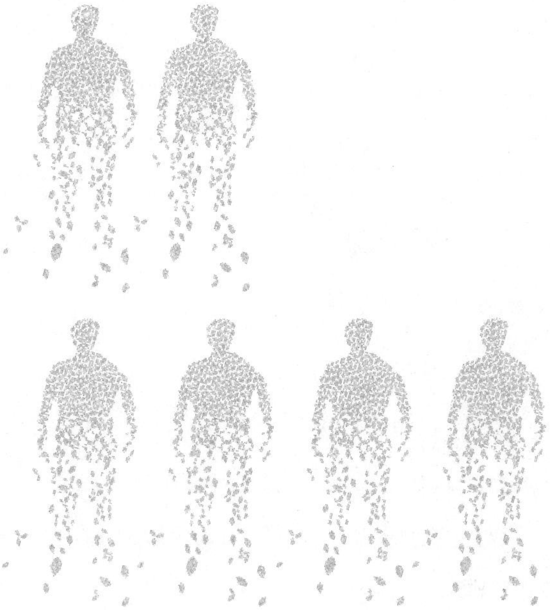

传奇谢幕（一）
——如何让表态“气韵生动”

苹果公司创始人乔布斯英年辞世后，苹果公司董事会及管理层是如何对外和对内发布消息的？世界上的达官要人又分别作了哪些声明以悼念这位“改变世界的人”？ 2012年8月美国宇航员阿姆斯特朗辞世，时任美国总统奥巴马发表了怎样的声明表示哀悼？

2011年10月5日，时年56岁的苹果公司董事会主席、联合创始人史蒂夫·乔布斯（Steve Jobs）在与胰腺癌抗争多年之后，英年辞世。“世上再无乔布斯”、“改变世界的人走了”，一代传奇在一片扼腕叹息声中谢幕，世人同悼，极尽哀荣。

简短有时候也蕴含着非凡力量。当天苹果董事会对外发表了如下简短声明：

我们沉痛宣布，史蒂夫·乔布斯今日辞世。

史蒂夫的才华、激情和能量，是无数创新产品的源泉，这些产品丰富和提升了我们所有人的生活。世界因他无限美好。

他最为挚爱的是他的妻子劳伦和他的家人。**我们的心和他们在一起，和所有被他的非凡天赋改观了生活的人们在一起。**

We are deeply saddened to announce that Steve Jobs passed away today.

Steve's brilliance, passion and energy were the source of countless innovations that enrich and improve all of our lives. The world is immeasurably better because of Steve.

His greatest love was for his wife, Laurene, and his family. Our hearts go out to them and to all who were touched by his extraordinary gifts.

苹果董事会的“三段论”声明短则短矣，但在简约之中有一种力透纸背的力量，堪称一字千钧的讣告式声明的范例。第一段，非常扼要地告知事实，

“沉痛宣布”与“辞世”二词的使用，使得事实陈述中满蘸感情；第二段，高屋建瓴地评价乔布斯，三言两语就突出强调乔布斯是一位“改变世界的天才”；第三段，表达对乔布斯家人的亲切慰问，并延续第二段对乔的评价，意指其“非凡天赋”“改观了人们的生活”。在苹果产品无远弗届、无孔不入的今天，这样的声明最能获得大家的情感体认，激发大家对于一代商界奇才的追思和纪念。

有意思的是，国内的不少讣告式声明习惯于罗列逝者的党政职位或个人履历以及所获得的一系列荣誉或奖项。而且，有些时候似乎官衔越高、成就越大、贡献越多，声明的篇幅就越长。反观乔布斯的讣告声明，六七十个英文单词就浓缩、概括了他短暂而丰富的人生，每个单词的信息“载重量”和感情“含金量”都非常高。相比之下，其他的很多讣告声明真是“弱爆”了！

当然，可能有人会辩解说，我们的讣告是有“既定格式”的（实际上我们的一些书面文章一直是有严格格式的）。问题是，**言为心声，如果一种“格式”已经“套牢”了情感、心声的自如表达，那么我们完全可以说，内容才是第一位的，格式有如藩篱，是可以跨越的。**

2012年6月28日，著名电影表演艺术家张瑞芳逝世。“张瑞芳同志治丧小组”对外发布了下面这则“格式讣告”：

中国共产党优秀党员，第六届、第七届上海市政协副主席，中国电影表演艺术学会原会长、上海电影家协会第四届主席、著名电影表演艺术家张瑞芳同志因病医治无效，于2012年6月28日21时38分在上海华东医院逝世，享年95岁。

张瑞芳同志告别仪式定于2012年7月3日（星期二）上午10时在龙华殡仪馆大厅举行。

特此讣告。

张瑞芳同志治丧小组

2012年6月29日

出于学习的目的，我尝试跨越格式藩篱，代拟如下文字，试图淡化讣告格式化的痕迹，拨动读者心弦——特别是针对那些年曾经一起“追”过张瑞芳的“粉丝”：

我们沉痛宣告，著名电影表演艺术家张瑞芳昨日逝世。享年95岁。

张瑞芳一生塑造了包括“李双双”在内的一大批脍炙人口的银幕形象，赢得万千儿女泪，感动、丰富和影响了几代人的心灵，为中国电影事业作出了杰出贡献。

瑞草芳华，永留人间。我们和广大热爱“李双双”的人们一起，深切缅怀张瑞芳。告别仪式定于2012年7月3日（星期二）上午10时在龙华殡仪馆大厅举行。

特此讣告。

张瑞芳同志治丧小组

2012年6月29日

回到乔布斯的离世。当天，应该是在苹果董事会发布上述公开声明之前或同时（在实际操作中，建议比公开声明的发布稍微提前，以示对自己员工的尊重），苹果公司首席执行官蒂姆· 库克（Tim Cook）给全体苹果员工发出了这样一封沟通邮件：

团队成员们：

我要告诉大家一个沉痛的消息。今天早些时候史蒂夫走了。

苹果失去了一位有远见有创意的天才，世界失去了一位令人称叹的人物。**我们中非常有幸与史蒂夫认识和共事的同事，失去了一位挚友良师。史蒂夫留下了一家只有他才能创立的公司，他的精神将永远是苹果的基石。**

我们计划很快为苹果员工组织一次活动纪念史蒂夫的非凡一生。如果在此之前你想分享想法、回忆和悼念，可直接发邮件至：rememberingsteve@apple.com。

没有言语足以表达我们对史蒂夫辞世的伤感，以及对有幸与他共事的谢忱。我们将矢志继续做好史蒂夫深爱的工作，以此将他永铭于心。

蒂姆

Team,

I have some very sad news to share with all of you. Steve passed away earlier today.

Apple has lost a visionary and creative genius, and the world has lost an amazing human being. Those of us who have been fortunate enough to know and work with Steve have lost a dear friend and an inspiring mentor. Steve leaves behind a company that only he could have built, and his spirit will forever be the foundation of Apple.

We are planning a celebration of Steve's extraordinary life for Apple employees that will take place soon. If you would like to share your thoughts, memories and condolences in the interim, you can simply email rememberingsteve@apple.com.

No words can adequately express our sadness at Steve's death or our gratitude for the opportunity to work with him. We will honor his memory by dedicating ourselves to continuing the work he loved so much.

Tim

这封员工沟通邮件除了第三段是事务性的交代之外，其余内容实际上也是“三段论”。第一段，满蕴感情地告知事实。第二段，从公司员工的角度评价乔布斯的一生。这里中文意译的“良师”在英文原文里是“inspiring mentor”，即“能激发他人、激励他人的导师”的意思。最后一段，深情地表达失去乔布斯的伤感和有幸与他共事的感恩。末了，不忘用平实的笔触号召苹果员工，“矢志继续做好史蒂夫深爱的工作，以此将他永铭于心”，颇有中文里“继承遗志，继往开来”之意。相比苹果董事会的声明，这封邮件牢记它的目标受众——苹果员工，字斟句酌，情真意切，令人有感于中，并进而感动，甚至感奋，言简意赅却包容量极大、感染力极强。

两则声明都短小精悍，但字字珠玑。苹果公司的文字与其产品一样，具有一种特别的魅力。谓予不信？以下另外两段讣告式声明的例子，虽然也写得颇为恰当，也堪为参考，但是文字表达相比苹果公司的而言似乎“正统”了一些，少了一种气韵生动的“范儿”。

我们因为【人名（注：公司创始人、董事会主席）】的辞世而悲痛。【人名】在【公司】的职业生涯长达令人肃然起敬的【数字】年，期间他在建立和推动公司成长方面扮演了关键角色。对于【公司】的我们大家来说，【人名】是一位楷模、一位热心回馈社区的人、一位能够激励他人的领导——一位总是将生活过得极为丰实的人。对我个人（注：发函的首席执行官）而言，他也是一名导师、一名可靠的顾问、一名相交甚笃的朋友。我们会深深怀念他。他的人生是一段华彩乐章。在这个困难时刻，我们的心和他的家人在一起。

We are deeply saddened by the passing of [Name]. [First Name] played a critical role in both building and growing our company over his astounding [Number] year career at [Company]. To all of us at [Company], [First Name] served as a role model, a community patron, and an inspirational leader, who always lived his life to the fullest. To me personally, he also served as a mentor, a trusted advisor and a tremendous friend. He will be greatly missed. His life is an amazing story and our thoughts are with his family during this difficult time.

【公司】悲痛地宣布，公司创始人、董事会主席【人名】今天在【地点】的一起交通事故中罹难，终年【年龄数字】岁。对于这一不幸损失，我们向【人名】家人致以慰问、祈愿他们节哀。【人名】富有远见，是我们公司的向导明灯，从白手起家直至使其崛起为行业领导者。我们【公司】同仁今天失去了一位朋友，一位终其一生矢志济弱纾困的朋友。他将永远活在我们大家的心中。

[Company] regrets to announce that [Name], Chairman of the Board and Founder of [Company], was killed in an automobile accident today in[Location]. He was [Years of Age]. This is a tragic loss and our thoughts and prayers are with the [Last Name] family. [First Name] was a visionary and a guiding light for our company, building it from nothing to an industry leader. We at [Company] lost a friend today. A friend who dedicated his whole life to helping others less fortunate. He will be missed by all of us.

上述的两段声明实例，在表达的措词和内容上都显得中规中矩。把相关人名、公司名字抹去之后，乍看起来很像是格式文本。读这样的文字，我总是稍觉遗憾，蕴含在格式化文字里面的感情色彩稍显苍白。也难怪，很多时候，这样的讣告式声明通常出自公司公关人员的手笔，甚至有可能出自外部公关代理公司人员的手笔，然后再假“公司董事会或首席执行官”之口发出，这样的文字，在感情传达上不免给人隔靴搔痒的距离感和淡漠感。

教训就是：其一，有可能的话，公司董事会主要成员或公司相关领导人最好直接以自己的口吻写下一些要点或主要感想。在这种失去“导师、顾问、朋友”的重要时刻，自己坐下来写点东西表达真情实感，本身就是最好的缅怀行动，而且这一要求也并不过分。其二，即使由于各种原因第一点做不到，那么执笔的公关人员需要与相关发言人进行直接的深度沟通，挖掘其最有思想亮泽和感情色彩的所思所想，然后再把它们形诸文字。

乔布斯及其苹果公司执著坚持产品的友好性和易用性。他要人们不需要产品手册就能使用苹果产品。他说：“大自然爱简约。”（Nature Loves Simplicity.）乔布斯也是公关天才，他除了会亲自打电话给媒体主编“硬销”他的产品之外，还会亲自写东西。他在接受采访、对外发言和进行演讲、演示的时候，通常遵循以下的一些原则：

1. 首先遵循的也是和苹果产品同样的“简约”原则。篇幅短小、文字易读、只讲非说不可的话、能用口头语就尽量不用书面语。最重要的是，能够用三句话说完的绝不说第四句话。

2. 使用的数字一定要易懂，要让它们对受众有意义。比如当乔布斯宣布

“苹果已经销售了400万部iPhone”的时候，他接着解释：“相当于平均每天卖出2万部iPhone！”此外，发言内容的层次和结构要分明，必要的时候可用“首先，其次，然后”、“第一，第二，第三”来进行分隔或强调，或用其他连接词来凸显起承转合。

3. 简则简矣，他还同时追求“特别”，即“语不惊人死不休”，亦即一定要有一个特别的主题或主旨（theme）、一句可被作为媒体报道大标题（headline）的引语。比如，乔布斯在苹果手机首发会上突出强调了这样的主旨：“今天苹果重新发明了手机！”（Today Apple Reinvents the Phone.）其实，通过一开始的两篇例文（关于乔布斯逝世的苹果董事会声明及库克的员工沟通函），媒体也很容易从中提炼出主题：改变世界的人走了。

4. 在对外直接发言时，特别是在发布正面事件或正面信息时，一定要争取发言过程有一些令人难忘的“亮点时刻”。比如，当乔布斯在发布会上推介MacBook Air手提电脑的时候，为了展示它的轻薄，乔布斯说它可被装在一个信封里，并当众拿出一个装着MacBook Air的信封展示给大家看。

5. 要不惜像作秀一样充分传递信息，在传达完他自己的关键信息之后，会配合使用视频资料之类的其他演示材料，或请其他的嘉宾、专家轮番上台，从不同的角度或以另外的方式进一步阐释、丰富或强化信息。

6. 内容一定要传达“正能量”，表达一定要展示“正感情”。比如在乔布斯发出的关于卸任首席执行官的函件中，为了避免外界忧虑其隐退将对苹果公司产生负面影响，他其实非常清楚外界的忧虑——“苹果公司最辉煌、最能创新的时代将随着乔的隐退而将成为历史”——因此，他用惯常的正面语气表达了对苹果公司未来的信心：“我相信苹果公司最辉煌、最能创新的时代还未到来。我期待以新的角色关注并贡献于她的成功。”

7. 突出强调发言内容对受众的益处，或至少解决与他们相关的情感或益处的诉求。苹果董事会为什么要对外发布乔布斯辞世的消息？他们说，那是因为乔布斯一手推动的苹果产品“丰富和提升了我们所有人的生活”，因为“世界因他无限美好”，因为很多人“被他的非凡天赋改观了生活”。乔布斯在推介新品的时候，不像其他人那样只是推介产品功能，他卖的是“产品益处”，即“产品能给我带来什么益处”。相关例子在乔布斯的公开发言或演示中，实在是不胜枚举。比如乔布斯在推介iTunes的影片租赁功能时说：“音乐只能购买，而电影可以租赁。为什么？因为音乐要不断重复听，而电影一般看一遍、最多两三遍就够了。租看是最合算的方式。因为相对便宜一些，而且不会占用你的硬盘空间。”

8. 演练，演练，演练！乔布斯每次的公开演讲都会经过长时间的认真演练。发言人在接受采访或召开新闻发布会前，即使文字声明、相关演示材料、甚至连可能的答问提纲都已经准备充分之后，自己应该对这些资料完全熟稔、烂熟于心，然后在发言语气的把握、肢体语言的配合、其他演示材料的应用和配合、其他相关发言嘉宾如何出场等方面，都应该认真细致地作好事先的演练，做到成竹于胸、有备无患。必要和可能的情况下可由专业公关公司协助演练。只有这样，到了真正发言或演讲的时候，才能做到更加沉着自信、应付裕如，增强自己的表达力和控场能力。

在美国，任何组织和个人面对重大事件或状况，经常会自觉不自觉地对外发表声明、公开信，从而形成了一种很好的“声明文化”。发表声明成为公众人物或组织面对舆论时一个绕不开的“规定动作”。我认为原因主要有三：一是对舆论的一种回应，它首先是一种基本公共礼仪或伦理；二是对自身的一种保护，是应对媒体或舆情危机的举措之一，遵循的也是危机处理中“积极、主动应对”的基本原则之一；三是反映了当事组织或个人的一种社会责任，即从已做起，主动满足公众的知情权、参与权、表达权和监督权的责任。

乔布斯辞世之后，世界上许多达人显贵（主要来自商界和政界）纷纷发表声明表示哀悼和敬意。首先让我们来看看乔布斯家属的对外声明：

今天史蒂夫在家属的陪伴下安详离世。

在公众生活里，史蒂夫被认为是一位有远见的雄才；在私人生活中，他珍爱自己的家人。我们感谢许许多多的人在过去一年史蒂夫患病期间所给予的祝福和祈愿；有意者可通过网站表达悼念和缅怀。

对于那些和我们一起追思史蒂夫的人，我们感谢大家的支持和善意。我们知道许多人会与我们同悼，我们请大家在我们悲痛之际尊重我们的个人空间。

Steve died peacefully today surrounded by his family.

In his public life, Steve was known as a visionary; in his private life, he cherished his family. We are thankful to the many people who have shared their wishes and prayers during the last year of Steve's illness; a website will be provided for those who wish to offer tributes and memories.

We are grateful for the support and kindness of those who share our feelings for Steve. We know many of you will mourn with us, and we ask that you respect our privacy during our time of grief.

美国总统奥巴马也就乔布斯的逝世特别发表了如下声明：

米歇尔（奥巴马之妻）和我痛悉史蒂夫·乔布斯的辞世。史蒂夫是最伟大的美国创新者之一。他勇于不同凡响，敢于相信他能够改变世界，并且有才能实现所想。

他从车库起家创立了一家地球上最成功的公司之一，代表了美国的开创精神；他开启个人计算机时代并把互联网放到了我们的口袋里，不仅使得信息革命唾手可得，并且直观而好玩；他通过在动画故事领域施展才华而给千千万万的儿童和成人带来欢乐。史蒂夫喜欢说他以一种末日心态来度过每一天。因为他的这种活法，他改观了我们的生活，变革了整个行业，实现了人类历史上少有的伟业之一——他改变了我们每个人看世界的方式。

这个世界失去了一位精英雄才。世界上很多人是通过他所发明的设备获悉他辞世的消息的，这是史蒂夫成功的最好写照。米歇尔和我向史蒂夫的妻子劳伦、他的家属以及所有爱戴他的人献上我们的哀思和祈祷。

Michelle and I are saddened to learn of the passing of Steve Jobs. Steve was among the greatest of American innovators - brave enough to think differently, bold enough to believe he could change the world, and talented enough to do it.

By building one of the planet's most successful companies from his garage, he exemplified the spirit of American ingenuity. By making computers personal and putting the internet in our pockets, he made the information revolution not only accessible, but intuitive and fun. And by turning his talents to storytelling, he has brought joy to millions of children and grownups alike. Steve was fond of saying that he lived every day like it was his last. Because he did, he transformed our lives, redefined entire industries, and achieved one of the rarest feats in human history: he changed the way each of us sees the world.

The world has lost a visionary. And there may be no greater tribute to Steve's success than the fact that much of the world learned of his passing on a device he invented. Michelle and I send our thoughts and prayers to Steve's wife Laurene, his family, and all those who loved him.

与乔布斯竞争了一辈子，在许多方略问题上“英雄所见不同”，甚至被乔布斯讥为“很无趣”、“从未发明过什么”、“更适合做慈善”的微软公司创始人比尔·盖茨也在博客上写道：

悉闻史蒂夫·乔布斯辞世我深感悲伤。梅琳达（比尔·盖茨之妻）和我向他的家人和亲友，以及史蒂夫通过产品接触到的每个人，献上我们诚挚的慰问。

史蒂夫和我认识于近30年前，在我们的大半生中我们一直是同侪、竞争对手和朋友。

史蒂夫所产生的深远影响，世所罕见，而且未来许多代人仍会感受得到。

那些如我们一样有幸和他在同一时代共事的人，这是莫大的荣耀。我会深切怀念史蒂夫。

I'm truly saddened to learn of Steve Jobs' death. Melinda and I extend our sincere condolences to his family and friends, and to everyone Steve has touched through his work.

Steve and I first met nearly 30 years ago, and have been colleagues, competitors and friends over the course of more than half our lives.

The world rarely sees someone who has had the profound impact Steve has had, the effects of which will be felt for many generations to come.

For those of us lucky enough to get to work with him, it's been an insanely great honor. I will miss Steve immensely.

美国硅谷新贵、“脸谱”公司创始人马克·扎克伯格在自家园地上言简意赅地发了这么一条博文：

史蒂夫，感谢你是我的导师和朋友。感谢你证明一个人的作为能够改变世界。我会怀念你！

Steve, thank you for being a mentor and a friend. Thanks for showing that what you build can change the world. I will miss you.

乔布斯辞世后发表悼念声明的知名人士实在是太多了。当然，其中不少人，以及千千万万的草根微博用户只是在自己的社交媒体账户上“微博”或“推特”了几句，就像扎克伯格那样。而且其中不乏情真意切的个性化表达，比如我曾在新浪微博上看到某人说，听到乔布斯逝世的消息他不由自主地流泪了，这是他继父亲逝世后第二次因为一个人的离世而流泪，他由此体会到一个真正触动人们生活的人是如何真实地触动人们的内心的。也有人说，为乔布斯落泪有点矫情，我心里只有对天妒英才的深深叹息。还有人说，造就乔布斯传奇一生的既有他自己的天才禀赋又有他所处的环境因素，但是他的信念和执著却是我们每个人都可以学习的……大量的精彩微博内容，这里就不一一引述了。

个性化表达可如百花绽放，精彩纷呈，而本书所要着重探讨的，是在欢迎个性化表达的前提下，对外声明内容的专业化呈现。这是什么意思呢？首先，国内科技公司精英们在乔布斯逝世后似乎没有表达得较好的悼念内容，很多人根本就没有表达什么，是我们中国人没有这样的“表达文化”，还是他们普遍缺乏必要的公关素养？其次，如果一定要让你写，你会怎样写？除了真情流露的个性化表达之外，基本内容框架不外乎“触动+缅怀（+感奋）”，而由于我们不是奥巴马、比尔·盖茨或者乔布斯的其他亲朋至友，“慰问、祈祷”之类的内容反可略去。以下举一例子，作为对通常的讣告式声明内容结构的进一步说明：

当听到乔布斯真的离去的时候，我的内心被震撼了。**（触动）**

天妒英才，令人震撼；一个人在不长的生命长度里可以打造绝伦的生命亮度，令人震撼；一个人可以通过产品触动人们的生活从而感动整个世界，令人震撼。我缅怀他，因为这份震撼。**（缅怀）**

也许最好的缅怀，是知道乔布斯是人不是神。他对于信念和成就的执著、对于卓越和创新的追求，是我们更应该‘山寨’的人性光辉。在我继续享受“爱疯”和“爱派”的同时，我想我们应该可以更加执著一些、更有追求一些。**（感奋）**

2012年10月5日。乔布斯逝世一周年。苹果公司官网推出纪念乔布斯的短片。短片之后是时任苹果公司首席执行官的蒂姆·库克的一封短函——同样是干净利落、词约意丰的“三段论”：

史蒂夫的辞世使得去年今日成为一个悲伤和困难的日子。我希望今天每个人都能追思他不凡的人生，以及他通过多种方式让这个世界更加美好。

史蒂夫给这个世界的最好馈赠之一就是苹果公司。没有哪家公司曾经激发了如斯的创意，以及为自己设下了如斯的高标准。我们的价值观源于史蒂夫，而他的精神将永远是苹果公司的基石。将他的精神遗产传诸未来，这是我们共同的莫大的福分和责任。

我对我们正在做的一切深感自豪——推出客户喜爱的产品、开发能够不断愉悦他们的新品。这是对史蒂夫的最好纪念，是对他所代表的一切的崇高敬意。

Steve's passing one year ago today was a sad and difficult time for all of us. I hope that today everyone will reflect on his extraordinary life and the many ways he made the world a better place.

One of the greatest gifts Steve gave to the world is Apple. No company has ever inspired such creativity or set such high standards for itself. Our values originated from Steve and his spirit will forever be the foundation of Apple. We share the great privilege and the responsibility of carrying his legacy into the future.

I'm incredibly proud of the work we are doing, delivering products that our customers love and dreaming up new ones that will delight them down the road. It's a wonderful tribute to Steve's memory and everything he stood for.

2012年8月25日，另一个传奇谢幕。人类首位登上月球的美国宇航员尼尔·阿姆斯特朗逝世。1969年7月20日，他乘坐“阿波罗11号”宇宙飞船将人类的足迹首次印到了月球之上，并给世人留下了那句撼动人心的名言：“这是个人的一小步，却是人类的一大步。”（That's one small step for man, one giant leap for mankind.）他逝世后，美国总统奥巴马专门发表声明对阿姆斯特朗表示哀悼。声明全文如下：

米歇尔和我惊悉尼尔·阿姆斯特朗辞世，深表哀痛。

尼尔是最伟大的美国英雄之一，不仅仅在他那个时代，他是划时代的英雄。当他和乘组成员1969年乘坐‘阿波罗11号’飞天之时，跟随他们一起飞扬的是整个国家的壮志雄心。他们出发去向世人显示，美国精神能穿越似乎不可想象的一切；有了足够动力和原创精神，任何事情都有可能。当尼尔首次踏上月球，那是一个彰显人类成就的永不磨灭的时刻。

今天，尼尔的探索精神长存于那些将生命奉献给探索未知的所有男人和女人——那些正在确保我们能够在太空遨游得更加高远的人们。那份精神遗产——源于一个人向我们展＋示的一小步能够蕴含的巨大能量，将会永远传承。

Michelle and I were deeply saddened to hear about the passing of Neil Armstrong.

Neil was among the greatest of American heroes – not just of his time, but of all time. When he and his fellow crew members lifted off aboard Apollo 11 in 1969, they carried with them the aspirations of an entire nation. They set out to show the world that the American spirit can see beyond what seems unimaginable – that with enough drive and ingenuity, anything is possible. And when Neil stepped foot on the surface of the moon for the first time, he delivered a moment of human achievement that will never be forgotten.

Today, Neil's spirit of discovery lives on in all the men and women who have devoted their lives to exploring the unknown – including those who are ensuring that we reach higher and go further in space. That legacy will endure – sparked by a man who taught us the enormous power of one small step.

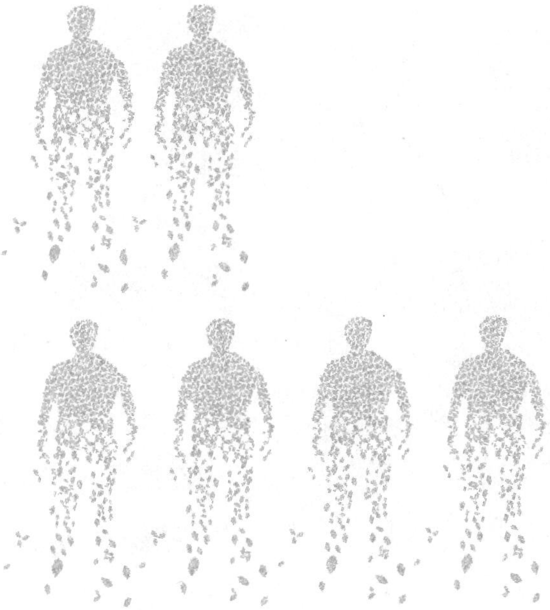

传奇谢幕（二）
——如何表态才能掌握主动

苹果公司一直对乔布斯的病情讳莫如深。其间他们发布过一则怎样的“辟谣”声明？“股神”巴菲特披露病情的“致股东函”是怎样写的？他主动披露病情反映了哪些危机管理原则？

实际上，现有资料显示，苹果公司从未主动披露过关于乔布斯的发病信息及病情进展情况。苹果公司甚至没有披露乔布斯2009年4月做过肝脏移植手术的信息，投资者是数月后通过新闻报道获悉这一消息的。在这一点上，似乎需要有人给苹果公司董事会补上一堂公关课了。

乔布斯是2005年6月12日在斯坦福大学对应届毕业生演讲时，首次用大难不死的轻松语调披露自己的病情："大概一年前，我被诊断出癌症。我在早晨七点半做了一项扫描检查，它清楚显示我的胰腺长了一个肿瘤……这一诊断使我整天都在恍惚中度过。当天傍晚我做了一个活组织切片检查，他们将一个内窥镜从我的喉咙伸进去，穿过我的胃，进入我的肠道，用一根针从我胰腺上的肿瘤处提取了几个细胞。那个时候我用了麻醉药，但当时在场的妻子后来告诉我，当医生在显微镜下观察这些细胞之后他们雀跃了，因为这竟然是一种非常罕见的可通过手术治愈的胰腺癌症。我做了手术，现在痊愈了。"

从2004年首次被诊断出胰腺癌到2011年10月5日逝世，乔布斯的病情所引发的猜测和谣言频传，互联网上甚至几次谣传乔布斯的"死讯"。各种被动、各种尴尬，原因恰恰在于苹果公司和乔布斯企图"屏蔽"相关信息的不明智做法。只有在外界关于乔布斯病情的传言最为甚嚣尘上的2009年，苹果公司董事会才发过一份分寸掌握得当的声明：

苹果公司内外都公认，史蒂夫·乔布斯是世界上最具才华、最有效率的首席执行官之一。

如我们之前所说，如果有一天史蒂夫想要退休，或由于其他原因无法继续履行其作为苹果公司首席执行官之职，你们会知道的。

苹果公司很幸运有史蒂夫执掌帅印，担任首席执行官，在他康复期间我们完全应该一如既往地支持他。苹果公司及其董事会将理所当然地支持他。

It is widely recognized both inside and outside of Apple that Steve Jobs is one of the most talented and effective CEOs in the world.

As we have said before, if there ever comes a day when Steve wants to retire or for other reasons cannot continue to fulfill his duties as Apple's CEO, you will know it.

Apple is very lucky to have Steve as its leader and CEO, and he deserves our complete and unwavering support during his recuperation. He most certainly has that from Apple and its Board.

在乔布斯逝世之前不到两个月的2011年8月24日，他发函表示卸任苹果公司首席执行官。函件如下：

致苹果公司董事会及苹果同事或同好：

我总是说，如果有一天我不能继续满足苹果公司首席执行官之职的要求及期望，我会首先让你们知道。不幸的是，那一天已经到来。

我谨此卸任苹果公司首席执行官。如果董事会认为合适，我希望继续是董事会主席、董事和苹果公司员工。

至于我的继任人，我强烈建议执行我们的继任人计划，任命蒂姆·库克（Tim Cook）为苹果公司首席执行官。

我相信苹果公司最光辉、最能创新的时代还未到来。我期待以新的角色关注并贡献于她的成功。

我在苹果公司结交了一些生命中最好的朋友，我感谢大家多年来一起共事。

史蒂夫

To the Apple Board of Directors and the Apple Community:

I have always said if there ever came a day when I could no longer meet my duties and expectations as Apple's CEO, I would be the first to let you know. Unfortunately, that day has come.

I hereby resign as CEO of Apple. I would like to serve, if the Board sees fit, as Chairman of the Board, director and Apple employee.

As far as my successor goes, I strongly recommend that we execute our succession plan and name Tim Cook as CEO of Apple.

I believe Apple's brightest and most innovative days are ahead of it. And I look forward to watching and contributing to its success in a new role.

I have made some of the best friends of my life at Apple, and I thank you all for the many years of being able to work alongside you.

Steve

苹果公司董事会当天即宣布乔布斯卸任首席执行官，推举他为董事会主席，并委命时任首席营运官的库克接任苹果公司的新首席执行官，加入董事会。苹果公司董事会在新闻稿中说：

史蒂夫非凡的愿景和领导，拯救了苹果公司，并引导她成就今日的地位，成为世界上最能创新、最有价值的技术公司。史蒂夫对苹果公司的成功作出了无尽的贡献，他也吸引并激发了苹果公司的具有无穷创意的员工，以及世界级的管理团队。在董事会主席的新角色上，史蒂夫将继续用他的独特洞察力、创造力和感召力服务苹果公司。

Steve's extraordinary vision and leadership saved Apple and guided it to its position as the world's most innovative and valuable technology company. Steve has made countless contributions to Apple's success, and he has attracted and inspired Apple's immensely creative employees and world class executive team. In his new role as Chairman of the Board, Steve will continue to serve Apple with his unique insights, creativity and inspiration.

苹果公司董事会同时表达了对于库克的信任：

董事会完全相信蒂姆是下一任首席执行官的正确人选。蒂姆服务苹果公司13年期间，表现优异，在每件事情上都展现了出色的才能和优秀的决断。

The Board has complete confidence that Tim is the right person to be our next CEO. Tim's 13 years of service to Apple have been marked by outstanding performance, and he has demonstrated remarkable talent and sound judgment in everything he does.

我喜欢苹果公司董事会及乔布斯本人的文字的主要原因，就是它们与苹果产品一样的简单而到位，但是字里行间却总是透着一股“质朴中的华丽”。同时，它们又很跳脱，不流于八股套路，一种鲜明的独特风格跃然纸上。比如：“如果有一天……你们会知道的。”似乎没有别的方式，比它更能恰当地回应各种猜测和流言而不陷于被动！“……，那一天已经到来。”乔布斯承继以往声明，既是先前诺言的兑现，亦是交代最新进展情况的一种自然衔接。这些不落窠臼的表达方式，给人一种“清水出芙蓉，天然去雕饰”之感。

苹果公司对乔布斯的病情一直藏着掖着，这被外界所诟病。无独有偶，麦当劳也曾经上演过这样的“默片”，而且更具戏剧性。2004年，查理·贝尔（Charlie Bell）在履新麦当劳全球首席执行官几个月后，即被诊断患有大肠癌。此后数月，贝尔一路挣扎、对抗病魔，几个月里公司未向外界作过任何披露，直到他卸任CEO时外界才知情。过了数月，这位从15岁起就在麦当劳当店员、43岁登上其职业巅峰的贝尔，在44岁时英年早逝。

2004年4月19日，麦当劳董事会宣布任命43岁的查理·贝尔为CEO兼总裁，接替刚刚因心脏病猝然离世的前CEO吉米·坎特路普（Jim Cantalupo）。

麦当劳董事会在新闻稿中对坎特路普和贝尔都各有认可和褒扬。以下各摘选一句：

吉米是一位杰出的人，他在工作中发挥了卓越的领导力、投入了非凡的能量和热情。他在麦当劳的系统中烙下了不可磨灭的印记。

Jim was a brilliant man who brought tremendous leadership, energy and passion to his job. He made an indelible mark on McDonald's system.

查理·贝尔过去16个月以来一直和吉米并肩工作，为全球麦当劳重新注入了活力。他是继续推进吉米对于业务的专注和纪律非常合适和成熟的人选。

Charlie Bell has worked side by side with Jim during these past 16 months to revitalize McDonald's all over the world. He is ideally suited and prepared to continue Jim's remarkable focus and discipline on our business.

当时华尔街分析师均认为贝尔“是一个绝对正确的选择”，因为“他之前是坎特路普在扭转业务之路上倚重的左臂右膀”，而且“是一位在公司浸淫了相当长时间的人”。

2004年11月22日，麦当劳宣布，当年5月份被诊断患有大肠癌的查理·贝尔，为全力对抗病魔而不再担任麦当劳首席执行官，并同时委任董事会副主席吉米·斯金纳（Jim Skinner）为新的CEO。如上所述，虽然这是首次披露贝尔的病情，但是由于同时从内部擢升了一位业务统帅（而非从外部空降CEO），所以消息所引发的“震级”不高。麦当劳董事会在新闻稿中再次如出一辙地肯定了一上一下的两位CEO：

查理是一位杰出的领导人，在麦当劳大家庭备受爱戴。我们充分理解和尊重他的决定。

Charlie is a remarkable leader and well loved by the McDonald's family, and we fully understand and respect his decision.

吉米·斯金纳是麦当劳的一位出色领导人，他将继续实施由吉米·坎特路普和查理·贝尔所制定的策略重点。

In Jim Skinner, McDonald's has an outstanding leader who will continue the strategic focus established by Jim Cantalupo and Charlie Bell.

麦当劳在此次发布的内容上明显“内敛”了许多，文字上也实在乏善可陈。但事情还没完。2005年1月16日，麦当劳宣布，查理·贝尔去世。麦当劳再次发布声明，通过几位公司在任领导人的引话，表达了对这位毕其一生服务麦记的前CEO的最后敬意：

我要沉痛地转告大家，我们亲爱的朋友查理·贝尔在家人陪伴下安详辞世。

查理·贝尔为麦当劳鞠躬尽瘁。即使在他住院及化疗期间，查理仍自豪而坚定地恪尽领导公司之职。

查理一直与麦当劳共同成长。他总是以系统为优先。他对于他人发自内心的关爱、对于生活和公司业务的能量和热忱，感染了所有和他有过接触的人。

It is with great sadness that I pass on the news that our dear friend Charlie Bell passed away peacefully surrounded by his family.

Charlie Bell gave his all to McDonald's. Even during his hospitalization and chemotherapy, Charlie led this company with pride and determination.

Charlie grew up with McDonald's. He always put the system first. His natural love of people, his energy and passion for life and the business were contagious to all who came in contact with him.

确实，人总有一死，或重于泰山，或轻如鸿毛。**从公关的意义上来看，所谓的“轻重”，更多的是指其对于“公共关系”所造成的冲击和影响。**有没有在披露病情方面做得比较妥当的例子呢？“股神”沃伦·巴菲特（Warren Buffett）也曾被诊断出罹患癌症，但是其对患病信息的处理显然要更加深思熟虑。2012年4月17日，巴菲特的伯克希尔—哈撒韦公司（Berkshire Hathaway）宣布，81岁的亿万富翁“股神”巴菲特被诊断患有前列腺癌。巴菲特给伯克希尔—哈撒韦的股东发函告知病情并表达了自己的乐观心态：

谨此告知各位我已被诊断患有前列腺癌一期。好消息是医生告诉我，我的病情远不至于危及生命，甚至不会真正意义上影响身体机能。

上周三我得知了诊断结果。然后我在周四做了CAT扫描和骨扫描，今天做了核磁共振。这些检查均未显示癌细胞扩散至身体其他部位。

医生和我本人决定，从七月中旬开始进行为期两个月的每日放射治疗。在此期间我的差旅将受限制，但不会改变我的日常活动。

我感觉很好——仿佛处于正常的最佳健康状态之中——我的精力十分充沛。我发现自己患癌，是因为我的医生多年来帮我常规检查的一项指标——前列腺特异抗原(PSA)近来升高到超过正常水平，从而似乎需要做一次活检筛选。

如若我的健康状况发生变化，我会第一时间知会各位股东。当然，最终那一天将会到来，但我相信那一天还很遥远。

This is to let you know that I have been diagnosed with stage I prostate cancer. The good news is that I've been told by my doctors that my condition is not remotely life-threatening or even debilitating in any meaningful way.

I received my diagnosis last Wednesday. I then had a CAT scan and a bone scan on Thursday, followed by an MRI today. These tests showed no incidence of cancer elsewhere in my body.

My doctors and I have decided on a two-month treatment of daily radiation to begin in mid-July. This regimen will restrict my travel during that period, but will not otherwise change my daily routine.

I feel great - as if I were in my normal excellent health - and my energy level is 100 percent. I discovered the cancer because my PSA level (an indicator my doctors had regularly checked for many years) recently jumped beyond its normal elevation and a biopsy seemed warranted.

I will let shareholders know immediately should my health situation change. Eventually, of course, it will; but I believe that day is a long way off.

巴菲特为什么会如此高调地主动对外披露自己的病情？有分析指出，虽然巴菲特一贯平易近人，但他显然并非那种喜欢与人分享私人细节的人。这就是有人会对他上述的对外披露感到蹊跷的缘故。毕竟，其病情“远不至于危及生命，甚至不会真正意义上影响身体机能”。那又是为何呢？**答案很可能是希望先发制人，防止不胫而走的各种猜测或谣言“放大”他的病情，从而令他及他的公司陷于更加被动的境地。**他的披露，所确认的与其说是其存亡，不如说是其名气。巴菲特深知，其一举一动被全球的投资界人士置于显微镜下，因此在信息披露的处理上稍有差池将可能导致伯克希尔—哈撒韦公司的股价一泻千里。这正是巴菲特此番转守为攻、将信息主动权牢牢掌握在自己手中的原因。

事实也证明，他的策略是正确的：其公司股价（包括比亚迪等那些据称“巴菲特持股公司”的股价）只是非常短暂地被“撞了一下腰”，随即迅速走出这一负面消息的阴影。**这种主动出击、化被动为主动的公关策略，对于面对类似境况的其他组织及其领导者来说，殊堪借镜。在信息开放的时代，防人之口，甚于防川。藏着掖着总有扛不住的时候，还不如干脆从一开始就主动向公众解释、与公众对话。应对舆情，掌握主动的信息传播，第一时间说实情、讲真相（即使面对负面信息），这样做虽然不能绝对化危为机，但通常能够帮助降低负面效应。这不仅是危机处理时的一项基本应对原则，更应该是所有组织或个人处置舆情时的一项基本公共伦理。**

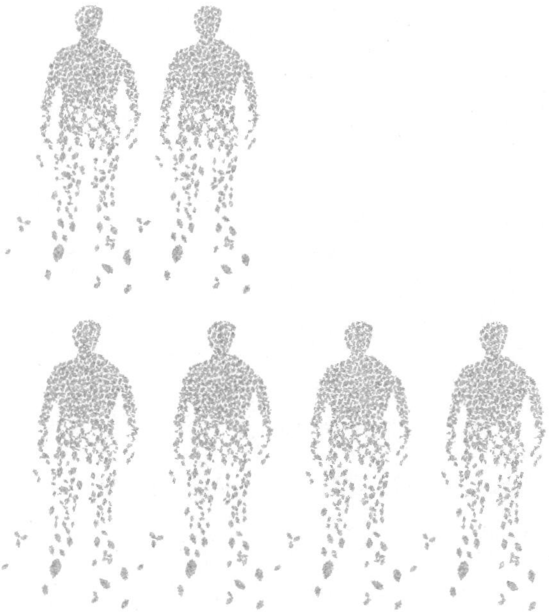

你方唱罢我登场
——敏感情境下如何表态

乔布斯曾经被苹果公司董事会逐出了自己亲手创立的公司，当时乔布斯给公司写过一封什么样的“高难度”的辞职信件？李开复离开谷歌中国创业时给员工和公众写过一封什么样的信？过去10年惠普公司陷入了CEO“走马灯式”更迭的窘境，你方唱罢我登场之间，惠普公司和当事人都说了哪些话？

“天下熙熙，皆为利来；天下攘攘，皆为利往。”你看，他们把人生场景描绘得恁像一个商贾接踵摩肩、人声喧哗鼎沸的市集！天下职场，是人生舞台的重要“分会场”，它同样是熙来攘往，好生热闹。为稻粱谋、为财富谋、为成就谋、为功名谋……职场寄托了人们太多的光荣与梦想，也融汇了人们太多的唏嘘与怅惘。

“体制内”的职场，人员的流动早已加剧，跳槽再也不令人惊诧；“体制外”的职场，从来都是“你方唱罢我登场”，对此人们已然司空见惯。职场中人的辗转腾挪、跌宕起伏，寄寓了太过复杂的人生意蕴和况味，所以每每重大的组织“地震”、职场“变故”发生之后，当事组织或当事人员的声音，虽然不少时候并非他们内心的真实写照，但是那套话语系统、那种“欲语还休”或“顾左右而言他”，以及那份隐忍或张扬，却特别值得有心人细加揣摩和咀嚼。

再来讲讲史蒂夫·乔布斯的故事吧。为什么说他是一个“传奇”？其中一个“传奇”之处，是正如很多人知道的，他曾经因为“办公室政治”被自己创立的苹果公司的董事会放逐！被逐出苹果公司的乔布斯又创立了另外两家成功的公司——NeXT和皮克斯（Pixar），尤其是后者，它开创了动画新纪元，成为一家史上最成功的独立电影工作室。

确实，在一定意义上职场如战场。职场生涯不可能一帆风顺。先不说别的，不同老板有时对同一下属的评价可能截然不同。“淮南老板”眼中的“橘”，在“淮北老板”看来可能只是“枳”。遇到“淮北老板”，属于遇人不淑，欲向其力证你是“橘”，往往徒劳。当然，还有可能是因为其他的种种矛盾、摩擦或事态，难免有人会壮志未酬、沙场折戟。据说，在这种时候，要么忍，要么狠，要么滚。当然，其他人的矛盾或摩擦一般都没有乔布斯的戏剧化、传奇性。乔布斯没有沦落到“使狠”的地步，他显然也并非“忍者”，所以他别无选择地离开了自己创立的公司。1985年，乔布斯的职业生涯一度走到了十字路口。以下是时任苹果董事会主席但已失去实权的乔布斯在1985年9月17日致苹果公司副主席迈克·马库拉（A.C. Mike Markkula）的辞职信函。引用这封信函，不单为了让有兴趣的读者了解一点当时双方的嫌隙和龃龉，也是为了让大家一起兴味盎然地“围观”这样高难度的一封辞职函：

亲爱的迈克：

今早的报纸报道称，苹果有意撤去我的董事长职务。我不清楚这些报道的消息来源，但它们对公众具有误导性，对我也是不公平的。

你应该记得，在上周四的董事会会议上，我表示自己已决定创办一家新公司，并提出辞去董事会主席一职。

董事会拒绝了我的辞呈，并要求我将此事推迟一周再行商议。鉴于董事会对于我提议成立的新公司所给予的鼓励，以及苹果公司表示有意投资其中，我同意了这一要求。周五，在我告诉约翰·斯卡利（时任苹果总裁兼首席执行官）哪些人将加入我的新公司后，他明确表示苹果愿意讨论苹果与新公司可能的合作领域。

随后，公司似乎对我及新公司采取了敌对姿态。因此，我必须坚持，我的辞呈应得到立即接受。我希望，在公司认为有必要对外发布的任何声明当中，公司应明确说明是我自己决定辞去董事会主席一职。管理层在此事上的行为，在我看来是与苹果的最大利益背道而驰的，这令我既伤感又迷惑。有违苹果利益这一点，仍将会是我的深切忧虑所在，这既是因为我过去与苹果的关系，也是因为我仍在苹果有着不菲的投资。

我仍然希望听到来自于公司更心平气和的声音。一些公司人士说他们担心我会在新公司使用苹果的专有技术。任何这样的担心都是没有根据的。如果这样的担心是导致苹果对我的新公司采取敌对态度的真正原因，我能够释嫌。

你知道，公司近期的重组让我没有工作可做，甚至无法接触到日常的管理层报告文件。我才30岁而已，仍然希望自己能够有所贡献和成就。

看在大家曾经一起做出了一番成就的份上，我希望我们的分手能够友好而不失尊严。

致意

史蒂文·P. 乔布斯

1985年9月17日

通览全文，大家不难读出刚届而立之年的乔布斯在字里行间流露出的血气甚至霸气。这封信的关键词，我认为是下面的这一句——乔布斯也确实用自己后半生的华彩为这句话作了出色演绎：“我才30岁而已，仍然希望自己能够有所贡献和成就。”（I am but 30 and want still to contribute and achieve.）这封信虽然态度决绝近乎严正，但乔布斯仍不失理智和冷静，其中很多话十分适合用于具有挑战性的离职情境。因为它们不失友好、不失尊严，至少在言辞上做到了“有理、有利、有节”，因此殊堪玩味。

日月更替，斗转星移。转眼到了1996年12月20日。当天，连连亏损、奄奄一息的苹果公司宣布收购乔布斯“出走”苹果后所创立的NeXT软件公司。苹果此番舞剑，主要是意在乔氏——为的是在苹果的存亡绝续之秋，处心积虑地请乔布斯“出山”，挽苹果于将倾。

1997年是苹果公司的“涅槃”元年。乔布斯重返，起初是欲拒还迎，整个过程颇为扭捏。最后乔布斯于1997年9月勉强同意担任“iCEO”（interim CEO，即“临时CEO”）。苹果董事会相信，要拯救四面楚歌的苹果公司，如若继续让原CEO执掌帅印，苹果避免破产的可能性只有10%；再物色一名CEO，成功可能性只有40%；请乔布斯接任，则成功可能性至少有60%……所以，延揽乔布斯重返苹果遂成共识。果不其然，乔布斯履新之后第二年即让苹果公司扭亏为盈，直至后来创造了商业史上的传奇——仅用了十几年的时间，苹果就从濒临破产的困境崛起为“全球史上最值钱公司”。

职场的“矫情”与“势利”，从苹果公司在宣布收购NeXT之时对乔布斯的溢美之词可窥一斑。苹果公司在新闻稿中说，作为协议的一部分，NeXT软件公司的主席兼首席执行官史蒂夫·乔布斯将重返他于1976年参与创立的苹果公司，“向苹果公司主席兼首席执行官吉尔伯特·阿梅里奥（Gilbert Amelio）汇报工作”。在苹果公司的官方声明中，阿梅里奥对乔布斯极尽“逢迎”之能事：

收购NeXT掀开了苹果的历史新篇章，标志着我们作为一家公司的变革里程碑……今天苹果欢迎它最具才华的精英雄才——史蒂夫·乔布斯的回归。他能够激励新一代的客户和软件开发商，能够展示苹果续领行业创新，再造行业热力的风采。今天苹果回来了——作为面向主流平台开放的一名业者、作为这个行业的灵魂角色——而且我们的技术将再度成为创新和卓越的标杆。

The acquisition of NeXT is the start of a new chapter in Apple's history and represents a milestone in our transformation as a corporation... Today Apple welcomed back its most talented visionary – Steve Jobs, someone who can inspire a new generation of customers and software developers and show that Apple remains the industry home for innovation and excitement. Today Apple returns, as an open player to the mainstream and the heart of this industry, where our technology can once more set standards for innovation and excellence.

乔布斯本人也热情洋溢地表示：

现在是再推创新的时候了。有比苹果更好的风云再起之地吗？还有哪家公司能够一以贯之地引领这个行业？……我对于苹果公司，笃爱之情依旧，而今能够尽己之力开创苹果未来，我感到莫大的喜悦。

Now the time has come for new innovation, and where better than Apple for this to spring from? Who else has consistently led this industry? ...I still have very deep feelings for Apple, and it gives me great joy to play a role in architecting Apple's future.

乔布斯开始大刀阔斧地整顿产品线芜杂的乱象。他甚至极言苹果其实只需“四款过硬的产品”：分别为大众消费者和专业界人士提供一款桌面电脑和手提电脑。他同时毫不留情地一锅端“炒掉”了旧董事会，并且大力节流，削减了许多不必要的开支（包括一些员工福利项目）。他给员工发函请求他们的理解：

我们处于困难时期，我们需要作出艰难的抉择……虽然大家可能会因为这些变化而感到沮丧，但大家普遍理解公司需要采取大刀阔斧的步骤来扭亏为盈……长远而言公司将得益，员工也将因此得益。

We're in a difficult time period, and we need to make difficult decisions...While you may be upset with the changes, there is a widespread understanding that our company needs to take drastic steps to return to profitability...The long term will benefit the company and then, in turn, our employees.

当然，将乔布斯和苹果公司推上顶峰的，是其后一系列改变了整个世界也辉煌了苹果公司的创新产品。

我们将目光投向国内。2009年9月中国IT界爆出了另一则职场新闻：原谷歌（Google）中国总裁李开复离职创业。李开复通过一份英文声明中规中矩地说明了他离职的初衷：

（谷歌中国）已经建立了一支非常强势的领导团队，现在应该是一个极好的时机让我可以迈向职业生涯的下一篇章。

With a very strong leadership team in place, it seemed a very good moment for me to move to the next chapter in my career.

这样的话有点“台面话”的意思，通常到网上搜索一番，然后通过复制—粘贴的简单操作即可“写就”。在中国，他向谷歌员工以及社会大众发出了这样一封题为《再见，谷歌》的声情并茂的中文离职信。李开复的离职信节选如下：

时光荏苒，匆匆走过了一个四年。回望过去四年我在谷歌的职业生涯，所有的快乐、成就以及曾经面对的困难与挫折，所有的这一切如同一部电影在我的脑海里不断地闪过。在这离别之际，我不禁百感交集。在这四年时光里，谷歌中国从一个很小的雏形慢慢发展壮大，一直到今天，它成为一家平稳、成熟、上了轨道的公司。

……

谷歌是一家伟大又可爱的公司，我非常感谢有这么一个千载难逢的机会，来从无到有地打造谷歌中国。在谷歌，我学到太多太多，无论是互联网技术、创新模式、价值观。

对于谷歌，我现在已经没有遗憾，但我的人生还有一个缺憾没有实现，我想去弥补它。在过去的20年，我有幸在乔布斯、盖茨、施密特等身边学习成长，我有幸在PC时代历经苹果、微软，我有幸在互联网时代历经谷歌，我有幸看到三个世界一流的公司的成长与成功，我有幸在美国硅谷和中国的中关村崛起时，在这两个地方做过最有创意的工作。我拥有更多的是在科技领域的知识，更了解的是企业成功的秘籍。这些职业经验才是我最有价值的资产，我非常希望能够把这些资产传授给中国青年。

我的下一步就是和中国青年人一起打造新奇的技术奇迹，我想用自己的主动性做一个掌控全局的工作。我已经到了这个人生阶段，再不去做，我真的很怕来不及了。

所以，尽管加州的山景城再次向我伸出了橄榄枝，希望我续约四年，但是我却在此刻作出了发自内心的选择，我希望在帮助年轻人圆梦的同时也圆自己的创业梦想。

……

每当我想到我将迈出的一步，我就会想起苹果创始人乔布斯的名言：“最重要的，是拥有追随内心与直觉的勇气，你的内心与直觉多少已经知道你真正想要成为什么样的人。任何其他事物都是次要的。”

这位工程师出身的IT界职业经理人曾经因为从微软“易帜”谷歌而引起颇大动静，导致两家IT巨擘为之对簿公堂。不过李开复从谷歌中国的“出走”则相对平静。在信函中，他和盘托出了促使他离职的“发自内心的选择”：“帮助年轻人圆梦的同时也圆自己的创业梦想。”而且，他还说明了这一选择势在必行：“我已经到了这个人生阶段，再不去做，我真的很怕来不及了。”信末，他援引乔布斯的话来表明心迹、寄兴言志：追随内心与直觉，才是最为重要的。最难能可贵的是，阅读这样的离职信函，你能感受到作者内心的真诚：他真诚地回应公众的疑问，真诚地道明离职的原因，并且真诚地希望大众理解和支持他的决定。

接下来我要分享的实例比较典型地诠释了“你方唱罢我登场”的职场“盛况”。惠普公司（Hewlett-Packard，简称HP）一直是美国硅谷的先驱公司之一。这家1939年由斯坦福大学两名毕业生创办于私家车库的IT巨擘，从世纪之交开始却陷入了走马灯式频繁更换领导人的窘境。

◎ 1999年7月：路·普莱特（Lew Platt）决定隐退，惠普董事会推举卡莉·菲奥莉娜（Carly Fiorina）接任首席执行官；

◎ 2005年5月：在惠普合并康柏败北、公司股价跌落过半之后，菲奥莉娜被惠普董事会逼退；

◎ 2005年8月，马克·赫德（Mark Hurd）担任惠普首席执行官；

◎ 2006年5月，惠普董事会主席帕特丽夏·邓恩（Patricia Dunn）为了揪出泄密董事而秘密制造“电话门”，事件曝光之后黯然下台；

◎ 2010年8月，由于开销账目违规遭到内部调查的赫德被逼“下课”；

◎ 2010年9月，李艾科（Leo Apotheker）获任惠普总裁兼首席执行官；

◎ 2011年9月，李艾科遭贬黜，梅格·惠特曼（Meg Whitman）走马上任。

菲奥莉娜2005年5月被惠普董事会逼退的时候已经是大权在握，身兼董事会主席和首席执行官两个要职。即便如此，大权旁落也只在朝夕之间。对于自己的离开，菲奥莉娜认为是由于她在公司发展策略上与董事会“英雄所见不同”。她在一份声明中说：

在如何执行惠普策略的问题上我与董事会存在分歧，对此我感到遗憾，但我尊重他们的决定……惠普是一家伟大的公司，我祝愿惠普的所有人未来能够取得更大成功。

While I regret the board and I have differences about how to execute HP's strategy, I respect their decision... HP is a great company and I wish all the people of HP much success in the future.

赫德2005年8月赴任时，惠普董事会对其亦是赞许有加。时任董事长邓恩称：

惠普董事会一致遴选赫德，是基于他领导一家复杂公司的履历，以及他很强的管理和个人素质。

……

马克（即赫德）进入我们的视野，是因为他强有力的管理技巧、他在带领高绩效团队方面已经证明了的能力，以及他在创造股东价值方面的记录。他通过在NCR扭转业务乾坤展示了这些技能。NCR虽然在规模上逊于惠普，但它是一家复杂的公司，有着多个事业部门。随着对马克了解的深入，我们对他注重发展内部人才、注重向外寻求新的技能、对他关于文化有助企业成功的见解以及他的个人品格印象深刻。此外，他的率直风格赢得了员工、客户和投资者的尊重。

Patricia Dunn said that the HP board unanimously selected Hurd based on his track record leading a complex organization, as well as his strong executive and personal qualities.

...

Mark came to our attention because of his strong execution skills, his proven ability to lead top performing teams and his track record in driving shareholder value. He demonstrated these skills by turning around NCR, which, while smaller than HP, is a complex organization with multiple business segments. As we got to know Mark, we were impressed by his emphasis on developing internal talent while reaching outside for new skills, his understanding of the role of culture in a company's success and his personal integrity. Additionally, his straightforward style has won the respect of employees, customers and investors.

作为“新科CEO”的赫德也甚是踌躇满志、逸兴遄飞。他对于惠普的膜拜和推崇溢于言表：

惠普是世界上伟大的公司之一，具有令人自豪的创新历史、杰出人才，其旗下许多产品线及服务居于令人艳羡的地位。能够加入她的领导团队、能有机会继续推进她的成功，荣莫大焉！

HP is one of the world's great companies, with a proud history of innovation, outstanding talent and enviable positions in many of its product lines and services. It's a great honor to join its leadership team and have the opportunity to build on its success.

赫德在前任董事会主席邓恩挂冠之后就一人包揽董事会主席和首席执行官两大职位。可是，就是这位上任时惠普董事会"对其个人品格印象深刻"的赫德——这位在美国硅谷颇受推崇的CEO人物，2010年8月时，在惠普针对一名前合同员工对他提出的性骚扰指控展开内部调查之后，虽然性骚扰指控未被认定，却终因开销账目方面的违规（据说涉及金额不足两万美元）而黯然去职。据媒体报道，惠普董事会之所以忍痛"断臂"，是因为听从了公关公司的建议。APCO公关公司告诉惠普董事会，如果不主动披露针对赫德的性骚扰指控以及惠普就此进行的内部调查，万一消息泄露出去，则惠普将长期蒙羞，备受滋扰。为了"说事儿"，据说APCO还专门"制作"了一份头版刊有大字标题负面新闻的报纸报样，最终说服惠普董事会先发制人、外扬家丑，从而导致了赫德在惠普的悲情谢幕。

对于此次惠普董事会的决定，外界的看法是见仁见智的。甲骨文（Oracle）公司的老板拉里·埃里森（Larry Ellision）就曾起而攻之："自从苹果董事会的那帮傻冒许多年前解雇史蒂夫·乔布斯以来，惠普董事会刚刚作出的人事决定是最糟糕的。失去马克·赫德，惠普董事会没有尽责维护惠普员工、股东、客户和业务伙伴的最大利益……"

一家大名鼎鼎的全球公司的董事会主席兼首席执行官因为丑闻和"违规"而横遭罢免，惠普就此事与公司员工作了沟通（函件如下）。这样的沟通函由于需要高超的公关文字技巧而具有一定的参考价值：

发自：Cathie Lesjak，首席财务官及临时首席执行官

发致：全体惠普员工

主题：组织宣布

谨此告知各位，惠普主席兼首席执行官马克·赫德已从公司离职，即时生效。马克是应公司董事会的要求递交辞呈的，是他所涉及的不恰当行为所导致的。这些行为违反了惠普的"商业行为准则"，削弱了其继续领导公司的能力。

根据董事会的要求，我同意在新的长期CEO到任之前，由我担任临时CEO。在此期间我也将继续履行我作为首席财务官的职责。董事会已经成立了一个委员会负责物色新的CEO，公司内外的人选都将得到考虑。不过我已告知董事会我不愿担任长期CEO之职，并已主动退出了该职位的候选名列。

虽然这一消息出乎人们意料，但不管是在财务上还是在市场上，惠普都仍然处于非常强势的位置。不过，有一点非常重要：我们要保持专注，实现甚至超越我们的营运和财务目标。

因为未来几天可能会有媒体对这一宣布进行广泛报道，我想要第一个与你们分享事实情况。

马克的离任是继一项内部调查之后发生的。该调查针对的是一名前惠普合同员工针对马克及惠普所提出的性骚扰指控，是在董事会的监督下、由外部法律顾问和惠普的法律总顾问办公室联手进行的。根据所作的调查认定，这名前合同员工的性骚扰指控是没有事实依据的。

不过该调查确实显示马克涉及其他不恰当行为。根据我们掌握到的事实，马克被发现未能披露他与该合同员工的亲密私人关系，从而构成了利益冲突。他同时未能妥善做好准确的开销报告，错误动用了公司资产。它们每一项都构成对惠普“商业行为准则”（邮件原文在此处链接了该准则的PDF文件）的违反，总体上它们则反映了马克严重缺乏判断力，而这极大损害了他的信用以及其有效领导惠普的能力。

诚如我们不断提醒所有员工的，我们每个人在自己的所有业务往来和关系中都被要求严格遵守“商业行为准则”。公司对惠普CEO及其他高层管理人员在这方面的要求更高。身居其位，他们必须对其专业和私人行为设定更高标准。我们所进行的调查显示，马克未能达到这样的标准。

我们意识到，领导层的这一改变出人意料。我们也知道，惠普近些年的成功是超过30万名员工共同努力和辛苦工作的结果，大家制定影响深远的策略，比业界任何其他人都更加出色地实现了我们的目标。

星期一上午我们将召开一次全体员工参加的网络视频会议，进一步讨论这一话题并回答你们的问题……

函末，我想感谢你们每个人对于惠普的贡献，并号召大家在未来竭力确保惠普再创往日辉煌，勇于创新，追求营运上的卓越，不断推出世界级的产品和服务。

祝万事如意！

Cathie

最值得留意的是，沟通信直接说明了赫德遭到“放逐”的原因：“总体上它们（指赫德被认定的一些不恰当行为）反映了马克严重缺乏判断力，而这极大损害了他的信用以及其有效领导惠普的能力。” 此外，这封信函还着重强调了惠普仍然坚挺的实力，提醒员工们在经历变化的时候要保持对公司的信心。同时，惠普要求员工“保持专注”，实现甚至超越既定目标。

赫德苦心孤诣地在惠普经营了五载，由于他成功地引领惠普扭亏为盈、帮助惠普股价翻了一番多，他受到了华尔街的交口赞扬。可是，在员工沟通函中，惠普非但只字没有感谢他的贡献，甚至还特别表示：“惠普近些年的成功是超过30万名员工共同努力和辛苦工作的结果。”世态炎凉，“如饮水者，冷暖自知”啊！面对这一切，赫德表示离职的决定是“痛苦”的，并承认：

我意识到在一些事情上，我没能遵守我在惠普所信奉的信任、尊重与诚信的标准及原则。

I realized there were instances in which I did not live up to the standards and principles of trust, respect and integrity that I have espoused at HP.

一个月后，2010年9月，来自软件巨擘SAP公司的李艾科（Leo Apotheker）接任惠普总裁兼首席执行官。对于李艾科的评价，来自惠普董事会的声音照样是兴高采烈、热情四射的：

李艾科具有战略思维、技术热忱、涉足广泛的全球经验以及业经证明的营运纪律——这些正是我们所要的CEO素质。纵横行业二十多年，他在推动技术创新、建立客户关系和发展世界级团队方面有着出色记录。

李艾科是一位擅长前瞻行业变革的领导人。我们相信他处于独特的位置可以帮助加快实施惠普的策略。他在美国市场展示了成功风采，也有着广泛的国际经验——随着惠普继续在全球特别是在高增长的崛起中市场扩展业务，这将是一份重要的资产。惠普有着优秀的资产和市场地位，而现在我们有了最好的团队来实现公司的无限潜力。

荣担大任的李艾科自己也是壮志满怀、豪气干云：

惠普有着强势的业务、产品及服务的组合，有着业界最出色的创新文化，有着在缔造成功的过程中发挥了关键作用的卓有成就的管理团队。能够加入超过三十万人的勤勉的惠普员工队伍，我深感荣幸。

由于惠普具有多样化的产品和服务，拥有雄厚的财务实力，而且在不同市场占据领导地位，因此没有任何其他一家公司处于更有利的位置可以去推动并获益于当前市场上的革命性变化。在前进征程上，惠普将继续是我们客户的有价值的合作伙伴，也同时是他们的强劲竞争对手。我期待与惠普的优秀人才共同努力，书写公司悠久而光荣的历史新篇章。

李艾科在任上尚不足一年，豪言壮语犹然在耳，惠普董事会就表示，屡屡下调财务预期的惠普公司需要对高层动刀：

我们处于一个关键时刻。我们需要一个新的领导人来成功实施我们的策略、把握市场机会。

We are at a critical moment and we need renewed leadership to successfully implement our strategy and take advantage of the market opportunities ahead.

惠普决意炒掉李艾科，而且连继任人也已经物色妥当了。2011年9月，从易趣（eBay）“转会”的梅格·惠特曼（Meg Whitman）走马上任。对于“新人”惠特曼，董事会同样使用了满满当当的盛赞话语：

我们在市场上找不到比梅格更胜任CEO的人选……我们很幸运延揽到具有如此综合素质和丰富经验的人来领导惠普。梅格是一位技术界的精英雄才，在执行方面有着出色记录。她非常擅长沟通，以客户为先，有着深厚的领导能力。而且，过去八个月，作为惠普董事会的成员，梅格对我们的产品和所在的市场有着扎实的理解。

We can't think of a name out there we would select as CEO over Meg... We are fortunate to have someone of Meg Whitman's caliber and experience step up to lead HP. Meg is a technology visionary with a proven track record of execution. She is a strong communicator who is customer focused with deep leadership capabilities. Furthermore, as a member of HP's board of directors for the past eight months, Meg has a solid understanding of our products and markets.

以下是惠特曼联同新任董事会执行主席发给全体惠普员工的信函。信中一方面不断强化大家对于惠普的信心，同时号召大家“有效协作”、“做到最好、专注执行”，继续向人们证明“惠普为什么是——而且将仍然是——业界的佼佼者”。

发致：全体惠普员工

发自：梅格·惠特曼（Meg Whitman）/ 雷·兰恩（Ray Lane）

今天我们以惠普新CEO及执行主席的身份给大家致函。

首先让我们表达对于惠普未来的信心。一直以来，我们对惠普及其作为世界上最重要技术公司之一的来之不易的尊崇地位崇敬有加。我们期待与你们一起努力让惠普更上一个新台阶。

正如你们已在今天早些时候发出的新闻稿中看到的，李艾科已卸任总裁、首席执行官并辞去公司董事之职。我们非常感谢过去一年李艾科获任命以来所作的努力及其对惠普所作的奉献。

此外，雷·兰恩被任命为董事会执行主席。这意味着他将在引领这家公司方面扮演更加积极的角色。为了确保良好的治理规范，惠普不久也将委命一名专门的独立董事。

我们知道作出改变是困难的。改变惠普领导层的决定是董事会慎之又慎的事情。我们要告诉你们的是，这是一个艰难的决定，是经过小心翼翼的深思熟虑之后作出的，但董事会相信它绝对是公司成功所需的。

惠普是一家领先的技术公司，有着真正的目标和能力去正面影响这个世界运作的方式。我们都意识到技术领域的迅猛变化，而我们不能只是简单地去适应。而必须投资于创新，善用我们核心业务的实力，提升我们的软件能力，以及整合资产以最大程度地提升我们的投资价值。我们相信惠普的策略，我们有信心通过共同努力，通过再度保持专注、集中精力，为我们的股东、客户和其他利益相关方出色完成我们最重要的工作。

行业内最聪明、最优秀的人才在我们公司济济一堂。相信大家都理解我们面临许多艰苦的工作。公司的成功是你们每一个人的贡献。董事会希望继续向客户、业务伙伴和股东证明，惠普为什么是——而且将仍然是——业界的佼佼者。

我们最重要的工作是将公司的精力重新专注于完成我们的使命，以及为了完成使命所需实现的业绩。我们需要你们成为惠普的大使，通过有效协作开创惠普的未来。为了实现这一目标，需要你们做到最好、专注执行。

我们相信惠普的地位举足轻重。它对硅谷、对加州、对美国以及对全世界都举足轻重。我们将传承并光大值得我们自豪、根基深远的传统。我们深知这家公司的实力，我们知道我们有着正确的工具和优秀的人才去实现目标、执行策略。

我们想要直接倾听你们的心声。人人都有好的主意，所以请在员工调查中提出你想要分享的任何想法。我们也邀请大家在美国西部时间明天早上9时与梅格一起讨论这一宣布。会议详情很快会发出。

我们期待与大家一起努力。谢谢你们一直以来对惠普的深挚承诺。

致意

梅格 / 雷

惠特曼确实是一位善于鼓舞、激励同仁的商业领导人。已经对领导人频繁更迭麻木了的惠普员工，对于公司每况愈下的业务状况却无法麻木。这个时候，惠特曼用“金句”式的语言来强调惠普的“尊崇地位”：“我们相信惠普的地位举足轻重。它对硅谷、对加州、对美国以及对全世界都举足轻重。”她接着表示，“我们将传承并光大值得我们自豪、根基深远的传统。我们深知这家公司的实力，我们知道我们有着正确的工具和优秀的人才去实现目标、执行策略。”

短短数年，惠普几易掌门人，黯然神伤的李艾科在告别惠普之际，不忘得体地赞扬接任人梅格，表达对惠普员工团队的欣赏和感谢，以及对于惠普光明未来的信心和祝愿。字里行间所体现的那份隐忍的优雅，值得职场中人学习、借鉴。

发致：全体惠普员工

发自：李艾科

亲爱的惠普员工：

今天下午，惠普发布新闻稿宣布我离任过去一年有幸担任的总裁兼首席执行官职位。梅格·惠特曼将接任总裁兼首席执行官之职。

如你们所知，梅格是一位技术界的精英雄才，在执行上有着出色记录，而且作为董事会成员在过去八个月为惠普做了很多工作。梅格将得到一个见多识广、思虑深远的管理层团队的支持，我绝对有信心，惠普将成功推行她的策略演化。

个人层面上，我无法不表达我对大家的欣赏，以及对我们一起取得的成就的欣赏。过去一年，我们不辱为惠普制定一个策略性愿景的使命，我知道我们对公司的未来作出了重要贡献。

你们代表惠普所做的努力以及你们矢志为客户服务的精神，鼓舞了我。因为有着每天来这里上班的优秀人才，我相信惠普的未来是光明的。感谢你们对惠普的承诺，以及你们矢志服务惠普客户和业务伙伴的精神。能够和你们在惠普共事，是我的莫大荣耀和乐事。

致意

李艾科

“你方唱罢我登场”的惠普CEO连续剧（还“未完待续”）生动地演绎了职场如戏场，里面糅合了各种跌宕起伏、引人入胜的戏剧元素：登场者的意气风发、唱罢者的落落寡欢，喝彩与嘘声、鲜花与鸡蛋，台面上的光鲜、台面下的落寞，诸般鸡犬升天、各种人走茶凉……

同时，读者可能会和我一样感叹职场如情场：让人们目不暇给的分分合合，让人们心生慨叹的聚聚散散。好合之际的琴瑟和鸣、悠扬婉转，曲终之时的冷涩呜咽乃至让人们听出弦外的幽愁暗恨。在这个过程中，当事组织、当事人以及他们的公关人员或新闻发言人，要做的就是通过恰到好处的信息沟通和传播，最大程度减少负面冲击，最大限度地放大正面效应，直至让人们从这些信息中读出人心和人性的光辉、读出专业精神和职场能量的光辉、读出组织文化和价值观的光辉来。

行文至此，我想提醒一下，**如果一个组织内部尚未设立公关或类似职能部门，人力资源部门的主要人员需要接受公共关系或新闻发言的常规培训。如果已经设立了公关或类似职能部门，组织在发生架构转变或重大人事变动时应由他们参与信息拟定、沟通与传播，从而确保相关工作的完整性、连贯性和专业性。**

“铁打的营盘，流水的兵”，惠普的例子是最好的演绎。但是说到如何写作这些人事变动方面的文字，惠普的声明、信函并非是最好的范例。写自己的辞职信或是为自己所服务的公司写作人事或组织宣布信函，我们究竟要注意哪些最重要的原则呢？

◎ Care（展示关爱和人文情怀）：包括组织对个人、个人对组织之间的理解、体谅、认可和感谢；要让人们读出组织对员工的关爱之情、或者读出个人对组织的爱护之情。须知，无情无以致远，对个人如是，对组织更加如是。

惠普公司在宣布马克·赫德离职时，对其多年在公司的苦心经营未着片字，甚至还特别表示：“惠普近些年的成功是超过三十万名员工共同努力和辛苦工作的结果。”这样的说辞很容易让在职的员工觉得公司冷漠无情。惠普公司为什么不可以展示作为一家IT巨擘应有的大度（即使是有保留的大度）呢？比如至少可以这样说：

惠普近些年的成功是包括马克在内的超过三十万名员工共同努力和辛苦工作的结果。所以，在我们感谢全体员工的贡献的同时，也借此机会感谢马克过去几年在公司的奉献。

HP's success in recent years is due to the collective efforts and hard work of more than 300,000 talented employees, including those of Mark, and as we thank each of you for making a difference, we very much appreciate Mark's service to the Company during his tenure.

作为一家组织来说，如何妥善对待离职员工，对其在职队伍的心理影响甚至对于整个组织文化建设的影响都不容小觑；作为个人来说，如何正确对待离职的组织，也往往能反映出其个人品性，从而影响自己未来的职业生涯。

新领导人在与员工的沟通函件中，应尽可能展示其人性化的一面，用轻松、自然的语气适当交代一些个人的背景资料，包括职业履历、家庭情况、个人爱好等。通过这些介绍展示对于新同事、新下属的在乎和关爱。有可能还应辅以一两场“面对面”的员工沟通会议（包括视频见面会，英文中所谓的Town-hall Meeting/Webcast），将纸上的自己具体生动地呈现到大家的面前，从而有助于建立平等沟通的基础，打造平易亲民的形象。

◎ Aspiration（表达乐观展望和积极情绪）：绝大多数的情况下，除非到了剑拔弩张、无可调和之际（通常都不致如此），适当地表达对个人、对组织未来发展的信心和乐观展望，通常是积极、可取的做法。

在上述的例子中，履职不到一年即遭“扫地出门”的李艾科在挥别惠普之际，非常大度地表达对于继任人和有幸共事的惠普员工的欣赏，以及对于惠普前程的寄望：“因为有着每天来这里上班的优秀人才，我相信惠普的未来是光明的。感谢你们对于惠普的承诺，以及你们矢志服务惠普客户和业务伙伴的精神。”落花不是无情物，临别之际仍心系惠普、心向惠普员工，这样的离职赠言，给惠普员工及外界的观感是非常正面的。

乔布斯在卸任CEO的信函中，深知大家对于苹果公司未来发展的疑虑，着重强调道：“我相信苹果公司最光辉、最能创新的时代还未到来。我期待以新的角色关注并贡献于她的成功。”这也是离别之际表达乐观展望、传递坚强信心的范例。

组织或人事变动的纷纷扰扰中，不管发生什么，最需要传递的是其间仍然存在的正面和积极的元素，要善于通过这些元素来稳定、激励及振奋人心。

◎ Restraint（展现隐忍和克制的美德，最大限度避免负面情绪的外露和宣泄）：新人不要被成功冲昏头脑，“旧人”不要被失败压垮情绪。浪花淘尽英雄，即使是非成败并非转头即空，但是是非成败永远是相对的、变化的、可逆的。因此，在组织变化或人事更迭的沟通或传播中，在任何可能的情况下，一定要展现隐忍、克制的美德，一定要尽量使用安静平和、有所敬畏的语气，一定要避免负面情绪的外露。

这也是为什么我说过，相关的沟通或传播资料（声明、信函、会议内容等）往往并不反映当事组织或当事人的真实心迹的原因所在，但即便如此，它也是现实的需要，是传播的需要，也是安身立命、为人处世的需要。我们应该服膺这些需要。从这个意义上讲，需要是第一位的，传播是第二位的。

举一个不当流露负面情绪的例子。一位在摩根大通工作了七年的小伙子离别之际的赠言是：我想对我的大部分同事说："同处一室，四壁坚冷，我们仍很生疏。我希望未来如果我们在街上擦肩而过时，你们能像我对待你们一样地对待我：懒得正眼看上一眼。" 我还见过这样颇含反讽意味的宣泄："留的伟大，走的光荣。祝大家飞黄腾达，祝公司财运亨通！"甚至有人居然说："我知道我离开了你们会高兴，因为那是你们所想要的。"这种含沙射影、话里有话的"有感而发"属于逞一时口舌之快，最终是以牺牲自己的专业形象作为代价的——自己心胸狭窄、"愤青"的形象跃然纸上，而专业度却是一地鸡毛。

◎ Emphasis（简明扼要，重点突出）：在与人事或组织变动相关的沟通和传播当中点到即止，突出重点非常重要。要杜绝长篇大论，也要避免言不由衷、流于空泛。

职场上，人之将"走"，其言也善；人之将"至"，其言也"宏"（指宏大壮阔）。重大人事变动、架构调整总是牵扯着相关当事人员的雄心壮志和相关当事组织的宏图大略。在这种情况下，人们更应该抑制说话冲动、表达欲望。须知，在人事或组织的纷扰和变动当中，人们的心弦通常是绷紧的，人们的内心是敏感的（有些时候甚至是脆弱的），因此信奉"至言不繁"、恪守"谨言慎行"仍是最好的策略，把话简单地说明白了、巧妙地说到位了，突出重点内容，强调关键信息，做到言之有物且言之有序，语高而旨远（言辞高超、旨意深远）、词约而意丰、意尽而言止（意思表达完了，话语就该止住了）。

下面举一个大家司空见惯的离职公开信的例子：

亲爱的朋友和同事：

正如你们有些人可能已经知道的，今天是我在【公司】的最后一个工作日。不管是个人层面上还是专业层面上，这段经历都是回报丰厚的，也是具有挑战性的。就要离开公司了，我想借此机会跟你们说再见。谁知道呢，也许某个时候、某个地点，我们山水有相逢。

我期待与大家保持联系。以下是我的联系信息……

Dear Friends and Colleagues,

As some of you may know, today is my last working day at 【Company】. The experience has been highly rewarding and challenging, on both a personal and professional level. I would like to take this opportunity to say goodbye to you all as I leave the company. And who knows, maybe our paths will cross again some time, somewhere.

I look forward to staying in touch with everyone - my contact information is below.

在上例中，“正如你们有些人可能已经知道的”、“就要离开公司了，我想借此机会跟你们说再见”以及“谁知道呢，也许某个时候、某个地点，我们山水有相逢”是典型的冗余的话。第一句：已经知道的无需再说，尚不知道的说了无益。第二句：发信件的行为本身就意味着跟大家“说再见”。第三句：山水相逢，后会有期——谁说不是呢？谁说一定是呢？此外，如果作者不能用有说服力的实例说明为什么过去的经历是“回报丰厚”且“具有挑战性的”，那么他的话就不免给人敷衍、不实之感，还不如不说。是不是可以简化为：“再见我的同事！怀着过去N年同事一场的感谢之情，明天起我将离开【公司】。以下是我的联系方式，请保持联系。”

相比而言，下面的例子简洁明了而有重点，甚至透露了“新东家”的信息：

朋友们，同事们：

过去两年我学到了很多东西。我将离开高盛银行；八月起将在纽约凯雷集团开始我的下一段旅程。附上最新的联系信息，我期待与大家保持联系！”

诚挚致意！

……

Friends and colleagues,

After two very educational years, the time has come for me to leave Goldman Sachs. Beginning in August, I will be moving on to my next adventure, The Carlyle Group in New York. I have attached my updated contact information below, and look forward to keeping in touch.

Warmest regards,

...

在简明扼要、重点突出方面，我们不妨重温一下前面引用过的乔布斯辞任CEO的信件。他的信件内容概括起来就是：“我以前说过，如果有一天我不适合再担任CEO，我会告诉你们的，现在，这一时刻到了；我将辞任CEO并推举库克继任；我坚信苹果更加光明、更有创意的日子还未到来。”这样非常具有逻辑性、点到即止、简单明了、重点鲜明的“三段论”，实在是值得我们好好揣摩的典范。

以上职场风云中的四个“说话”或“表态”要点（Care，Aspiration，Restraint，Emphasis），其英文首字母拼起来还是“CARE”，即小心谨慎、用心用情、关心关爱之意。这几个词很好地概括了在遇到类似情境下所需贯彻的说话原则。

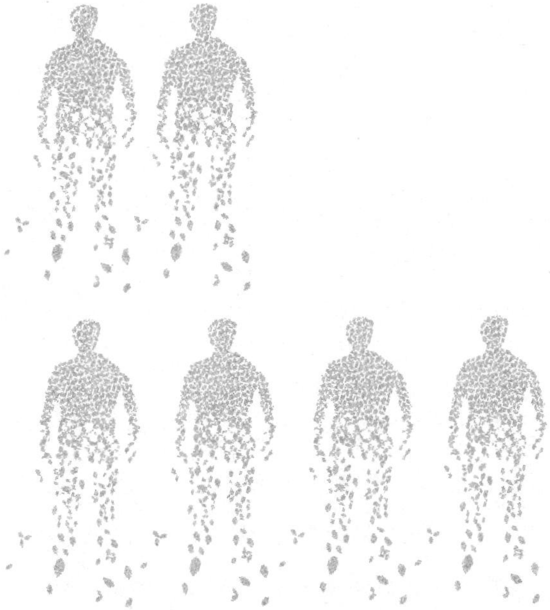

美利坚梦魇（一）
——如何通过表态传递力量

“9·11”在美国历史乃至人类历史上都是一个重大事件。当天，作为美利坚合众国的一国总统、三军统帅，布什通过两次电视讲话向国人、向世人传递了什么样的信息？近10年后，美国击毙本·拉登，时任美国总统奥巴马又通过全国电视讲话作了怎样的表态？

2001年9月11日，是美国人心头永远的伤疤。这一天，美国纽约的地标性建筑——世贸大厦从此灰飞，而随之湮灭的是2700多条宝贵的生命。“9·11”是自第二次世界大战日本偷袭珍珠港以来，美国历史上第二次由外部势力在其本土制造的伤亡惨重的袭击事件。

以下为当天事件的几个关键时间点以及时任美国总统乔治·布什的相关活动：

8:46 第一架飞机撞上了世贸大厦北塔；

9:03 另一架飞机撞上了世贸大厦南塔；

9:14 仍在佛罗里达州萨拉苏塔一所小学参加活动的布什进入美国特工处安排的一间战备室，与副总统、纽约市长及联邦调查局（FBI）局长通话；

9:29 布什在向小学师生讲话时称，他需要回华盛顿特区，因为“发生了一起国家悲剧”；

9:35 总统车队驶离学校；

9:57 布什的“空军一号”飞离佛罗里达州萨拉苏塔机场，在空中盘旋了约40分钟，大家紧急磋商飞行目的地；

13:04 布什从路易斯安那州空军基地发表首次录像讲话；

18:54 布什回到白宫；

20:30 布什向全国人民发表电视讲话；

23:30 布什临睡前在日记里写道：“今天发生了21世纪的珍珠港事件……

我们认为是本·拉登干的。”

下午13时04分布什发表的录像讲话，堪称“国家悲剧”发生后一国领袖向民众（在此全球瞩目的事件中甚至相当于向全世界人民）发表讲话表明政府立场的典范之作。在一些关键信息尚未得到完全证实或不便对外公布的前提下，布什的讲话内容的遣词造句相当考究，立场态度的拿捏表达十分精准。具体内容如下：

今天早上，我们的自由遭受未明懦夫的攻击。而自由必将得到捍卫。

我向美国人民保证，联邦政府正在调动全部资源协助地方政府拯救生命、扶助无辜。

毫无疑义，美国将揪出并惩罚实施这些懦弱行径的人。我一直在与副总统、国防部长、国家安全团队和整个内阁磋商。我们已采取所有合适的安全防范举措来保护美国人民。我们国内和全球驻军正处于高级戒备状态，我们也采取了必要的安全防范举措来确保政府部门的继续运作。

我们还联系了国会领导人以及世界各国的领袖们，请他们确信我们将采取一切必要措施保护美国和美国人民。

我请美国人民和我一起，向所有奋力救护我们的同胞的人们说声谢谢，向受害者及其家属送上祈祷。

我们伟大国家的决心正遭受考验。毫无疑问，我们会向世界证明，我们将赢得考验。

上帝保佑。

此声明尤其可圈可点之处，首先在于在真凶未明之前，布什用春秋笔法客观描述了事件性质：“今天早上，我们的自由遭受未明懦夫的攻击。”罕见人祸当前，“敌人”未明，布什不可能遽下结论，而拿“自由”说事，对于美国人来说既是“政治正确”的事情，也似乎没有任何别的话更能言简意赅地给事件初步“定性”。其次，面对“国难”，布什向国民的承诺也是态度决绝、铿锵有力的：“自由必将得到捍卫。”“我向美国人民保证，联邦政府正在调动全部资源协助地方政府拯救生命、扶助无辜。”“毫无疑义，美国将揪出并惩罚实施这些懦弱行径的人。” 最后再次向世界人民宣示：“我们伟大国家的决心正在遭受考验。毫无疑问，我们会向世界证明，我们将赢得考验。”——即使面对“国难”，大国霸气也是表露无遗的。在当时情境之下，似乎唯此不足以表达美国政府直面袭击的强悍，唯此不足以表达美国人民同仇敌忾的决绝，唯此不足以向世界人民宣示美国反恐的铁腕雄心。

当然，话说得再“狠”，如果没有辅以“狠”行动，那也只能沦为空泛的表态，即所谓“逞一时口舌之快”。更重要的是，在声明中，布什还罗列了联邦政府应对灾难的举措，给予了惊魂未定的国人一些抗御灾难的信心。同时，布什恰到好处地感谢了救灾者以及“向受害者及其家属送上祈祷”。这样的声明在事件发生约五小时后发出，对于彰显政府立场、帮助稳定民心起了极大作用，不啻是一颗应急的“定心丸”。面对这样的历史性灾难事件，这样的声明在发布时点上似乎应该来得更早一些、更及时一些（比如事发后两小时之内）。

重大事件（特别是罕见、特大灾难或其他负面事件）爆发后，在滔天骇浪当中，作为中流砥柱的政府、组织及其领导人如果没有及时发出最强音，对于受事件影响或波及的人群来说，无异于在心理上遭受 “二次灾难”的重创——对一个国家是这样，对一个组织乃至一个家庭亦然。那种洪钟大吕一样的彻响，能够让惊慌者不再惊惶，让无力者获得力量，让萎靡者抖擞精神，让怯弱者奋勇起来。即使影视剧中大家族、大户人家出了事儿，族人或家人也都会自然而然地把目光投向“族长”或“大家长”，去寻求精神的安慰、支持和力量。《白鹿原》中白鹿村盛传白狼肆虐、村民惶恐无助之时，族长白嘉轩“提着大锣”，“从白鹿村自东至西由南到北敲过去，喊过去”，给村民打气，并在祠堂里开会宣布修补破残围墙的动议，结果是“得到 吐声的响应”，“整个村子骤然形成灾祸临头的悲怆激昂的气氛，人人都热情而又紧张地跑动起来了”。

言归正传。当天晚上（2001年9月11日）20时30分，美国（乃至全世界）不知有多少人准时坐在电视机前，或者通过互联网，收听了布什发表的全国电视讲话。虽然讲话内容基本上只是重复白天录像声明的内容，但是文字和结构经过白宫写手的字斟句酌，通篇讲话显得更加正式、更有力量。值得一提的是，在重大灾难事件发生后，美国人常向《圣经》寻求精神支持与安慰，所以在讲话最后布什也不失时宜地引用《圣经》，表达不畏牺牲、战胜邪恶的坚定决心。这篇讲话堪称经典，建议所有对公共讲话感兴趣的人们（尤其是公关人员、新闻发言人以及所有经常需要“讲几句”、“补充几句”的人）反复揣摩。讲话内容如下：

晚上好！

今天，我们的同胞、我们的生活方式、我们珍视的自由，遭受了一系列蓄意的致命恐怖袭击。受害人或是在飞机上，或是在办公室；他们是秘书、商界人士、军人或联邦政府工作人员；他们是为人父母者、朋友或邻里……数以千计的生命因为罪恶、卑劣的恐怖行径倏然逝去。飞机撞击大楼、大火熊熊燃烧、庞然建筑坍塌的画面，令我们无法置信、无比悲伤，同时内心涌起无言的永不妥协的愤怒。这种大规模杀戮的行径意在恫吓我们的国家，使之陷入混乱和倒退。但是他们没有得逞。我们有着强大的国家。

伟大的美国人民已经被动员起来保卫我们伟大的国家。恐怖袭击可以动摇我们最大建筑物的根基，但他们无法撼及美利坚的根基。这些行径摧毁钢铁，但他们无法挫伤美国人的钢铁意志。美国之所以成为袭击目标，是因为我们是世界上最耀眼的自由和机会的灯塔。没人能阻断光芒照耀。今天，我们的国家见识了罪恶——人性中之最恶者——而我们用美国人的最善者予以回应：救援人员的大勇、前来献血或提供力所能及帮助的路人或邻里的大爱。

首次袭击发生后，我立即启动了政府的应急预案。我们强大的军队枕戈待旦。我们的应急团队和纽约市和华盛顿特区一道努力，协助当地的救援行动。我们的首要工作是为伤者提供帮助，以及采取所有的防范措施保护国内及身处世界各地的国民免遭进一步袭击。我们的政府继续运作，没有出现中断。今天一度进行人员撤离的华盛顿特区联邦机构，今晚已由一些必要人员恢复办公，明天会全部恢复办公。我们的金融机构维持强势，美国经济部门亦将如常营运。

我们正在寻找这些罪恶行径背后的元凶。我已下令我们的情报机构及执法机构全力揪出肇事分子并将他们绳之以法。对于那些实施这些行径的恐怖分子以及包庇他们的人，我们将一网打尽。

我非常感谢国会议员和我一道强烈谴责这些袭击。我也代表美国人民感谢许多国家的领导人致电慰问及表示愿意提供协助。美国及我们的盟友与所有其他追求世界和平、安全的人们，将并肩战斗，赢得与恐怖主义的战争。

今晚，我请你们一起祈祷，为了那些悲痛的人们，为了那些世界顷刻坍塌的孩子，为了所有安全受到威胁的人们。我祈祷，他们能得到万能之主的慰藉，正如代代相传的《圣经·诗篇》所云："我虽然行过死荫的幽谷，也不怕遭害，因为你与我同在。"

这个日子里，各行各业的所有美国人团结起来，决心捍卫正义与和平。过去美国人民御敌无数，这次我们也必胜无疑。没有谁会忘却这个日子，但我们将勇往直前，捍卫自由以及世界上一切美好、正义的事物。

谢谢。晚安。上帝保佑美国！

这是美国总统在"国家灾难"事件发生后，以总统身份向民众发表的公开演讲，目的是在恐怖袭击事件之后捍卫"吾道"。值得注意的是，通过这篇演讲，布什第一次展示了一个"会讲话"的总统的形象，因为讲稿行文多用修辞，甚至引经据典，全文充盈着一种非凡的感召力量。从公关的角度看，一国统帅、三军司令的一席力拔千钧的讲话，完全能够凝聚人心、动员人心，令大家同仇敌忾、共御外敌。在重大灾难发生的当天晚上，这样的发言起到了"定海神针”的作用。布什号召人们与“万能之主”同在，而这样的讲话能够让美国人民发诸内心地与“一国之主”同在，“虽然行过死荫的幽谷也不怕遭害”。

2001年9月20日。这一天布什本来是要到国会去发表一年一度的“国情咨文”。但是他在非常时期有了非常之举，他说美国人民已经发表了最好的“国情咨文”，美国人民的勇敢和友爱以及美国的坚韧和强大就是最好的“国情”。时势造英雄，布什当晚的讲话已经载入美国总统经典演讲的史册。尽管我并不能完全苟同其中宣扬的价值观念，但这也绝对是一次堪称经典的演讲。在讲话中，布什用决绝而有力、凝重而自信的语气回答了美国人民的几个疑问：谁袭击了我们的国家？他们为什么仇恨我们？我们怎样去打并打赢这场战争？政府期望民众做些什么？他给支持恐怖分子的阿富汗塔利班政权发出最后通牒，严正命令他们“交出恐怖分子”，“否则恐怖分子的下场就是他们的下场”。同时给美国军队发出斗志昂扬的战斗檄文，号令他们时刻准备出战。他还宣布成立一个新的内阁级别机构——国土安全办公室来统领保卫国土安全的工作。在感谢和寻求国际社会的持续帮助和支持的同时，他慷慨激昂地号召美国人民增强信心、战胜邪恶、捍卫自由事业和美好生活：

在这一切发生之后：生灵的涂炭，那些可能和希望的随之破灭……人们自然而然会发问：美国的未来是不是充满恐惧？有些人提到我们将步入一个恐怖主义的年代……我知道前路会有斗争和危险。但是我们的国家将定义我们的时代，而不是由他们来定义这个时代。只要美国足够坚决、足够坚强，就不会有一个恐怖主义的年代，就会有一个自由的年代，不管是在这里，还是在世界其他地方。

……

我们遭受了巨大的伤害，我们承受了莫大的损失。在悲痛和愤怒当中，我们感到了自己的使命和担当。自由和恐惧正在交锋。人类自由事业的进步——

我们这个时代的伟大成就，同时也是任何时代人们的伟大追求——就指望我们了。我们的国家，我们这代人，为了我们的人民和未来，一定会将暴力恐怖的阴霾驱散。通过做出努力，通过展示勇气，我们将动员全世界加入这一事业。我们不会倦怠，我们不会摇摆，我们不会失败。

时光荏苒，到了2011年5月2日，就在“9·11”恐怖袭击事件将届十周年的前几个月，时任美国总统奥巴马在白宫通过全国电视讲话宣布，“基地”组织头目本·拉登已在当天的突袭行动中被击毙。（以下为讲话文稿，有所删节。主要删去了与本书主旨无关的几段自誉之辞及一小段“安抚”巴基斯坦的外交辞令。）

晚上好。今晚，我要向美国人民和全世界宣布，美国在一次行动中消灭了基地组织头目、屠杀数以千计无辜男女老幼的恐怖分子本·拉登。

将近10年前的9月的一天，美国人民遭受了史上最深重的袭击，阳光明媚顿成阴霾蔽日。“9·11”的一幕幕印在了我们国家的记忆当中：遭到劫持的飞机划破9月清澈的长空；双子塔轰然坍塌；五角大楼黑烟滚滚；坠毁在宾夕法尼亚州尚克斯维尔的93号航班残骸，机上乘客的英勇行为避免了更多的惨剧和毁灭。

当然我们知道，最为令人不忍的是那些世人见不到的画面：餐桌旁空着的位子；儿童失去父爱或母爱无奈独自成长；父母从此睽违了孩子们的拥抱……将近3000名公民离开了我们，在我们的心灵留下偌大的空洞。

2001年9月11日，在这个万众同哀的时刻，美国人民团结在一起。我们向邻居伸出援手，为伤者献出鲜血。我们彼此之间的纽带更为巩固，我们对社区和国家的爱更加浓烈。在那一天，不管我们来自何处，不管我们信仰什么，也无论我们是何种肤色或种族，我们团结成为一个美国大家庭。

同时，我们同仇敌忾，矢志保卫我们的国家，誓把发动这场邪恶袭击的黑手绳之以法。我们很快查明，发动“9·11”袭击的是基地组织。该组织以奥萨马·本·拉登为首，他们公开对美国宣战，并在我们国家及全球各地杀戮无辜民众。为了保护我们的公民、我们的盟友，我们展开了与基地组织的战争。

过去10年，由于我们军队和专业反恐人员不知疲倦的英勇工作，我们在打击基地组织方面取得了巨大进展。我们挫败了多起恐怖袭击图谋，强化了国土安全防卫。在阿富汗，我们推翻了向本·拉登和基地组织提供庇护和支持的塔利班政府。在世界范围内，我们与盟友合作，逮捕或者击毙多名基地组织恐怖分子，包括那些参与了“9·11”袭击行动的分子。

……

今天，在我的指令下，美国对巴基斯坦阿巴德的一处建筑物实施了精准打击。一支智勇超凡的美军小分队执行了这次行动。行动中没有任何美国人受伤。他们特别注意了避免平民伤亡。双方交火后，他们击毙了奥萨马·本·拉登，并掌握了其尸体。

在过去20多年里，本·拉登一直是基地组织的头目和象征，并且不断策划针对我们国家和盟友的袭击。本·拉登之死是我们国家在击溃基地组织的努力中，迄今为止取得的最大成就。

当然本·拉登的死并不标志我们工作的结束。毫无疑问，基地组织将会继续针对我们实施攻击。我们必须并且也会继续保持警惕，不管是在本土还是境外。

我们已经申明，而且我们必须重申美国不是也永远不会与伊斯兰交战。正如布什总统“9·11”之后所做的那样，我也明确表示，我们的战争矛头并非针对伊斯兰。本·拉登不是一个穆斯林领袖，相反他大肆屠杀穆斯林民众。事实上，基地组织在包括美国在内的许多国家屠杀了许多穆斯林民众。所有爱好和平、捍卫人类尊严的人都会乐见他的死亡。

……

美国人民并不想要这场战争，这是一场对我国公民丧心病狂的残杀将战火烧到了我们的国土之上。经过将近10年的努力、斗争和牺牲，我们深切体会了战争的代价。作为美国三军统帅，每次在阵亡士兵的家属告知书上签名，每次接触到重伤军人的眼神，我的内心都无比沉重。

美国人民清楚战争的代价。但是**作为一个国家，我们永远不会容忍有人威胁我们的安全，也永远不会坐视我们的人民横遭杀戮。我们将坚持不懈地保护我们的公民和盟友。我们将忠实奉行那些塑造了我们的价值观。**这个晚上，让我们对那些被基地组织恐怖行径夺去亲人至爱的家庭说：正义得到了伸张！

今晚，我们要感谢不计其数的情报和反恐工作人员，正是他们的辛苦工作我们才取得了这一成果。美国人民看不到他们的工作，也不知道他们的名字。但是今晚，大家真切感受到了他们的工作成果以及正义得以伸张所带来的欣慰。

我们要感谢那些参与了此次行动的军人，因为他们代表着所有国家卫士的专业、爱国精神和无与伦比的勇气。他们也是在“9·11”之后背负了最深重责任的一代人。

最后，我要对那些在“9·11”中失去亲人至爱的家庭说，我们从来没有忘记你们的丧亲之痛，我们也从来没有动摇过所作出的承诺，那就是不遗余力地确保我们的国家不再遭受袭击。

今晚，让我们重温“9·11”所彰显出来的团结精神。我知道那份团结在某些时候有所淡化。但是**今天的成就证明了美国的伟大和美国人民的意志。**

保卫国家安全的使命尚未大功告成。但是**今晚我们再次体会到：只要想做，美国就一定能够做到。**我们的历史不断印证了这一点——不管是为我们的人民创造繁荣，还是为全体公民争取平等，不管是在海外执著捍卫我们的价值观，还是为缔造一个更安全的世界而不吝牺牲。

请大家牢记，能够做到这些并非仅仅因为我们的财富或实力，而是因为我们之所以成为我们：我们是一个在主的护荫下的团结、不可分裂的国家，一个人人享有自由和正义的国家。

感谢你们。上帝保佑大家，上帝保佑美利坚合众国。

之所以不厌其烦地近乎全文引用奥巴马的这篇讲话，同样是觉得它有值得借鉴之处。当然，文中关于美国“国家精神”的一些自诩之词，读者自会明辨。但是，如何借助重大事件来“说事儿”，如何利用重大胜利来激励民众，这篇讲话和其他脱胎于白宫写手的美国总统优秀讲稿一样，在传递关键信息方面有着一种非凡的冲击力。在“正义得到了伸张”的主题下面，以下的这些关键信息虽乏新意，却是对美国政府宣扬的“美国精神”论调的再次强化和拔高。而且它们因为恐怖头目被击毙这样的反恐里程碑式事件而听起来显得更加“铿锵有力”。**如何借助重大事件来强化信息的说服力，即增强信息直抵人心的“穿透力”，这篇讲话提供了不错的范例。**

尤其值得一提的是，即使在这么郑重、肃穆的讲话当中，奥巴马不忘加入几句传达个人感情的表白。如：“作为美国三军统帅，每次在阵亡士兵的家属告知书上签名，每次接触到重伤军人的眼神，我的内心都无比沉重。”**恰到好处的“内心独白”，往往有助于增强发言内容的感染力量。**

曾经担任过中国总理的温家宝和朱镕基在记者发布会上往往能通过一些合适的“内心独白”，拉近与受众的心理距离，同时增强对受众的心理冲击。毛泽东早在《反对党八股》中就曾说过：“演说也是一样，空话连篇言之无物的演说，是必须停止的。”但遗憾的是，时至今日，在政府官员的讲话（甚至包括一些企事业单位领导人讲话）当中，穿靴戴帽、涂脂抹粉、内容生硬、死板沉闷，理性有余而情感不足，还是非常突出的通病。比如针对一宗导致多人死亡的塌桥事故，某官员讲话时还是不忘“诵读”那些大家耳熟能详的套话、空话：“要牢固树立安全发展科学发展理念，时刻把安全抓在心头抓在手上落到实处；坚持以人为本，坚持对安全负责对事业负责的高度，对事故原因不能就事论事……”理虽不糙，但是他用拿腔拿调的方式、在那样的场合慢条斯理地“读”出来，话反而变糙了，老百姓听起来心里非常别扭。目前中国领导层正在身体力行平易、质朴、务实的文风、会风，多年痼疾能否得到强势纠偏，兹事体大，不可不为。对此，我们充满期待。

有意思的是，击毙本·拉登的消息一经传出，民众要求美国政府公布相关照片的呼声一时间甚嚣尘上，网上甚至疯传拉登之死的伪照。其实，很多组织都会面对公众的类似要求，比如被要求公布一些不能公布的信息、回应一些难以回应的质询。2012年8月重庆警方击毙曾在多地抢劫杀人的恶徒周克华时，网上也是一片质疑，甚至有人造谣说被击毙的是一名外地警察。那么，当时面对外界对于美国是否已经真正击毙本·拉登的发问，美国政府是怎么回应的呢？

时任白宫新闻发言人杰·卡尼表示，美国政府不希望这些照片被传来传去用以煽动新的暴力或作为宣传工具：

> 这些是画面上有人头部中枪的血腥照片。就像以往所发生的那样，这些画面会被用以激起反美情绪，这是不符合我们的国家安全利益的。
>
> These are graphic pictures of someone who was shot in the head and it's not in our national security interests to allow these images, as in the past has been the case, to become icons to rally opinion against the U.S.

他还引用奥巴马的话说："我们不把这些东西当作奖杯来显摆，（就像在橄榄球比赛中那样）我们不需要一得分就掷球庆祝。我们不是这样的人。"他还解释说："我们绝对确信就是他（本·拉登）。基地组织分子也都毫无疑问地相信他死了。你们在这个地球上将再也看不到本·拉登。"在正式阐明公布照片不符合美国"国家安全利益"之外，这位发言人先是引用奥巴马所作的比喻来说明美国政府不以此来显摆、不因此而自得，最后用举重若轻的拉家常式的话语斩钉截铁地回应大家的疑虑——就是他！地球上将再无本·拉登！

如何回应公众的某些看似合情的诉求、如何不留余地地打消公众疑虑，必要的时候就是应该像美国白宫这样"打太极"、"运气功"——说道理、打比喻、讲白话，貌似轻描淡写、信口道来，实则斩钉截铁、一语千钧。

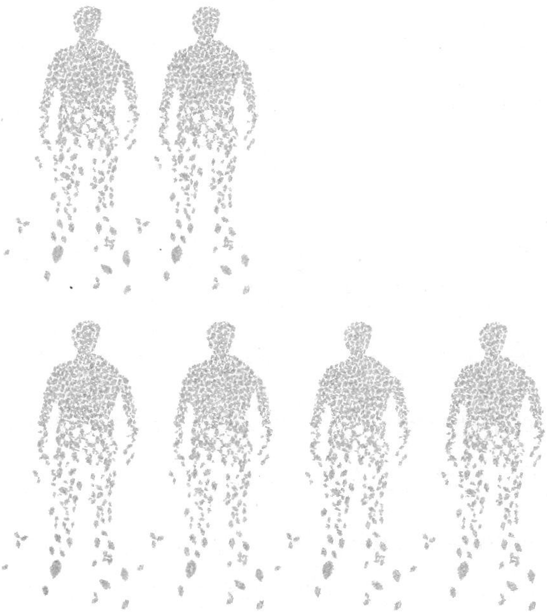

美利坚梦魇（二）
——表态如何另辟蹊径

珍珠港遇袭，时任美国总统罗斯福怎样砥砺国人？“9·11”十周年祭，两任美国总统分别在纪念活动上致辞，他们通过什么新颖的方式来传达深邃的内涵？布什在“9·11”之后还号召人们去购物，它所引发的争议给了我们什么教训？

1941年12月7日，日本“偷袭珍珠港”，致使停泊港内的美国太平洋舰队主力几乎全军覆没，而由于是史上第一次有人悍然侵袭美国领土，使美国损失惨重，它重挫了美国人的民心、士气。一直“隔岸观火”的美国至此正式卷入第二次世界大战。12月8日，时任美国总统富兰克林·罗斯福向美国人民慷慨陈词。重温美国总统罗斯福的这段演讲（节选），我们仍能感受到他所传达的那种必胜决心和凛然正义，撼动人心：

昨天，1941年12月7日——它将永远成为我们的国耻日——美利坚合众国遭受日本帝国海军和空军的蓄意突袭。

……

作为陆海军总司令，我已下令采取一切措施进行防御。我们整个国家都将永远记住，这次袭击是何种性质。

不管击败这场阴谋侵略需要多长时间，但正义赋予了美国人民力量，我们终将赢得彻底胜利。

当我发誓我们将不仅竭尽全力保卫自己，当我保证永远不再让这种背信弃义行径危害我们，我相信我也表达了国会和全体人民的意志。

大敌当前。毋庸置疑，我们的人民、我们的疆土、我们的利益面临深重危险。

凭着对我们的武装部队的信心，凭着我国人民的坚定决心，我们必将胜利凯旋——愿上帝助佑我们！

我要求国会宣布，从日本1941年12月7日（星期天）对我们进行无端的、卑鄙的袭击之时起，美国和日本帝国之间已处于战争状态。

罗斯福的演讲主要是表态性质的，制造的是“纸上硝烟”。除了向日本宣战之外——可能没有比这更加彪悍的了——他没有说明任何报复日本、反制日本的具体行动。放“狠”话之后，美国报复日本偷袭珍珠港的“狠”行动包括派出战机轰炸东京、发动中途岛海战重创日本海军，直至投下两颗原子弹逼迫日本投降。回看历史，大家可以感受到，美国日后的这一连串有力、有效的行动，淋漓尽致地诠释和体现了罗斯福当时传递的那种正义力量和必胜信念。可见，**如果单论某一次的表态发言，人们完全可以只放“狠”话，但从更长的时间去看，只有行动才能真正彰显话语的力量。在战场上，“狠话”是金鼓旌旗，而行动是真枪实战。“狠话”是“狠行动”的前奏，帮助奠定行动的成功；“狠行动”是对“狠话”的落实和验证，是组织或个人的长期声誉和信用之所系。两者都很重要，不可偏废。**

继续我们的“9·11”话题。2011年9月11日，“9·11”十周年祭。美国总统奥巴马和前总统布什在“9·11”纪念仪式上，分别到“故纸堆”中去寻找讲话内容。奥巴马诵读了一段《圣经·诗篇》的内容，向上帝寻求力量，向国民传递信心。他诵读的内容如下：

神是我们的避难所，是我们的力量，是我们在患难中随时的帮助。
所以地虽改变，山虽摇动到海心，
其中的水虽砰訇翻腾，山虽因海涨而战抖，我们也不害怕。
有一道河，这河的分汊，使神的城欢喜。这城就是至高者居住的圣所。
神在其中，城必不动摇；到天一亮，神必帮助这城。
外邦喧嚷，列国动摇。神发声，地便熔化。
万军之耶和华与我们同在；雅各的神是我们的避难所。
你们来看耶和华的作为，看他使地怎样荒凉。

他止息刀兵，直到地极；他折弓、断枪，把战车焚烧在火中。

你们要休息，要知道我是神！我必在外邦中被尊崇，在遍地上也被尊崇。

万军之耶和华与我们同在；雅各的神是我们的避难所。

紧接着，布什则重温了一段亚伯拉罕· 林肯写给内战期间一位丧子母亲的信函。这肯定是白宫公关团队的刻意安排，既是对在“9·11”中丧亲的人们的抚慰，也表达了国家对所有捍卫自由的人们的谢意。

亲爱的夫人：

我从陆军部档案中读到麻省国民军副总司令的一份声明文件，得知您的五个儿子都在战场上光荣牺牲。我明白我的任何安慰都是苍白无力的，不足慰藉您痛失爱子的深切哀痛。

但是，因为他们都为拯救美利坚合众国而牺牲，我仍要代表合众国向您致以深切慰问。愿天父抚平您的丧子之痛，让您永怀爱子的记忆。您在自由祭坛前的献祭，必为您带来庄严的荣耀。

您最真挚的亚伯拉罕·林肯谨上

白宫公关团队准备“9·11”十周年的纪念活动的讲话内容，确实是十分具有挑战性的工作——弄不好很容易让讲话沦为对已知事实的空洞重复，比如对于美国多年来反恐斗争以及击毙本·拉登的彪炳战绩的回顾与炫耀——这些内容奥巴马数月前在宣布本·拉登死讯时已经“晒”过了。这一次，白宫公关团队很巧妙地引经据典、假人之口，很合时宜地为前后两位总统安排了各具深意的“9·11”十周年纪念讲话内容。

从中我们看到，**在特定的场合，与其绞尽脑汁地自创冗长无味的讲话内容，不如别出心裁地去表达一种情愫、传递一种理念。这是一种聪明的另辟蹊径——不管是形式上还是内容上。其实，在某些特定场合，比如某些纪念或**

庆祝场合，人们并不期望得到什么新的信息，有关人员在操办这样的活动时更应该通过内容和形式营造某种气氛、渲染某种感情、重申某种理念。在这样的场合，不管是内容还是形式，要更注重仪式感，更注重气氛和情绪的营造和宣泄，亦即应特别注重“EMC”——形式高雅庄严（Elegant），**内涵丰富深远**（Meaningful），**以及仪式感强烈**（Ceremonious）。

两位总统的“9·11”十周年纪念讲话，值得人们借鉴。下次的重要场合发言，是否可以换一种思维来准备？比如，梁启超的《少年中国说》有关章节可以用在有关青少年重大节日的官方纪念场合，等等。即使是在婚礼、寿宴等私人场合，与其说些“百年好合”或“寿比南山”之类的套话，不如潜到中华文化的宝藏里去寻找一些相对少用、更加生动的故事或诗词来传情达意。中国文化博大精深、典籍著述汗牛充栋，有着取之不尽、用之不竭的资源，从其中挖掘，更容易有精妙的应用、精彩的效果。

“9·11”当天上午9时02分，布什在获知第一架飞机撞击世贸大厦北塔后，仍旧施施然进入小学课室给二年级学生朗读《宠物山羊》，在朗读过程中被随从人员“耳语”告知第二架飞机撞击世贸大厦南塔，他仍继续朗读了至少8分钟，然后继续对师生讲话。在得知袭击事件之后，他至少在学校滞留了29分钟！即使在离开学校之后，他也一直到傍晚18时54分才回到白宫。“空中一号”经停路易斯安那州空军基地，而不是直接飞回华盛顿特区。当然这可能是由于他的团队考虑到他的人身安全所作的特别安排，但是如此安排的必要性是见仁见智的。

一直以来，布什在“9·11”事件当天的“迟钝反应”一直为人诟病。确实，作为一国统帅、三军司令，在“国家灾难”当前，从危机管理的角度来看，布什当天的“表演”是有所欠缺的。由于种种原因，布什既没有亲临一线展示其强悍的领袖本色，也没有亲自坐镇白宫运筹帷幄、纵横捭阖，这是“9·11”当天美国政府应对危机的一大遗憾。因此，即使布什的两次讲话都堪称经典，但是讲话的力量因而有所削弱。这件事的教训就是：**危机当前，以组织的领导人为统帅的应急团队，应该快速反应、有效应对，组织**

的领导人应第一时间站到应急前沿，其果敢作为应该被人看见，而且必要时应作为第一发言人对外发言。国如是，家亦然。一个大家庭遇到了麻烦事，“大家长”如果不挺身而出、身先士卒，那么整个家庭难免少了主心骨，很容易导致众心涣散。所以说，组织的领导人在应对重大危机时应该至少做到两个“T”：一是“be there”，身先士卒出现在应急前沿，成为危机管理的中流砥柱；二是“be tough”，展示强悍的领导力量，发挥坚强的统帅作用。

这件事还有一则花絮，一直以来有种说法，布什在“9·11”发生之后，在国家进入战争状态的危险时刻，曾告诉美国人一如既往地去“购物”（Go Shopping）。如果布什确实讲过此话，那么战争意味着牺牲，“购物”之言在特定背景下似乎稍显轻佻。这个说法曾经在美国主流媒体上、在网络博客上多有提及，奥巴马在竞选时也以此对布什多有攻讦。2009年1月的《时代》杂志也说：“9·11恐怖袭击之后，布什总统没有号召大家作出牺牲，而是号召大家去购物！”

实际上，在“9·11”后的多次讲话中，布什为了提振国人信心、提振国家经济，确实屡屡鼓励美国人继续他们既往的生活。他表达了对于因恐怖袭击而瘫痪了的国家及其经济的忧虑。2001年9月20日，布什说：“我希望你们继续投入美国经济建设，并对经济充满信心。”“恐怖分子袭击了美国繁荣的一个标志建筑，但是他们没有伤及美国繁荣的根源。美国的成功是由于我们人民的辛劳、创造力和创业精神。这些是9月11日之前我们经济的真正实力，它们仍然是今日我们的实力所在。”

一周后，他又在另一个场合表示：“当（恐怖分子）发动袭击，他们妄想激起恐怖气氛，我们国家奋起迎战的其中一个伟大目标，是恢复公众对于航空业的信心。”“我们要告诉出行的公众：登机吧！到全国各地去做生意，飞去享受美国的著名旅游景点，飞往佛罗里达的迪斯尼乐园。带上你的家人，享受生活，享你所想。”

当然，媒体人一般不会去完整引用原话，即使是在正文中完整引用原话，好事者也会选择通过“演绎”和“提炼”拟出这样的简练标题：“布什，莫管9·11，尽情购物吧！”这样的标题显然是媒体喜欢的，因为它具有一定的轰动性和争议性，因而具有一定的新闻价值。当然，对于说话的人来说，在特定时刻说出这样的言论显然不招人待见，也容易让其陷入被动境地。有不少人接受媒体采访后经常埋怨媒体“断章取义”。

其实，**正是为了避免遭人“断章取义”，人们在对外说话时应顾及自己的身份和立场，争取做到点到即止，尽量避免发挥。**比如布什大可充分表达他对于国家经济（尤其是航空业、旅游业等）的忧虑，也大可尽情号召大家勇敢地继续过他们往日的生活。但是像以下这样的话显然就属于不当发挥了：“登机吧！到全国各地去做生意；飞去享受美国的著名旅游景点；飞往佛罗里达的迪斯尼乐园 ；带上你的家人，享受生活，享你所想。”再说了，即使同样的意思一定要讲，也不适合由一国总统说出，顶多由商务部长之类代言即可，而且应该尽量减少感性化用语，免得无谓地授人以柄、予人口实。须知，在大是大非面前，说者无意听者有心，发言人在表述上稍有偏颇或差池，甚至是一个本来无伤大雅的多义词在特定语境下也可能会产生歧义，也可能会引起不必要的不利舆论反应。

在关系公众人物声誉的种种因素中，最根本也是最重要的一条，是他们与公众在精神上的密切联系，而他们的一言一行都会直接影响这种精神联系。公众人物说话，即使是发微博，都要时时牢记自己作为公众人物的身份以及自己的特定身份。这些人很多时候再也不能像普通人一样自在、淋漓地进行个性化表达，无法再随心所欲地用“我认为……”或“我相信……”来标签化一些不合时宜的个人观点。那是因为，他们已经享有了个人品牌带给他们的好处（即享有了“个人品牌溢价”）。现在，加诸他们对外讲话内容上的“金箍”则是他们必须付出的代价，在某种意义上更是他们应该负起的社会责任。

个别个性公众人物不懂这一点——或许是他们明明懂得而佯装不懂，因为他们有另外的议程表，即借助舆论“炒作”（即使是负面的炒作）达成个人目的。而在这个有人喜欢“消费丑闻”的时代里，还是有可能得逞的——只不过是以收获负面声誉作为代价。实际上公众人物任何时候都应该自珍声誉。

从这个意义上讲，所有公众人物以及所有需要代表组织对外发言的人士（实际上在社交媒体时代可能涵盖所有的人），千万不要以为本书所列举的众多例子只是一些文字上的“奇技淫巧”。**文字只是介质，内容才是王者。而要有好的内容，既需要常识和悟性，更需要智慧和思想；需要熟谙传播规律和公关原则，也需要技巧上的千锤百炼和如琢如磨。**而借鉴正是通向圆熟技巧的捷径之一。

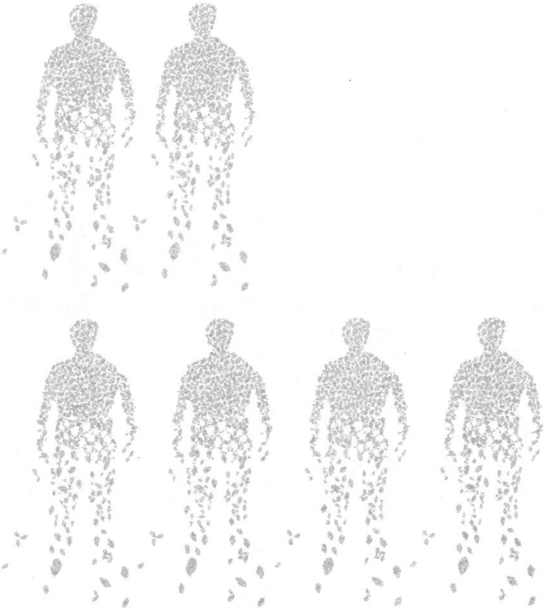

大有文章（一）
——如何通过表态传递真情

从“马加爵事件”到“赵承熙事件”，中美两宗校园凶杀或枪击案件凶犯的家人，通过什么样的截然不同的方式与案件受害人及外界沟通？美国总统在重大枪击案件发生后都说了什么？奥巴马是如何通过看望2012年电影院枪击案件受害者及其家属的“公关秀”，来为他的竞选活动加分的？

开篇说两宗曾经轰动一时的校园凶杀案。一宗是2007年4月发生在美国弗吉尼亚州理工大学的枪击案，凶手是赵承熙（Seung-Hui Cho）；另一宗是2004年2月发生在我国云南大学的凶杀案，凶手是马加爵。

先讲曾经震惊全国的“马加爵事件”。

马加爵，广西宾阳县人。2000年至2004年就读于云南大学的生化学院生物技术专业。因为“羡慕嫉妒恨”，马加爵在2004年2月13日晚将学校宿舍一名同学锤杀，2月14日晚锤杀另一名同学，2月15日锤杀另外两名同学后从昆明火车站出逃；3月15日晚，马加爵在海南三亚落网；6月17日，马加爵被押赴刑场执行死刑。

每一个人对身边的不寻常事件（尤其是关乎己身的）都有自己的立场和看法，都有表达的欲望，甚至都希望掌握一定的话语权。这也是微博能够兴起并盛行的原因：人人都有“粉人”和“被粉”（即“互粉”）、分享生活和感触、“围观”或评论他人的需求和欲望。马加爵在法庭上也作了表白。比如：“其实最大的受害者是我家……希望受害人家属能够调整心态，好好生活下去；也希望我的同龄人能够吸取教训，凡事想开些。”在此，我们暂且不去细究他的这番内心独白，因为我们不指望他能够像专业发言人那样说话。

同样，我们也不指望马加爵家人能够像专业发言人那样说话。遭遇这样的“亲者痛”事件，马加爵的家人和事件中受害者的家属一样，究竟遭受了怎样的精神煎熬和拷问，外人永远不会有切肤的理解，这也是值得大家深切同情之处。在马加爵落网之后，马加爵的父亲说：“我们很难过……我白养了这个儿子。” 在马加爵被正法后，倍感公众压力的马加爵姐姐向记者敞开了心扉：“我们会接受事实，但有一个请求：请善待我们！”他们也曾经委托报社记者向四名受害者的家属分别转交致歉信（据报道，几位受害者家属拒绝接受该致歉信）。这封致歉信说：

XXX（受害者名字）家属：

马加爵一年多没回家了，他在这段时间的变化我们竟然毫无察觉，以致造成如此严重的后果，是我们的失职，我们有罪，我们对不起你们。

四年后，马父才似乎开始走出事件的深重阴影。他对来访的记者说：“我们已经把他真正地忘掉了。”在这之前的几年，因为儿子制造了令人匪夷所思的惨剧，做父亲的他历经了炼狱般的痛苦：“儿子干出这样的事情，我们有罪恶感。因为养了这么个儿子。” 看到致歉信被拒绝接受，觉得罪孽深重的马父曾经用“千里谢罪”的行动亲自向受害者家属赎罪：“受害者的家庭或者邻居可能受不了，可能打我们，或者把我们打伤，或者拿刀砍我们，各种可能性都有。但是我们不怕，因为我们这样做了心里才会好受一点。”虽然最终这种见面不是遭到无情挡驾就是草草收场，不过，这种“赎罪之旅”不啻是另一种形式的“发言”——一种朴素却真实的情感表达。

可见，**对于重要事件，特别是与己有关的重大事件，人类都有表达的本能和愿望，除非“哀而致于心死”。这种表达如果不是出于功利考虑，即是出于保护自己、裨益自己的现实目的，是由于一种发诸于心的情感需要：道谢、感恩、致歉、赎罪，表达关切或忧虑、兴奋或愤慨、无奈或悲哀、光荣与梦想、希望和信心……也就是所谓的“情动于中而形于言”。**

接着说说“赵承熙事件”。2007年4月16日，来自韩国的留美学生赵承熙制造了美国历史上最为严重的校园枪击案后被射杀。32名学生在这起枪击事件中丧生，另有15人受伤。4月20日，赵承熙的姐姐赵善敬（Sun-Kyung Cho）发表了一份声明，向被害人家属道歉，同时表达对弟弟犯下如斯罪行的哀痛与迷惘。声明写得非常专业，感情的表达非常到位，所起的效果应该是非常正面的。可见，对于重大事件，虽然人类都有表达的本能和愿望，但是表达的技巧和能力则需要专业的训练和培养。赵承熙的姐姐赵善敬代表自己及赵氏家人所发表的声明如下：

我代表我们的家庭，对我的弟弟所造成的伤害表示深切歉意。对于本周三十二名无辜者在这起骇人听闻、丧心病狂的悲剧事件中丧生，我们的悲痛难与人言。我们心碎不已。

我们与受害者家属、弗吉尼亚理工大学社区、整个弗吉尼亚州，乃至整个国家和整个世界同悲。

四月十六日之后的每一天，我的父亲、母亲和我都在为……（此处略去声明原文所罗列的三十二名受害者的名字）祈祷。

我们为他们备受痛苦煎熬的家人和爱人祈祷；我们为受伤的人们祈祷；我们为那些由于目睹或亲历事件的发生而永远改变了生活轨迹的人们祈祷。

每一位逝者都曾深怀友爱、能力和才华，但他们的生命因为一起可怕的疯狂事件戛然而止。

黑暗来袭，我们深受打击。我们感到无望、无助和茫然。我和这个人一起长大，也曾对其倾注爱意。而今，我感到我不曾认识这个人。

我们一直是一个彼此亲近、平和及有爱的家庭。我的弟弟少言、内敛，一直在为融入社会而挣扎。但我们从未想到他做出这样的暴力行为。

他让整个世界痛泣。我们坠入噩梦的深渊。

我弟弟的所为激起了可以理解的愤怒和疑惧。很多问题有待求解。我们的家庭会继续全力配合并尽最大努力协助有关方面调查这起疯狂事件发生的原因。我们自己也有着很多未解之谜。

对于我弟弟令人无以言说的行径，我们的家庭表示深切歉意。对于我们所有人来说，这都是一起深重的悲剧。

On behalf of our family, we are so deeply sorry for the devastation my brother has caused. No words can express our sadness that 32 innocent people lost their lives this week in such a terrible, senseless tragedy. We are heartbroken.

We grieve alongside the families, the Virginia Tech community, our State of Virginia, and the rest of the nation. And, the world.

Every day since April 16, my father, mother and I pray for students ... （Editor's Note: followed by the names of the 32 victims here.）

We pray for their families and loved ones who are experiencing so much excruciating grief. And we pray for those who were injured and for those whose lives are changed forever because of what they witnessed and experienced.

Each of these people had so much love, talent and gifts to offer, and their lives were cut short by a horrible and senseless act.

We are humbled by this darkness. We feel hopeless, helpless and lost. This is someone that I grew up with and loved. Now I feel like I didn't know this person.

We have always been a close, peaceful and loving family. My brother was quiet and reserved, yet struggled to fit in. We never could have envisioned that he was capable of so much violence.

He has made the world weep. We are living a nightmare.

There is much justified anger and disbelief at what my brother did, and a lot of questions are left unanswered. Our family will continue to cooperate fully and do whatever we can to help authorities understand why these senseless acts happened. We have many unanswered questions as well.

Our family is so very sorry for my brother's unspeakable actions. It is a terrible tragedy for all of us.

以上所引的声明可谓声情并茂，甚至其中某些段落已然到了字字泣血的地步。它在表达最深刻、最诚挚的歉意之余，也特别强调了赵家的无望、无助和困惑，继而表示会继续全力配合有关方面调查事件原因，因为“我们自己也有着很多未解之谜”。经过一番感情铺垫之后，它水到渠成地给事件作了掷地有声的总结定性：“对于我们所有人来说，这都是一起深重的悲剧。”我相信，这样的声明对于减轻公众（特别是受害者家属及事发地社区）对赵家的负面情绪，甚至对于减轻事件对人们所造成的困惑、疑惧和恐慌是能够起到一定的积极作用的。

每次重大伤亡事件（即使是偶发的孤立事件）发生之后，美国总统都会通过声明、讲话表示震惊和悲痛之情，并慰问死伤者家属，安抚民众受伤的心灵。弗吉尼亚理工大学校园枪击案发生当天，时任美国总统的布什就发表了如下声明：

今天弗吉尼亚理工大学枪击案的新闻令举国震惊和悲痛。具体伤亡总数尚未确认，但看来有不少于30人遇难，还有更多的人受伤。

我与州长Tim Kaine和弗吉尼亚理工大学校长Charles Steger通了电话。我告诉他们，劳拉（布什的夫人）和我以及全国许多民众都在祈祷，为了受害者及其家人，也为了所有因为这一可怕的悲剧而留下心灵创伤的整个大学社区的人们。我告诉他们，行政部门会尽一切努力协助调查事件。我也保证，在这样的悲痛时刻，我们随时准备尽己所能为当地执法部门和当地社区提供帮助。

校园应该是安全之所、圣洁之地、求学乐土。而当圣洁遭到侵犯，其所造成的冲击会波及美国的每一间课室、每一个社区。

与那些在弗吉尼亚理工大学失去亲人的人们一道，今天举国同悲。我们魂牵受害者，为他们祈祷，请求大爱之主抚慰那些今天遭受磨难的心灵。

不仅如此，2007年4月17日，布什总统还携夫人来到弗吉尼亚。他在一个由弗吉尼亚理工大学师生代表、受害者家属代表以及社区代表参加的会议上发言。他说：“对于弗吉尼亚理工大学社区来说，这是一个悼念日；对于我们整个国家来说，这是一个悲伤的日子。”他表示：“在这样的时刻，我们寻求力量之源作为我们的精神支柱。在生命痛失的时刻，你们发现就在你们周围，力量的源泉无处不在。”他还引用《圣经》，告诉人们：“你不可为恶所胜，反要以善胜恶。”

2012年7月20日凌晨，美国科罗拉多州奥罗拉市一家电影院。正在观看《蝙蝠侠前传3》首映的观众遭到闯入的蒙面“蝙蝠侠”枪手的扫射，12人死亡，50多人受伤。美国降半旗哀悼受害者。美国总统奥巴马也第一时间发表了声明。他说他和米歇尔对这起“骇人、悲惨”的枪击事件感到“震惊和悲痛”。他表示：“每次当我们面对这样的黑暗和困难时刻，我们必须团结到一起，成为一个美国大家庭。奥罗拉的民众遭遇失去家人、朋友和邻居之痛，我们大家都应该为他们着想、为他们祈祷。”

奥巴马还中断了竞选的拉票活动。他在一个竞选拉票大会上告诉热情的支持者：“我们其他日子再来谈政治。”他饱含真情和深情的讲话全文如下：

首先，我非常感谢大家今天来到这里，非常感谢你们所做的一切。我知道现场很多人自2007年以来就全情投入到竞选活动当中，已经牺牲良多。所以我要你们大家知道我的深厚谢意。

我知道，你们中许多人今天是冲着竞选活动而来的。我原本也期望和大家进行一场有意思的谈话，关于我们国家面临的一些非常重要的问题，以及我比竞选对手的优胜之处。

但今天早晨，我们一觉醒来就听到了令人悲痛的新闻。它提醒我们大家，一个团结的美利坚大家庭的重要性。

到目前为止，在场许多人知道、听说了在丹佛市外几英里的一座叫做奥罗拉的小城，一个枪手在电影院开火，造成至少12人遇难。

另有数十名伤者被送到当地医院救治。一些受害人被送到儿童医院救治。

我们仍在收集奥罗拉事件的全部事实信息，我们已知道警方逮捕了一名嫌疑人。联邦政府随时准备采取任何必要举措，将犯下这一十恶不赦罪行的凶徒绳之以法。

我们将采取任何可能的措施，确保我们所有人的安全。在这一非常困难的时刻，我们将和科罗拉多的人们在一起。

我和奥罗拉的市长、科罗拉多的州长通了话，不仅代表米歇尔和我本人，也代表整个美国大家庭，表达我们的心碎之情。

现在，即使我们知道了事件发生的经过以及谁是凶手，我们也许仍将永远无法理解是什么驱使人们以这样的方式去荼毒他们的同胞。如斯暴力、如斯恶行是不可理喻的。

我们无法用常理去理解这件事。

虽然我们将永远无法完全明白究竟是什么原因而致同类相残，但我们懂得是什么让生命弥足珍贵。在奥罗拉丧生的人们爱过也被爱过，他们曾经是为人父母者，曾经是夫妻、兄弟、姐妹、儿女、朋友或邻居。他们曾经对未来满怀希望，他们有着未曾实现的梦想。

如果这一悲剧事件有什么值得我们汲取之处，就是它提醒我们生命的脆弱，提醒我们时间的有限和珍贵，提醒我们生活中重要的并不是那些常常消耗了我们日常生活的蝇头小事。

归根到底，生活的真谛是我们究竟选择如何善待彼此、如何互相爱护。我们在日复一日的生活中如何赋予生活以意义、赋予生命以宗旨，这才是重要的。

归根到底，我们会记住的，是那些我们爱过的人、那些我们为他人做过的事。这是为人之本。

我相信在座的许多父母会有和我听到这一消息时同样的反应。你们知道，我的女儿都会去看电影。就像每天许许多多的孩子去看电影一样。我难以想象如果玛利亚和萨沙就在出事的电影院里面……

今晚，米歇尔和我有幸能够将我们的女儿拥得更紧，我相信你们也会对你们的孩子做同样的举动。但是，对那些不及我们幸运的父母，我们应该拥抱他们，让他们知道我们整个国家都会和他们在一起。

因此，我再次表达对于你们今天参加活动的感谢。我被你们的支持所感动。但让我们其他日子再来谈政治。我觉得这应该是一个祈祷和反思的日子……

因此，我要请大家做的，就是为这一可怕悲剧事件的受难者、为认识他们和爱着他们的人们、为那些仍在挣扎着愈合内心的人们，也为每一天都在困扰我们社区的那些鲜为人知的暴力行径的所有受害人，默哀片刻。

所以我请大家默哀片刻……

谢谢大家！

我希望今天你们大家的心都能和奥罗拉人民在一起。在未来的艰难日子里，愿主慰藉和治愈他们受伤的心灵！

我感谢大家。我希望，作为今天活动的一个结果，当你们离开这里以后，你们能够花点时间思考上帝给予我们的无限恩惠。

非常感谢你们每个人。

上帝保佑你们。上帝保佑美国！

谢谢！

2012年7月22日，奥巴马还专程飞抵奥罗拉，参加了对逝者的悼念活动，慰问逝者亲属，而且还在没有媒体记者跟从拍摄和采访的情况下，到科罗拉多大学医院看望了枪击案伤者。更重要的是，奥巴马的看望活动并非一场仓促的“走秀”，他花了两个小时左右的时间与他们一一握手和拥抱，并耐心聆听他们分享枪击事件中的感人故事。整个过程中他避免提及凶手，而是把全部关注焦点放到受害者及其家属身上。奥巴马事后才面对电视记者的镜头谈及他的感触：

我看望他们，与其说是以总统的身份，还不如说是以一个父亲和丈夫的身份。我向他们坦白，在这样的情境下，语言往往是苍白无力的，我的主要任务是作为国家的一名代表，告诉他们在这样的时刻，大家惦记着他们，而且每天都会继续记挂他们。

这些（灾难中的）故事之所以会对我们产生强烈冲击，是因为我们大家都能理解所爱的人以这种方式被夺走的感受……此行我有机会给大家一些拥抱、跟大家一起流泪，同时，在他们回忆逝者的生命精彩片段的时候，我也跟他们一起分享了一些笑声。

有些故事非常生动感人。你看到那些被送入医院的年轻人，就在两天以前、36个小时以前、甚至24个小时以前都仍然生死未卜。但是现在，突然之间，他们睁开眼睛，他们有了知觉，他们开始说话……这些都提醒大家，即使在最黑暗的日子里，生命之火仍在继续燃烧，人们仍坚强不息、坚韧不拔。

I came to them not so much as president as I do as a father and a husband. I confessed to them that words are always inadequate in these types of situations, but that my main task was to serve as a representative of the entire country and let them know that we are thinking about them at this moment, and we will continue to think about them each and every day.

The reason stories like this have such an impact on us is because we could all understand what it would be to have somebody we love taken from us in this fashion... I also had a chance to give folks some hugs and to shed some tears, but also to share some laughs as they remembered the wonderful lives that these men and women represented.

Some of the stories are remarkable. You see young people who've come in and just two days ago, or 36 hours ago, or even 24 hours ago, it wasn't certain whether they'd make it. And now suddenly, their eyes are open, they're alert and they're talking. And it reminds you that even in the darkest of days, life continues, and people are strong and people bounce back and people are resilient.

奥巴马的整个活动安排及其事后表达的肺腑之言，堪称公关经典。可以说这是奥巴马的一次本色行动，也可以说这是奥巴马竞选团队精心安排的一次炉火纯青的公关出演。但不可否认的是，整个事件向社会传递的是真、善、美的信息和正面的能量。这样的“秀”，即使真的是“秀”，也是不留痕迹的“秀”，仍然非常值得我们思考和借鉴。

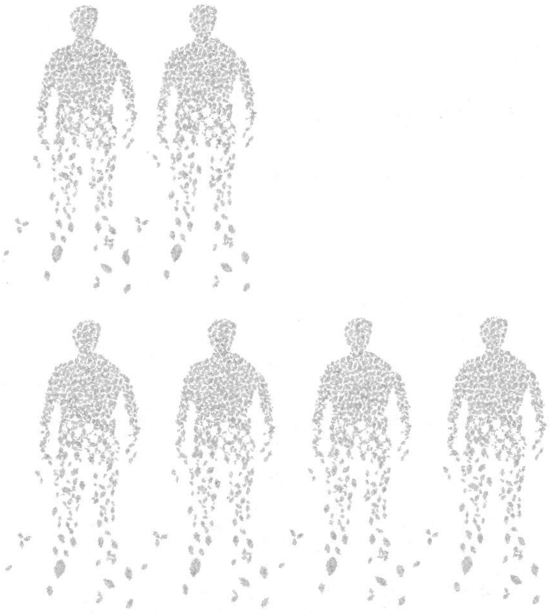

大有文章（二）
——表态中的危机管理原则

对外声明文字为什么往往是事态或危机管理的利器之一？通过一些对外声明文字，这里总结和分享了“一个基本前提”、“两大危机原则”和“三层过滤测试”。它们分别都有哪些具体内容？

像马加爵凶杀案这样的惊天大案通常是绕不过媒体的。但是，在面对负面消息时，却往往会出现这样的现象：有人在事件曝光之前试图封闭消息，遭到曝光之后企图屏蔽消息。这样的做法并非罕见——即使针对的仅是一些并非触及“高压线”的负面消息。

随便举个例子吧。2011年8月18日，一场中美篮球赛以“友谊”为出发点，却以双方的互殴而尴尬收场，中国媒体对这一事件集体噤声。反而是访问球队——美国乔治敦大学篮球队的主教练汤普森，当晚就在球队网站上大方地贴出了一份从措辞到态度都很恰当、体面和专业的声明：

今晚两支优秀的球队进行了一场非常激烈的比赛，但比赛不幸演变成双方的激烈冲突。我们对事件的发生深感遗憾。

我们仍要对我们的学生球员有机会参与这项中国人喜爱的运动之中、对有机会加深了解这个乔治敦大学师生尊重和欣赏的国家表示感谢。

Tonight two great teams played a very competitive game that unfortunately ended after heated exchanges with both teams. We sincerely regret that this situation occurred.

We remain grateful for the opportunity our student-athletes are having to engage in a sport they love here in China, while strengthening their understanding of a nation we respect and admire at Georgetown University.

截然不同的事态应对模式、截然相反的对外发言方式，折射的是两种政治生态、社会机制和文化底蕴中的人们对待负面消息、负面舆情的态度。实际上，在看过汤普森主教练的声明之后，虽然不清楚来访球队在事件中扮演了什么角色、斗殴事件的责任归属究竟如何，但不可否认的是，该声明的发布使他们站到了道德的（公众情感上的）、专业的（公关技巧上的）高地，为他们加分不少。

其实，中方球队及其主管部门只需在采取必要的善后措施之后，向外界说明事实、表明态度、交代行动：

说明事实，表示遗憾 → 强调会调查事件并根据调查结果处理相关责任人员 → 表示感谢交流、珍视友谊

但在现实中，有的人眼睛里容不得一粒沙子，常常因为各种原因而对某些事态刻意保持缄默。这与真正的专业化危机应对和管理之间的距离，常常如隔天堑。《环球时报》曾经在社评里说："常有政府部门要求媒体不报道涉及该部门的具体事件，或者隐瞒本应透露的信息。这种行为在政府系统里往往受到'理解'，甚至被看成是'负责任'的表现。而实际上，这些就是在挖政府整体公信力的墙角，甚至可以说，这些部门和人员参与了从郭美美事件、动车危机，直到什邡和蓟县风波（社评发表前的几个公众舆论事件）的缓慢制造。"

我相信，随着信息时代的真正来临，屏蔽负面新闻的诸般努力已经是强弩之末。**正确的途径应该是，将应对突发事态或危机常态化、正常化，建立一套行之有效的专业危机管理机制，信息的公开理应成为职能部门应对事态、管理危机的起码选项，以坦诚、透明、开放、积极、负责任的专业态度和操作来管理和控制事态或危机。**

乔治敦大学篮球队主教练的一份小小声明，有如一颗水珠折射出了危机管理和舆情应对的"太阳光辉"。这能够帮助解释为什么本书要对重大新闻事件中当事方（组织或个人）对公众的声明、表态进行搜集、整理和分析。因为我经常觉得即使是寥寥几行的声明文字，其内里却往往大有文章。声明文字的精彩和微妙，往往在文字之外，人们只能沉潜到字里行间去找寻和体味。声明文字往往是事态或危机管理的利器之一，因为它们往往浓缩或至少反映了事态或危机管理的精华，也往往凝聚或至少折射了事态或危机管理的智慧。有鉴于此，我对它们进行一些搜集、整理和分析工作，萃而取之集诸成册。每一个“范例”（正面的或反面的）都不啻是事态或危机管理的一扇窗口，通过它们，我们可以领略事态或危机管理中所作声明文字的“字外乾坤”、“字外功夫”，让我们深昧其中蕴含的事态或危机管理的精华和智慧。

纸上卷风云，笔下扫千钧。文字的力量（有时甚至可以说是“神力”）是谁也不遑漠视的。连西方也有谚语云：“笔力尤胜刀剑。”在话语权已经从庙堂之高轰然旁落，信息总是被第一时间沛然共享的当今舆论形态之下，这种文字的力量，究竟是被强化了还是被剥蚀了呢？我认为，**在网络时代、信息社会中，信息的庞杂往往更加凸显“核心信息”（或谓“有效信息”）的重要性。**

举个例子。当一个组织成为“千夫所指”的攻击目标的时候，虽然周遭的世界扰扰嚷嚷，但是来自这个当事组织的声音，往往更是众人屏息聆听的焦点，所以它更有可能成为芜杂喧嚣中的空谷足音，更易受到外界的传播、放大、评论或指摘。因此，来自这个当事组织的声音，也更有可能成为制造事态或危机管理新节点的源头，所谓“节外生枝”是也。对此，我们不可不慎。

行文至此，读者可能会有疑问：在事态或危机管理中，好的声明一般反映了哪些事态或危机管理的基本原则呢？事态或危机管理有很多原则，我只想通过举例说明以下最重要的两点：

1. 事态或危机管理中，态度决定一切，其中最要紧的是管理好公众看法。这关乎当事组织或个人是否能赢得公众信任。尤其在危机爆发初期，展现真

诚、积极、负责任的态度最为重要，因为它关系到公众对于事件及当事人的看法——这种“看法”有时并不客观（即不一定关乎“是非对错”），它往往掺杂了大量的主观因素（即更多地取决于当事组织或个人的态度是否正确、积极）。展现好的态度，很大程度上有助于管理好公众的看法。

2012年6月，央视知名主持人崔永元在微博上称，“崔永元公益基金”将于当年8月在湖南开展乡村教师培训项目，湖南省教育厅回复称对该项目“不反对、不支持、不参与”。崔永元在微博中也用“三不”来评价：“不努力，不作为，不要脸！”

崔永元的此次微博“发飙”，所使用的“不要脸”这一个性化用词值得商榷。更加值得一议的是湖南省教育厅当事人员的态度。即使在“小崔说事”之后，他们的回应是另一个“不”——“不理解”。他们的立场是，作为政府部门，不宜代替民间机构直接参与组织公益活动，这是他们“不参与”的原因。崔永元则再次通过微博回应：“我依然坚持对湖南省教育厅的‘三不’评价。”我相信，官方守住权力边界，不直接参与“小崔”的公益活动，这在现行体制下似乎是无可厚非的。民间机构的公益热忱需要政府部门的肯定和呵护。“小崔”的项目在执行过程中纵有瑕疵，但是其出发点是积极的，可能产生的社会效果是正面的，作为地方教育主管当局没有理由表现得如此“超然”。

实际上，我认为他们的回应从一开始就可以是：“我们不便直接参与具体组织工作。但是我们可以建议合适的合作机构、提供必要的相关咨询，以此表示我们对项目的支持。我们衷心希望项目取得应有的成效。”即便是事情闹得沸沸扬扬，教育厅方面在采取必要的应对措施（如上述的“建议合适的合作机构、提供必要的相关咨询”等）之后，甚至可以大度地表示：“我们感谢民间力量对于教育事业的支持，并将以此次事件作为契机，进一步探索、总结政府部门与民间力量共襄教育善举的有效模式和途径。”两相比较，大家不难看出，在任何可能会接受外界“检阅”的发言中，最为重要的就是：态度、态度、态度！我认为，公关（包括危机管理，即“危机公关”）其实并不如大家想象的那么复杂、深奥。出了状况之后，当事组织或个人重视问题或情况，以负责的态度、及时的作风进行积极应对，展示改正错误的诚意，交代改正错误的举措。即使面对误解，也要与相关利益方展开主动、及时、真诚、有效的沟通，并对反映情况者（即使是对那些存在善意误解的“告密者”）表示由衷的感谢。有了这样的基本态度，再棘手的问题、再深重的危机也就有了迎刃而解的强大基础。

也许有人会问，上述例子称不上危机管理的案例，而且教育厅人员连“对外发言”应该也算不上，只不过是与“崔永元公益基金”工作人员在业务往来中的“个人表态”而已。这样的疑问引出了一个很好的话题：**任何职务行为的发言绝不可能仅是“个人表态”。随着传播技术和舆论环境的不断发展和演化，随着社会的不断开放和进步，随着信息的公开和透明成为大势所趋，任何组织或个人在社会交往和公共关系中的几乎所有言论，都有可能成为“隐性发言”，甚至成为引爆舆论关注的导火索。**

虽说信息公开的阻力犹存，比如权力本身的神秘化、模糊性诉求，使信息的系统化、制度化公开和透明不断面临各种顽固抵抗。但是，得益于传播技术和平台的不断发展，来自于民间的“非典型”、“碎片化”舆论监督力度和整体的信息公开诉求正在不断强化和提升。简单举个例子，任何一个政府“窗口单位”的工作人员，他的一言一行都有可能被置于舆论的显微镜之下——尤其是他们“出格”的“雷语”或“雷行”，理论上都有可能因为被偷拍、偷录，或仅仅通过文字描述而迅速出现在微博、网络论坛或其他网络沟通平台之上，供人们品头论足，甚至触发大规模的“病毒传播”，直至引发网民进行“人肉搜索”及采取其他负面行动。这似乎是网络时代舆论的一个新现象，也是“民声”的另一种形式的“言之不足，歌之；歌之不足，舞之蹈之”。

崔永元的“三不门”后话：几天后，崔永元发微博称：“与湖南教育厅的不愉快今天烟消云散，双方意识到顺利完成湖南110名乡村教师‘爱飞翔行动’远比争执更有意义。携手共益，共同进步。不骄傲，不气馁，不懈怠。”

此外，个人在微博上发一则短短的博文，也有可能酿成舆论危机（即个人的公关危机）。2012年8月某天，厦门大学出现了一位“吐槽姐”。这位出身农村、在校还享受过助学金的博士生，在个人微博上发出这样的内容：“政和（该女博士下基层调研的地名）考察收获：1.毕业后不下基层！2.毕业后坚决不下基层！！3.毕业后死都不下基层！！！减肥，回去找个好男人。”她还抱怨：“吃得不好，什么乱七八糟的。”博文一经发出，围观者众，“口水”也随之汹涌而来：“死都不下基层，难道你是国宝？！”“除了诚实，你缺的太多！”“好男人要不要你是一回事，好单位不会要你则是肯定的！”

2012年12月，某省外事办携手当地残联，发动驻当地领事馆通过义卖为残疾儿童募捐，其中竟然“募集”了几千元连号假币。事件通过媒体记者曝光后，网友普遍指责利用假币购买义卖品的不法之徒“丢了中国人的脸”，不曾想竟有某“前高官”、“现博导”通过个人认证微博账号发帖说：“外国领事馆干这种事，其用心就是想丢中国人的脸！”“我认为真不要脸的是搞义卖的人！”（此翁指的应该是那些参与义卖的领事馆）……他的帖子招致了绝大多数网友的笔伐，包括一些出离愤怒者的痛责。

这两个例子以及其他“微博舆情”所引发的教训就是：**这是一个畅所欲言、个性表达得到最大包容的时代。同时，这又是一个特别需要谨言慎行的时代，我们的言谈举止需要符合社会规条、道德规范、传播规律。每个公民更应在发表言论时贯彻职业操守和体现个人品德，同时保持高度的责任感，为了自己、他人，也为了社会、国家。从这个意义上讲，传播力就是约束力，而约束力也是生产力。请让我们记住《礼记·缁衣》中的一句古训：“言必虑其所终，行必稽其所敝。”说话一定要考虑其影响，做事一定要思虑其后果。**

说到这里，我也想提醒某些个性彰显的公众人物，为了建设好有利的公共关系、营建长期有利于自己的舆论环境，也为了不辜负人们长年的支持和爱戴，在可能的情况下，请注意收敛自己的“个性”、收起说话的“棱角”，三思而后言、三思而后行。

网坛明星李娜，据说素来个性直爽，惯于快言快语，多次在公开场合“语不惊人死不休”。据媒体报道，她曾对外宣称“我不为国家打球，只为自己打球”（据说原话只是“我为自己而打球”，“不为国家打球”的说法只是记者的“合理推断”）。在某次赛场落败之后，她撂下狠话：“只是输了一场球，又没死人！”当李娜的名字出现在国际网联公布的伦敦奥运会女双参赛名单之中后，李娜表示自己其实是“被双打”，这让她感到很不舒服：“希望有关部门尊重一下运动员，毕竟这是我最后一次参加奥运会，我希望很圆满地结束，不希望一些乱七八糟的事情影响我。让我打双打的目的是什么？打酱油吗？如果只是玩，还不如换年轻人。”虽然李娜多次表示，“有些事情不用解释。理解你的人，会永远理解你；不信任你的人，会永远不信任你。”但是，**公众看法是自己对外传递的信息逐步积淀形成的，如果她能够管理好自己对外传递的信息，从而帮助管理好公众对自己的看法，何乐不为？**

某位著名导演素来口无遮拦，一次出席新片发布会，刚一落座竟然指着某记者的面狠狠地说：“我××真想抽你！”——匪气和戾气暴露无遗，对公共关系的漠视莫此为甚。在2012年伦敦奥运会期间，谷歌中国前总裁李开复因对美国游泳队教练约翰·列侬（John Leonard）质疑叶诗文服用兴奋剂，一怒之下在个人微博上公布了美国教练的私人电话和地址，客观上引发了一些国人对约翰的“骚扰”。最后，由于其考虑欠周的行为引起了一些非议，“愤青”李开复不得不道歉：“我就我的不恰当行为，以及它可能对约翰造成的任何不便表示道歉。”

当然，频爆“雷语”和“雷行”的不仅仅是国人，某些人说话没有分寸、没有界限的问题，“寰球同此凉热”。2012年8月，欲参选美国联邦参议员的密苏里州共和党籍联邦众议员托德·阿金（Todd Akin），出于反对妇女遭受强奸后的堕胎行为，竟在接受电视台采访时口不择言地提出了所谓“正当强奸”的奇谈怪论：“我从医生那里了解到，强奸造成怀孕是很罕见的。在一宗正当强奸里，女性体内有着避免怀孕的本能。不过假如那种本能不起作用或出了问题（而导致女性怀孕），我想那是应该有一些惩罚措施，但是应该受到惩罚的是强奸者，而不是打掉孩子。”怪论一出，全美哗然，共和党领袖都众口谴责他的讲话，并威胁如果他不主动退出竞选的话，将切断对他的竞选经费支持。由于美国“选战”已经进入白热化阶段，同为共和党籍的美国总统候选人罗姆尼也受到了事件的波及。罗姆尼在电视访谈中主动谈及此事，他说：“阿金的强奸言论是具有侮辱性质、不可饶恕的，坦白地说，是错误的。”美国总统奥巴马也称阿金的言论是“冒犯人的”，“强奸就是强奸。将强奸进行分类的说法不被美国人民所理解，当然我也不理解”。狼狈不堪的阿金最后被迫向公众道歉：“重看我的即兴讲话，显然我在接受采访时失言了，它并不反映我对每年成千上万遭到强奸或虐待的妇女的深切同情。”阿金能够通过一份道歉声明彻底改变公众对他的看法吗？答案当然是否定的。

再举一个例子进一步说明管理好公众看法的重要性。2004年11月16日，《河南商报》的一篇《消费者当心：巨能钙有毒》，把当时家喻户晓的巨能钙的生产厂家——北京巨能新技术产业有限公司推到了风口浪尖。全国媒体跟风纷纷报道巨能钙“含有双氧水”、“可能致癌”的消息，一时间舆论哗然。

风波发生3天后的2004年11月19日，巨能公司在《人民日报》和《经济日报》等媒体发表如下律师声明：

本所律师×××（此处略去律师名字）受北京巨能新技术产业有限公司委托，就巨能钙中含有微量双氧水一事发表以下声明：

1．巨能钙是经国务院卫生行政部门批准进行生产和销售的。巨能钙严格按照中华人民共和国《食品安全性毒理学评价程序》的规定，进行了严格的毒理试验，证明是安全的、无毒副作用的。联合国粮食及农业组织、世界卫生组织联合组织的食物添加剂专家委员会曾对双氧水的安全问题进行评估，委员会认为，人体内肠道细胞的过氧化氢酶可以很快把双氧水分解，因此摄入少量双氧水不会有中毒危险。

2．《河南商报》以巨能钙含有双氧水为由，于2004年11月16日刊登的题为《消费者当心：巨能钙有毒》的文章有意混淆视听，内容严重失实，属不实报道。

3．北京巨能新技术产业有限公司保留通过法律途径追究《河南商报》法律责任的权利。

上面的声明很有代表性。首先，它是律师声明，一开始就透出了“肃杀之气”。第一段，巨能公司辩称产品“安全、无毒”，即使在间接承认其产品含有双氧水残留物的情况下，他们仍声称“摄入少量双氧水不会有中毒危险”。第二段，指斥当事媒体报道失实、混淆视听。第三段，表示可能与当事媒体对簿公堂。据媒体报道，为了力证巨能钙的“安全、无毒”，巨能公司董事长曾当着记者的面大吃巨能钙；为了表达把当事媒体“告倒”的胜券在握，该董事长对着媒体振振有词：“我们现在掌握科学、掌握真理，你问我胜算多少，我可以说100%！”

这则声明反映出了巨能公司处理危机的问题，即至少在危机管理的初期，他们的态度是不到位的。而且他们太过强调自己的看法，而不去管理好公众的看法。人们会问：你说当事媒体的报道失实，那请你拿出证据以正视听；你说产品是“安全、无毒”的，也请你拿出证据以正清白。否则随你怎么告，人家都奉陪，你吃再多巨能钙，也都是白搭。

西方的司法传统是“无罪推论”，而中国传统上“有罪推论”的司法思想，可能在一定程度上塑造了这个社会相似的舆论特点，即只要一个组织或个人出了事，大家都会不问青红皂白地认定其“有罪”。因此，危机公关中管理好公众看法，在中国尤为重要。我认为，巨能公司应该在事件发生24小时之内对外表示：“对于相关报道所造成的困惑和不便表示歉意，并将产品马上送检，请消费者静候检验结果。在此期间，如消费者存有疑虑，建议暂停使用相关产品。”地震救援上有所谓的“黄金72小时”（当然最理想的是刚开始的24小时），危机管理亦然，而且随着传播生态的变化，危机管理者更应牢牢把握危机爆发之初的“黄金24小时”。可惜的是，巨能公司错过了危机管理的黄金时间。

可能是经过了广泛的意见征询，在危机发生后的第10天（即2004年11月26日）下午，巨能公司终于采取了比较合适的公关姿态。它通过媒体发出了一封致消费者的公开信，对此次风波给消费者造成的影响和不便表示诚挚歉意。它在信中称，将全力配合国家主管部门的有关调查工作，耐心等待最终报告。同时，巨能公司“恳请消费者对巨能钙产品继续给予支持，耐心等待政府权威部门评价结论”，并承诺：“无论结论如何，您均可以选择退货或继续使用，公司对您所采取的行为均予尊重。这一期间如果您依然存有疑虑，建议您可考虑暂时停用。”此外，巨能公司还称，针对部分消费者提出的疑虑，公司开通了28部24小时咨询热线电话。我只想感叹一声：**早知如此，何必当初！态度决定一切，从一开始“真诚的沟通、负责的行动”就应该一步到位，以有效阻断媒体和攻击者的进一步发力。**

2.事态或危机管理中，抑制好斗本能是关键，保护公众就是保护自己。这关乎当事组织或个人是否能采取正确行动。好斗可能也是人的本能之一，这种强悍的本能有时候可能会成为危机管理的障碍。人们可能会因为自我利益而一叶障目，从而看不见公众利益的“泰山”。只有立足于“保护公众”的策略，才能帮助一个组织或个人通过正确行动管理好危机。

在上述例子中，巨能公司需要从一开始就克服“好斗”和“自我保护”的本能，不要急于和媒体或任何“始作俑者”对抗。“起诉对方”是常见的叫嚣，我对此并不全然反对，只是觉得应该善于区分“有效震慑”和“无效恫吓”。美国政府放言对某个国家“动武”，李泽楷声称起诉某家媒体，常常能够起到有效的震慑作用，因为他们往往说到做到，而且他们一生气，后果真的很严重。相反，某个国家威胁要将另外某国“夷为平地”，巨能钙叫嚷要把某家媒体告上法庭，则可能只是无力又无效的恫吓。既然如此，为什么非要把“黄金时间”用在逞一时口舌之快上？如果确实觉得告赢的胜算达到

"100%"，难道不可以沉着冷静、专业有效地应对危机，事后再集中火力从法律上撂倒对方？况且，通常危机中的"苦主"，都患有"投鼠忌器综合征"，除非真的掌握了确凿证据（而不是所谓的"真理"），否则"苦主"不免担心一旦告了对方，反而闹得满城风雨，给危机节外生枝、火上加油。所以，"告"是沉甸甸的一步，轻易迈不动，也迈不得。

因此，动不动就恫吓要去"告"对方，事后往往被证明是懦弱者、心虚者、无能者所为。即使后来卫生部发布通报称，按照巨能钙的推荐食用量，产品中的双氧水残留量在安全范围内；从北京市药监局和天津市卫生局的监督检查情况看，也没有发现巨能钙生产企业存在违法行为。虽然有了卫生部及其他监管部门的权威结论作为"护身符"，巨能公司似乎可以一舒积忿、快意恩仇了，但大家并没有听到巨能公司后来真的起诉《河南商报》的消息。由于危机处理欠缺妥当，事后也未能进行足够有效、足够有力的品牌"消毒"、声誉修复行动。再加上此次事件涉及的是巨能钙的系统性产品安全问题——巨能钙自己承认、卫生部确认巨能钙产品含有双氧水残留物——即使是卫生部的安全通报也并不足以改观公众对巨能钙的"有毒"看法了。

当然，巨能钙的另一个主要败因，还在于它从一开始就勃发的自我保护欲望。它的着眼点，如果从一开始就能够放到保护公众利益上，在"恳请消费者耐心等待政府权威部门的评价结论"的同时，建议存有疑虑的消费者暂时停用巨能钙产品，甚至从一开始就主动回收产品，那么这种态度上对公众利益的敏感、行为上对公众利益的保护，最终将被证明是最好的"自我保护"。**因为经验表明，最成功的事态或危机管理中，"自我保护"是与"公众保护"一致的，"自我利益"是与"公众利益"统一的。如果"自我利益"和"公众利益"（特别是长期利益）顾此而失彼、二者不可兼得，那么其间一定是有什么环节出了问题。**在巨能钙"双氧水危机"的前10天里，自我利益驱动下的自我保护占了上风，可最终只落得个事与愿违。多种因素的合力席卷而来，终于使得这个曾经风光一时的品牌"呼喇喇似大厦倾，昏惨惨似灯将尽"。

另一家因为急于保护自己而漠视甚至践踏公众利益的商业性组织，是销售额一度超过100亿元、曾经跻身中国奶业三强的三鹿集团。从2007年12月开始，三鹿集团就陆续收到投诉称有些婴幼儿在食用其系列奶粉后出现尿液不正常症状，而且相关投诉越来越多。之后，三鹿在通过产品检测和技术攻关“寻找问题根源”的同时，为了“捂盖子”，他们采取了投放广告等“媒体公关”和物质安抚等“消费者公关”手段试图掩人耳目。贪婪蒙昧的三鹿高管团队在会议上曾屡屡要求相关人员对事件保密，他们非但不公开回收产品，反而对三聚氰胺含量较低的库存产品予以放行，以非公开的形式用三聚氰胺含量较高的产品调换三聚氰胺含量更高的产品。一直到事情败露之后的2008年9月11日，三鹿才首次发布产品召回声明，声称对通过“自检”发现受到三聚氰胺污染的2008年8月6日以前出厂的“部分批次”的三鹿牌婴幼儿奶粉予以召回。2008年9月15日，作为国企的三鹿集团首次在河北省政府召开的新闻发布会上宣读了致社会各界人士和广大消费者的一封公开信，向因食用三鹿婴幼儿配方奶粉致病的患儿及家属道歉。信件全文如下：

“三鹿牌婴幼儿配方奶粉”重大安全事故，给众多患儿及家属造成严重伤害，我们非常痛心！三鹿集团向你们表示最诚挚的道歉！

9月15日上午9时，我公司从河北省公安厅的新闻发布会上获悉，涉嫌向我公司原奶中添加三聚氰胺的案件已经取得重大进展，19名嫌疑人已经被刑事拘留，其中两人被依法逮捕。我公司真诚感谢公安部门夜以继日、不辞辛苦地快速侦破案件。

我公司郑重声明，对于8月6日以前生产的产品，我们全部收回，对8月6日以后生产的产品，如果消费者有异议、不放心，我们也将收回。同时，我们将不惜代价积极做好患病婴幼儿的救治工作。最后，再次向广大消费者和患病婴幼儿及家属真诚道歉！

好像只有大悲大痛才见大彻大悟。只有等到捂不了盖子、捅出了大娄子，这些人才会有像样的动作。2008年9月15日三鹿所发布的态度和举措，如果是在2007年12月或2008年初事态仍处萌芽状态时作出，无疑将能够在危机中极大地保护公众利益，帮助避免或减轻婴幼儿的病情。可惜的是，历史没有“如果”。三鹿最终成为震惊全球、影响深重的一次食品安全事件的主角。这家曾经的百亿级奶业巨擘崩塌瓦解，4名原高管因生产、销售伪劣产品罪锒铛入狱。教训不可谓不深刻！**当然，危机管理的当事人可能大多有过一些难与人言的困窘，有时甚至会无法自拔地陷入一种与各种阻力“作困兽斗”的境地。但是，如果一个人、一个组织没有守法的底线，或不去坚守底线，它迟早会坠入万劫不复的深渊。**

面对危机，在保护公众利益方面做得非常出色的就是已经俨然成为危机管理经典案例的“强生泰诺事件”。1982年9月，美国芝加哥有人因服用强生公司生产的含氰化物“泰诺”胶囊死亡。起初仅有3人中毒身亡，随着噩耗的扩散，一度据称全美各地共有250人因服用该药而得病或死亡。一时间，一场“灭顶之灾”笼罩强生公司。很快，强生公司作出了五项决策：抽调大批人力立即检验所有药片；立即回收价值近1亿美元的全部“泰诺”胶囊；以真诚和开放的态度与新闻媒介进行毫不隐瞒的沟通；积极配合美国医药管理当局的调查，在5天时间内对全国回收的胶囊进行抽检，并立即向公众公布检查结果；设计革命性的防污染全新包装，配合“泰诺”重返市场重磅推出。

强生公司这一系列有条不紊的危机公关，赢得了公众和舆论的支持与理解。在一年的时间里，“泰诺”就重整山河，市场份额不逊当年。在应对此次重大危机的过程中，强生公司很好地贯彻了它的首要的企业信条：“我们相信，我们首先要对医生、护士及患者、为人父母者以及所有使用我们产品和服务的人们负责。”换言之，就是公众利益第一、公众保护第一。总结来说，前面讲的第一点是应对危机，当事组织或个人的负责任、敢担当的态度必须鲜明、到位；第二点则是顾及公众、保护公众的行动必须切实、有效。另外，我想强调，从危机后期开始，必须对受到影响的品牌进行修复，并且以危机作为契机，全面总结检讨并优化、提升组织的操作、制度和文化体系，真正体现“转危为机”。

1982年强生公司的“泰诺事件”已然成为绝唱。后来强生公司在应对危机时并非每次都能做得如此出色，甚至个别案例还颇受非议。这一现象再次说明，即使是有着深厚价值积淀和优秀文化传统的百年企业，坚守信条、践行原则永远都是后来者时时面临的考验。随着职业经理人的短期利益考量不断占据上风，对长线利益、公众利益的考量常常在较量中败下阵来。

这里**我必须再次强调的是，“声明”的一个大前提，是它必须坚守基本的社会原则和道德、法律底线，要能够做到“头顶灿烂星空，心有道德律令”，这是毋庸赘言的。**同时，不管表达上有多少的技巧，它的基本要求和一般的沟通原则是一致的。在这方面，我想分享苏格拉底的“三层过滤说”。“你在告诉我事情之前，我要测试你一下。它叫做‘三层过滤测试’。第一层过滤是‘真实’，即：你是不是确信你要告诉我的事情是真实的？第二层过滤是‘好事’，即：你要告诉我的是好事吗？第三层过滤是‘有用’，即：你要告诉我的对我有没有用处？如果你要告诉我的事情既不真实也不是好事，甚至也没有什么用处，你根本就不应该告诉我！”虽说苏格拉底的“三层过滤”针对的是生活中的人际沟通，但是对于公共关系意义上的大众沟通，其理一也。只是，第二层的“好事”，在对外发言的时候可以理解为“正面”或“正能量”（即使在负面事件或负面情境下也要传递正能量）；第三层的“有用”可以理解为是否“于事有补”、有助于事态或危机的平息或解决、是否有助于外界关切或疑虑的缓解或消除…….

“声明”的要则概括归纳如下：

◎一个基本前提：坚守基本的社会原则和道德、法律底线。

◎两大危机原则：一是事态或危机管理中，态度决定一切，其中最要紧的是要管理好公众看法。这关乎当事组织或个人是否能赢得公众信任。二是事态或危机管理中，抑制好斗本能是关键，保护公众就是保护自己。这关乎当事组织或个人是否能采取正确行动。

◎三层过滤测试：第一层过滤是“真实”，即：你是否确信你要说的事情是真实的？第二层过滤是“好事”，即：你要说的是不是好事（或坏事中能够传递正能量的信息）？第三层过滤是“有用”，即：你要说的对别人有没有用处？

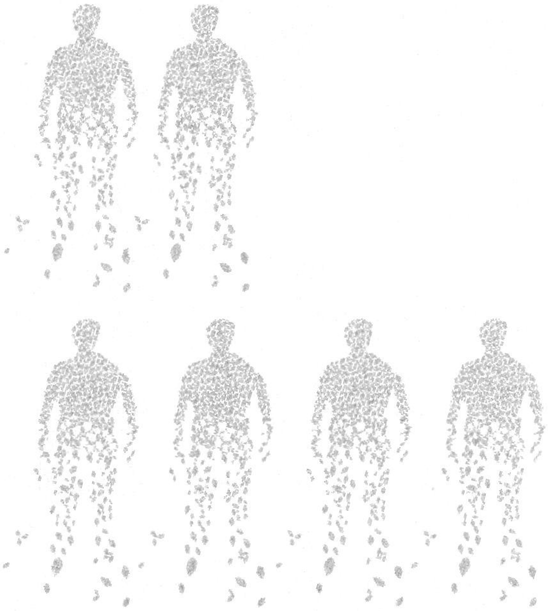

脸谱（一）
——表态的“平实”风格

“脸谱”公司（Facebook）首席执行官马克·扎克伯格在公司股票上市首日对员工和投资人分别作了哪些平实的讲话？通过中美在南海撞机事件中的跨洋喊话博弈，为什么说有时再平实、直白的特定字眼，都有可能成为事件双方剧烈争执的焦点或兵戎相见的导火索？

如今网络世界在不断催生各种“体”，其中包括“甄嬛体”。造就“甄嬛体”者，乃某段时间热播的电视剧《甄嬛传》里面的人物拿腔拿调、古色古香的说话方式。

我也附庸了一回风雅，曾经发过这样的一条“甄嬛体”微博：“眼看着股指盘桓辗转，上下两难，本宫觉着这样的股市炒之无趣，不炒又无聊。上峰力挺蓝筹，可我等散儿相机而炒，临危而逃。这次第，恁似贩夫走卒。万般凄凉，怎生是好！——说人话！——这个周末再不出利好，这股票没法玩儿了！”“甄嬛体”的一个极具喜感之处，正是那声“说人话”的断喝以及华丽转身之后的那句“人话”。

无论如何，要强调的都是说话的平实易懂。当然，光有平实易懂是不够的，大多数的村野之言虽然也平实易懂，但不免流于平淡和贫瘠。组织或个人的对外发言，除了“平实”（Ease）之外，还应体现“热情”（Enthusiasm）和“积极”（Energy）的风格，即我所谓的说话“3E”风格。

◎**平实、展现真魅力**（Speaking with Ease）：直白易懂、公开透明。

◎**热情、闪耀亮光芒**（Speaking with Enthusiasm）：亮点突出、生动形象。

◎**积极、释放正能量**（Speaking with Positive Energy）：感染力强、号召力强。

先来说说“平实”。2012年7月，国防部发言人评论某些国家军演时说：

“我们不认为这是多大的事儿，不值得大惊小怪。”这就是平实、朴素的发言——用轻描淡写的口头语言来评论国际大事儿。

“平实”本应是说话的题中应有之义，但是它的“天敌”也不少：说话人不了解受众、说话不因人而异、卖弄文采和学识、过度炫弄说话技巧、把短话说长、把浅话说深……这些都有可能导致该平实的平实不了、该接上“地气”的接不了“地气”。

一个人、一个组织的行事风格也会影响其说话风格。美国硅谷那些穿着牛仔裤、T恤衫的小伙子企业高管，通常讲起话来都比较直接、浅白、平易、踏实。我认为，其中的原因，首先是因为他们特别注重沟通效果，而简单和直白的表达通常更易于被更广泛的受众所接受、理解和欣赏，能够达到应有的沟通效果；其次，也是很重要的一点，他们本来就是这个时代的精英，通常都我行我素，甚至有点桀骜不驯，他们不需要甚至不屑于通过做个谈吐方面的“文艺青年”或是夸夸其谈、口若悬河来证明什么、卖弄什么。

2012年5月18日，美国著名社交网络公司“脸谱”在纳斯达克上市。衣着和为人同样低调、随性的硅谷新贵——“脸谱”首席执行官马克·扎克伯格在敲响上市钟声前对旗下3500名员工发表了简要讲话：

我就说几句，然后我们就敲响（上市）钟声，接着大家该干啥干啥。此刻，上市好像成了我们的头等大事。它的确是我们发展历史上的一个重要里程碑，但要记住：我们的使命不是成为一家上市公司，我们的使命是让世界更加开放和互联。

过去八年，我们一起建立了一个人类历史上最大的社区。我们创造了我们做梦也想不到的奇迹，我迫不及待地想看看未来我们能够做些什么。

所以，在这个特别的日子里，我代表“脸谱”的每个人，想向每一个“脸谱”产品的用户说一声“谢谢”。就说到这里吧。这是一个非凡的时刻。但请记住，专心工作 ，继续出彩！

I just want to say a few things, and then we'll ring this bell and then we'll get back to work. Right now this all seems like a big deal. Going public is an important milestone in our history. But here's the thing: our mission isn't to be a public company. Our mission is to make the world more open and connected.

In the past eight years, all of you out there have built the largest community in the history of the world. You've done amazing things that we never would have dreamed of and I can't wait to see what you're all going to do going forward.

So on this special day, on behalf of everyone at Facebook, I just want to say to all the people out there who use Facebook and our products, thank you. So let's do this! This is an awesome moment. But remember, stay focused and keep shipping.

这是一篇个性昭然的讲话。它够直白，也富含热情，平实中散发着积极、正面的号召力量。第一段，够直白：上市不是“脸谱”的使命，让世界“沟通无极限”才是它的宗旨； 第二段，有热情：“我们创造了我们做梦也想不到的奇迹”；第三段，够积极：该干啥干啥吧，专心工作，继续出彩。扎克伯格务实、低调的做派，在说话上也体现得淋漓尽致。他在一封致股东函中也表达了同样的意思，只是内容上更有针对性，特别强调了“脸谱”的投资价值并作出了会努力让股份“大大增值”的承诺：

“脸谱”最初不是奔着成为一家公司而创立的。它的建立是为了实现一个社会使命——让世界更加开放和互联。我们认为，让每一个“脸谱”投资者都理解这一使命对于我们的意义，这很重要。

我们并非是一觉醒来就想着赚钱的人，但我们理解，实现使命的最好方式是建立一家强大而有价值的公司。这也是我们对于首次公开上市的想法。

上市是为了我们的员工和投资者。当我们为他们提供股份的时候，我们就向他们承诺：我们会努力使其大大增值并能自由变现。这次上市就兑现了我们的承诺。随着我们成为一家上市公司，我们正向新的投资者作出类似的承诺，而且我们会同样努力去兑现承诺。

虽然“脸谱”已经发展壮大了，但公司和它的创立者将继续专注于把用户满意作为重中之重。

Facebook was not originally created to be a company. It was built to accomplish a social mission – to make the world more open and connected. We think it's important that everyone who invests in Facebook understands what this mission means to us.

We don't wake up in the morning with the primary goal of making money, but we understand that the best way to achieve our mission is to build a strong and valuable company. This is how we think about our IPO as well.

We're going public for our employees and our investors. We made a commitment to them when we gave them equity that we'd work hard to make it worth a lot and make it liquid, and this IPO is fulfilling our commitment. As we become a public company, we're making a similar commitment to our new investors and we will work just as hard to fulfill it.

Although Facebook is now larger than ever, the company and its creator remain focused on keeping users happy above all.

美国硅谷新贵们不管是从行止还是言谈上都是一副“邻家孩子”的做派。他们的这种朴素和平实是组织或个人对外发言所应具有的重要风格，甚至可以说是首要风格。毕竟，对外发言通常是面向所有大众群体的，你不像“邻家孩子”那样说话，你的邻家孩子们首先就不可能是你的受众，更不用指望其他人群了。**业界有人用“KISS”来归纳说话的平实原则，即要“亲近”（KISS）你的受众，你说话必须“做到简单、具体”（Keep It Simple and Specific），做到“以简驭繁”。也有人用“3C”来概括说话的平实要求，即“正确”（Correct）、“清楚”（Clear）和“简洁”（Concise）。我们也可以套用“信、达、雅”的翻译三原则来说明对外发言的“平实”要求：首先要忠于内**

心想法（信），其次是文从字顺（达），然后是（在可能和必要的情况下）有一定文采（雅）。请注意，即使是在“信、达、雅”中，“信”和“达”也是“雅”的前提和基础。

具体操作上，检验你的对外发言是不是足够“平实”，通常有两个定量指标。首先，对于说话内容，是不是几乎100%的受众都能听懂自己的发言？其次，对于说话篇幅，能不能将内容归纳为三句话或三要点、两句话或两要点，甚至一言以蔽之？若是形之于文，我能不能尽量将文字浓缩在一页纸之内？

要做到平实、直白，其实最重要的一点就是要时刻提醒自己一定要讲常识、“说人话”，发言人尤其要“发人言”。既要摒除陈词滥调的八股信息，只说该说的话、有用的话，又要杜绝信息的过度包装，避免把简单的事情复杂化，即避免 “把短话说长、把浅话说深”。此外，还要注意说话内容的连贯性、一致性，防止信息表达中迷失和混乱。以其昏昏，焉能使人昭昭？

文字的“平实”原则，落实到口头上，就是要提倡那种态度真诚、表情自然、语气和缓、真实而不做作、一如行云流水的说话风格。有一些人对外表态时、特别是某些新闻发言人或某些领导人物，即使是在负面情境下（如危机事件中），也要习惯性地把脸孔板起，将语气提高，喜欢拿腔拿调、高腔高调或是咄咄逼人、气势汹汹地说话。对外表态或发言首先是“说话”，不是作报告，也不是喊口号，更不是与人争吵。其实，通常情境下对外表态或发言时用“恭而安”（恭敬有礼而又自然安详）的语气说话即可。即使是在进行严肃、严正表述时，也应该做到“温而厉，威而不猛”（温和中见严厉，威严而不凶猛），即所谓的“不怒而威”、“威而不怒”。不少美国国务院的新闻发言人，说话时在专业态度上能够保持与新闻记者的合适距离，但是语气、神态上则是聊天式的，不会给人距离感。

我们也不妨借用“脸谱”的公司名字来说明一下说话的平实原则。这个世界上有70亿人口就有70亿张脸谱。略施粉黛甚至是素面朝天的脸谱，通常比浓墨重彩的脸谱更加平民化，更具亲和力，也更易被读懂。扎克伯格的“脸谱”，就是这样的脸谱。公关人和发言人的脸谱，也应该是这样。

当然，现实生活中也有“风流不在谈锋胜，袖手无言味最长”的时候。此时，发言人和公关人需要顾左右而言他，或是通过严谨措辞来避免或减少传递过多关键信息的时候，也有可能因为需要坚持某个立场或原则而“死抠”某个字眼或说法。这是现实利益和传播策略的需要，与平实、直白的原则并不相悖——实际上它们与平实直白是一个硬币的两面。

比如，美国联邦储备局前主席格林斯潘在任时的一句话，甚至一个暗示都有可能在金融市场上掀起巨澜，因此他以措辞严谨、慎重而著称。据说他曾在回答议员质询时说：“我知道你相信你理解你所认为的我所说的话，但是我不确信你是否意识到你所听到的并不是我所表达的。”（I know you believe you understand what you think I said, but I am not sure you realize that what you heard is not what I meant.）**这种刻意的曲折和隐晦其实是一种处心积虑的“信息屏蔽”。在特定的场合下对于特定的发言人，这是一种说话技巧上的考验，也是他们需要进行有针对性磨炼的一个领域，即在避免以一句“无可奉告”来粗暴拒绝或简单搪塞的同时，如何既说了话，又令人不得其要领或摸不着头脑，这是需要发言人或公关人在对外发言方面达到一定“境界”才能做到的。**

有些时候，一个再平实、直白的特定字眼，可能都将成为事件双方剧烈争执或陷入胶着的焦点，甚至成为双方兵戎相见、大动干戈的导火索。所谓“外交无小事”、“公关无小事”，在重大事件中，对外发布信息时的任何一个字眼都需要详加斟酌、再三权衡。现实生活中，双方基于不同的利益诉求和立场考虑而各执一词、“死抠”字眼的情况并不少见，尤其是危机或争端发生的时候。2001年4月1日，一架美国海军EP-3侦察机在南中国海“执行侦查任务”，中国海军航空兵派出两架歼-8战斗机进行监视和拦截，其中一架在中国海南岛东南70海里（110公里）的中国专属经济区上空与美机发生碰撞，中国战斗机坠毁，飞行员王伟跳伞后下落不明（后来确认死亡），而美国军机则迫降海南岛陵水机场。中国指责美国侦察机故意撞向歼-8战斗机，并在没有知会和许可的情况下降落中国领土；而美国则称，EP-3是被失控的歼-8战斗机所撞击，并被中国的另一架歼-8带到机场。

2001年4月2日，时任美国总统的布什从白宫向中国领导人喊话：

我们的优先考虑是机组人员的快速、安全返回，以及飞机未经进一步损坏或擅动得以归还。第一步应该是由我们的大使馆人员立即接触机组成员。对于中方未能及时回应我们的接触要求，我感到困惑。

Our priorities are the prompt and safe return of the crew, and the return of the aircraft without further damaging or tampering. The first step should be immediate access by our embassy personnel to our crew members. I am troubled by the lack of a timely Chinese response to our request for this access.

虽然布什没忘轻描淡写地表达对于中方飞行员的关切，并提出愿意协助寻找和救援，但整个讲话的主调是充满霸气的，其傲慢、无礼、漠然的态度必然会引起中方的强烈反应，中方严正要求美方就事件“正式道歉”。

4月3日，布什第二次表态：

现在是我们的士兵回家的时候了，也是中国政府归还飞机的时候了。这一事故可能将影响两国之间富有成果的建设性关系。

Now it is time for our servicemen and women to return home. And it is time for the Chinese government to return our plane. This accident has the potential of undermining our hopes for a fruitful and productive relationship between our two countries.

4月4日，时任美国国务卿鲍威尔再次拒绝道歉，他说：

我们对中方飞机没有安全落地感到遗憾，对中方飞行员的丧生感到遗憾。

但是现在我们需要往前看，我们希望事态得到解决。

We regret that the Chinese plane did not get down safely, and we regret the loss of the life of that Chinese pilot. But now we need to move on, and we need to bring this to a resolution.

美方“拒绝道歉”的立场既出，则成为他们在整个事件中自始至终坚持的“底线”。

4月5日，布什第三次就事件表态，首次表达了他的“遗憾”：

我对中国飞行员的失踪表示遗憾，对他们损失的飞机表示遗憾。我们为该飞行员及其家人祈祷，也为我们的士兵祈祷。他们该回家了。我们给中方的信息是，我们不应该让这一事件影响双方关系的稳定。

I regret that a Chinese pilot is missing, and I regret one of their airplanes is lost. And our prayers go out to the pilot, his family. Our prayers are also with our own servicemen and women. And they need to come home. The message to the Chinese is, we should not let this incident destabilize relations.

4月8日，鲍威尔在电视访谈节目中说：

目前我们没有什么好道歉的。但是有人失去了丈夫，我们对此感到遗憾。不管过错在哪里，我们抱歉她失去了丈夫……我们确实承认我们侵犯了他们的领空，但也要考虑当时飞行员所面临的紧急情况。我们对此表示遗憾。我们已经对事件表达了伤痛之情，也对事件的发生表示抱歉，但那不能被视为一种道歉和担责。

We have nothing to apologize for at this point. But there is a widow out there. And we regret that. We're sorry that her husband was lost no matter what the fault was... We do acknowledge that we violated their airspace, but look at the emergency circumstances that that pilot was facing. And we regret that. We've expressed sorrow for it, and we're sorry that that happened, but it can't be seen as an apology, accepting responsibility.

4月9日，布什总统在一次内阁会议上，在两次被问及他将如何结束中美的“对峙”时，就撞机事件作了第四次表态：

在座的大家都理解外交需要时间，但总有一个临界点。拖的时间越长，就越可能出现一个美中关系受损的临界点。每过一天，美中关系受损的可能性就会加大一些……我们正在进行幕后的努力。我们敞开每一个外交渠道。我们正与中方谈判……现在是时候让我们的军人回家了。这样可以避免双方关系受损。

All of us along this table understand that diplomacy takes time but there is a point, the longer this goes, there is a point at which our relations with China become damaged. Everyday that goes by increases the potential that our relations with China will be damaged...We're working behind the scenes. We've got every diplomatic channel open. We're in discussions with the Chinese...Now it's time for our troops to come home so our relations will not be damaged.

4月11日，时任美国驻华大使普利赫代表美国政府向中国政府递交了一封“致憾信”（A Letter of Regret），用斟酌再三的英文文字表达了遗憾之意、伤痛之情，但仍旧没有道歉。信中对失踪的中方飞行员和中方飞机表达了“诚挚的遗憾”（sincere regret），并表示美国对中方牺牲了飞行员王伟而感到“非常抱歉”(very sorry)。同时，虽然强调美方飞机为了机组人员的安危必须进行紧急着陆，信函中美国对EP-3擅闯中国领空表示“非常抱歉”。信函还表达了对于机组人员尽早获准离开中国的期望。——一个“诚挚的遗憾”（sincere regret），两个“非常抱歉”(very sorry)，但显然并未真心道歉。

4月12日，美方机组人员离开中国。综观整个事件，这是一场中美双方就撞机事件责任归属僵持不下、中方严正要求“道歉”、美方严词拒绝“道歉”的外交遭遇战。经过政治角力，事件最终以美国发表一段上述含糊其辞的“致憾信”、中国“出于人道主义考虑”释放美方机组人员及交还飞机落幕。

由于大家对中方处理类似事件的方式和说辞已有一定了解，出于学习和借鉴美方公关辞令（外交辞令）的目的，我仅在此提供了美方的一些发言内容。大家可以看到，从“遗憾”（regret）到“抱歉”（sorry）再到“道歉”（apologize，对不起），貌似简单的三个词，却成为当事双方难以跨越的鸿沟天堑。值得一提的是，我并不认同国内某些媒体刻意或无意地将美方在此事件中所使用的“sorry”一词翻译成“对不起”。这样的翻译有点一厢情愿的意味——在这里，“sorry”的真正含义依我看应该是比正式道歉程度更轻的“抱歉”，虽有“憾疚”之意，但内涵上更趋于中文口语中的“不好意思”。况且，美方还对“抱歉”也加上了限定：对中方失去飞行员和飞机感到“抱歉”、对美方飞机擅闯中国领空表示“抱歉”，但是对整个事件的发生并无任何“抱歉”之意。而且最重要的是，美方在事件中自始至终表现出了一种盛气凌人的态度，缺乏道歉的真心实意，因此外交辞令上再怎么斟酌和交锋，从公关的角度看其实已经没有多大的意义。在公关上，这种缺乏诚意的处理方式和说话方式一般可视为败笔；但在外交上，美方在政治、经济和军事等方面的强势，使其俨然成为这场角力的胜者。可见，结果虽然重要，但已无关公关。

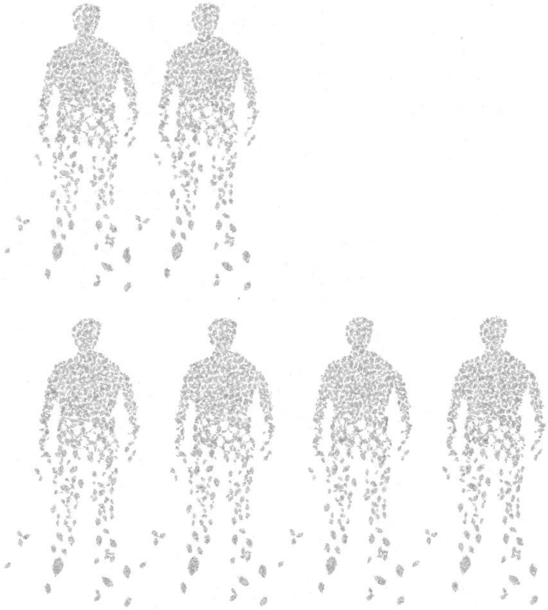

脸谱（二）
——表态的“热情”风格

乔布斯在斯坦福大学毕业典礼上作了一次经典演讲，具体内容是怎样的？乔布斯是如何让演讲生动形象起来、充满“磁力”的呢？为什么说讲故事和举例子是最好的说话方式之一，是让说话精彩纷呈、热情洋溢的最好途径之一？

我们的语言历经千年积淀，语汇丰富，形韵兼美。我们对外表态或发言时，用字遣词理所当然不应该是干瘪乏味的，而应该是鲜活生动的。由于语言文字的“调兵遣将”涉及一个人的文字功底、文化素养、思维能力等 “系统工程”，所以本书不深入探讨。除了语言文字的应用之外，在表达方式方面如何尽量做到说话、表态的热情和生动呢?

讲话时热情迸发、激情四射，这是作为苹果公司CEO的史蒂夫·乔布斯为人所铭记的另一个领导人特质。他知道怎样让受众的大脑皮层兴奋起来，从而记住他讲话的要点。因为他擅长吸引眼球、震撼耳膜，以及动用一切亮点突出、生动形象的表达方式来让自己的关键信息直抵受众的内心。

乔布斯2005年6月12日在斯坦福大学毕业典礼上的讲话是他的经典演讲之一。这是一篇发自肺腑、感人至深的演讲。他是善于突出讲话亮点的高手——通过三个关于成长、际遇和死亡的故事，让人们印象深刻。你会发现，这篇演讲的一字一句都是从乔布斯的内心自然流淌出来的，没有矫饰，无需造作。屏息听完他的动人心弦的演讲，你会感动于乔布斯对生活的激情和热爱。他矢志追求奏出最强音的生命旅程，引人思考、催人奋发。他是如何让演讲生动形象起来、充满“磁力”的呢？首先，他用非常平实的语言，完全放下作为偶像人物的“身段”（也许乔布斯本来就没有这样的“身段”），彻底敞开心扉，把他被收养的经历、孩童时代的困窘生活、而立之年被逐出公司、罹患癌症等私人故事，娓娓道来。其次，他会讲故事、举例子，他讲的都是一个传奇人物生命中一些重要的片段和点滴，而且他很流畅地把它们串联起来。我一直认为，**讲故事和举例子（相对于枯燥、牵强的说理甚至说教）是最好的说话方式，是让说话精彩纷呈、引人入胜的最好途径之一。**乔布斯的这篇演讲全文如下：

今天我有幸在这所世界上最好的大学和你们一起参加毕业典礼。我从未从大学毕过业。说实话，这是迄今我与大学毕业最近距离的一次接触。今天我想跟大家讲我生命中的三个故事。就是这样，没有了不得的，就三个故事。第一个故事是关于串起生命的片段。

我入读雷德大学六个月就辍学了，但其后的十八个月我还作为旁听生混迹校园，直到真正退学。那么我为什么要退学呢？

故事得从我出生之前讲起。我的亲生母亲是一个年轻的未婚大学毕业生。她决定把我送人收养。她十分希望我被读过大学的人家收养，所以一切都已经安排好了，我一出生就交由一名律师和他的妻子收养。但是当我出生后，他们在最后一刻才说实在想要一个女孩。所以当时在候选名单上的我的养父母，半夜接到了一通电话：“我们没想到生的是男婴，你们想要他吗？”他们回答：“当然！”但是我的亲生母亲随后发现，我的养母从未上过大学，我的养父甚至没念过高中，于是她拒绝签署最终收养协议。几个月后，在我养父母承诺日后一定让我上大学之后，她才勉强点头。

十七年后我确实上了大学。但我天真地选择了一所几乎和斯坦福一样昂贵的大学，劳动阶层的父母把所有积蓄都花在了我的大学学费上面。六个月后，我看不到其中的价值。我不知道这辈子想做什么，也不知道上大学是否能帮我找到答案。我只是在那里挥霍我父母一辈子的全部积蓄。所以我决定退学，并相信车到山前必有路。当时我心里很没底，但回头看看，那是我作过的最棒的一个决定。从退学那一刻起，我不必再去上那些令我兴味索然的必修课，开始可以去旁听那些看起来有意思的课程。

当然事情并不都是那么美好。我没有宿舍，所以我只能在朋友的房间睡地板；我喝完可乐会退还瓶子，取回5美分押金去买吃的；每个礼拜日晚上，我会走上7英里、穿过城市到Hare Krishna寺庙去吃上一周唯一一顿饱餐。但是我喜欢那样。我跟着我的好奇和直觉走，大部分的经历后来成为无价之宝。让我给你们举个例子。

雷德大学当时设有也许是全美最好的美术字课程。校园里每一张海报、每个抽屉的每张贴纸，上面全都手写着漂亮的美术字。因为我退学了，不需要上常规课程，我就决定上一门美术字课程，学写漂亮的美术字。我学到了serif和san serif字体，学会了不同字母组合之间要用不同字距，懂得了好看的字体为什么好看。那是一种科学捕捉不到的优雅气息、悠久品味以及艺术精妙，我发现它妙不可言。

当时这些东西看起来在我的生命中通通都不会有什么实际用途。但十年后当我们设计第一台Macintosh电脑的时候，它们就派上用场了。我们把当时我学来的都用到了Mac电脑的设计上。那是第一台能够显示漂亮字体的电脑。如果我当时没有旁听那门大学课程，Mac电脑就不会有那么丰富的字体，以及字体中收放自如的字母间距。而由于视窗系统只是抄袭自Mac系统，所以可能没有任何一台个人电脑会有这些字体。如果我从未退学，我就根本不可能去旁听那门美术字课程，个人电脑就不可能像现在这样有琳琅满目的字体。当然我在大学时，还不可能先知先觉地串起这些生命的片段，但十年后回首，生命的脉络呈现得非常清晰。

重复一遍：你不可能先知先觉地串起生命的片段，你只能在回首的时候理清事情的因果联系。所以你应该相信这些生命的片段未来会以某种形式串在一起。你应该相信一些东西：你的勇气、际遇、生命、因缘……一切的一切。这种看待事情的方法一直很管用，它让我的生命充满精彩。

我的第二个故事是关于热爱和失去。

我是幸运的，因为我很早就知道我爱干什么。那年我二十岁，沃兹和我就在我父母的车库里创立了苹果公司。我们努力奋斗，十年后苹果已经从车库里的两个人发展成为拥有超过四千名员工、销售额以十亿美元计的公司。在我刚届而立之年的前一年，我们刚刚发布了最棒的产品——Macintosh电脑。然后我就被炒掉了。你怎么会被自己创立的公司炒掉呢？是的，苹果在成长，我们招了一个我认为非常有才能跟我一起管理公司的人，大概最初的一个年头里，大家处得不错。但是后来我们对未来的看法出现了分歧，并最终导致了我们的不和。双方关系紧张之时，董事会站到了他的那一边。所以三十岁的我被公司逐出了，而且闹得沸沸扬扬。我成年以后的整个生活重心一下就没了，那是毁灭性的打击。

最初的几个月，我真是不知道该做些什么。我觉得我让创业的前辈们失望了——接力棒传到我手里，我把它掉地上了。我和戴维·帕卡德（David Packard）、鲍勃·诺伊斯（Bob Noyce）见面（两人分别是惠普公司创始人之一和英特尔公司创始人之一，美国硅谷的创业元老，乔布斯的创业偶像），并试图向他们道歉，因为我把事情彻底搞砸了。众所周知我失败了，我甚至动了逃离硅谷的念头。但慢慢地，一缕曙光投射进了我的心灵，我发现我仍然热爱我所做的事情。苹果发生的一系列变故丝毫改变不了什么。我是被拒绝了，但我的热爱依旧。所以我决定从头再来。

我当时没有意识到，但是**到了最后，被苹果炒掉却是我这辈子发生的最棒的事情。因为，成功的沉重让位给了从头再来的轻盈，一切都不再那么确定。这让我轻装步入了我生命中最有创造力的一个阶段。**

在随后的五年里，我创立了一家叫做NeXT的公司以及另一家叫做皮克斯（Pixar）的公司，并爱上了一个后来成为我妻子的出色女人。其后皮克斯制作了世界上第一部用电脑动画制作的电影——《玩具总动员》，现在皮克斯已经成为世界上最成功的动画工厂。斗转星移，风云变幻，后来苹果收购了NeXT，我又回归苹果。我们在NeXT开发的技术成为如今苹果复兴的核心技术。我也和罗伦共同建立了一个幸福的家庭。

我非常肯定的是，如果我不被苹果炒掉的话，这其中任何一件事情也不会发生。这是苦口的良药，但我想病人需要它。有些时候，生活会对你迎头拍上一砖。不要失去信心。我很清楚使我一直走下去的唯一一样东西，就是我热爱我做的事情。**你需要找到你的至爱。对工作如此，对你的爱人也是如此。人**

的一生中，工作会占据一大部分。只有相信自己所做的是伟大的工作，你才能真正有满足感。而要做伟大的工作，唯一的途径是做自己热爱的事情。如果你还没有找到所爱，请继续寻找。不要退而求其次。心之所向，一旦找到，你会知道的。而且，就像任何美好的关系，随着岁月的流逝它只会越来越深厚。所以，继续寻找，直到你找到它。不要停下来！

我的第三个故事是关于死亡。

我十七岁时曾读过一句话，大概意思是："如果你把每一天都当作生命中的最后一天来过，总有一天你会发现你是对的。"这句话给我留下了深刻印象。从那时起的三十三年里，每天早晨我都会对镜自问："如果今天是我生命中的最后一天，我会不会做我今天想要去做的事情呢？"当连续几天下来答案都是"不会"的时候，我知道我需要作些改变了。

"记住你即将死去"，这是我一生中遇到的、能帮我作出生命中重大抉择的最重要的箴言。因为几乎所有的事情，包括所有来自外部的期望、所有的骄傲、所有对难堪和失败的恐惧，它们在死亡面前都会遁之夭夭，只有真正重要的东西才会留步。有时候人们会患得患失，而"记住你将死去"是我知道的避免这些杂念的最好办法。赤条条来去无牵挂，你就没有理由不去追随自己的内心。

大概一年前，我被诊断出癌症。我在早晨七点半做了一项扫描检查，它清楚显示我的胰腺长了一个肿瘤。我甚至都不知道胰腺是什么东西。医生告诉我那几乎可以肯定是一种无法治愈的癌症，预计我最多能活三到六个月的时间。医生让我回家"打理好一切事务"——这是医生让人准备后事的行话。那意味着你将要把未来十年想对你小孩说的话在几个月里说完；意味着把每件事情都料理妥当，从而让你的家人尽量好过一些；意味着你要说"再见"了。

这一诊断使我整天都在浑噩中度过。当天傍晚我做了一个活组织切片检查，他们将一个内窥镜从我的喉咙伸进去，穿过我的胃，进入我的肠道，用一根针从我胰腺上的肿瘤处提取了几个细胞。那个时候我用了麻醉药，但当时在场的妻子后来告诉我，当医生在显微镜下观察这些细胞之后他们雀跃了，因为这竟然是一种非常罕见的可通过手术治愈的胰腺癌症。我做了手术，现在痊愈了。

那是我最接近死亡的时刻，我希望这也是以后几十年里我最接近死神的一次。从死亡线上又活了过来，比起当死亡仅是一个有用而纯粹学术上的概念的时候，我可以更有把握地对你们说：没有人愿意死。即使人们想上天堂，他们也不想为了上天堂而死。但是死亡是我们每个人共同的终点。从来没有人能够逃脱它。也理应如此，因为死亡就是生命唯一的最好创造。它是生命的变化催化剂，它能够除旧布新。现在你们是新的，但不久以后的某天，你们会慢慢变旧并被除掉。抱歉，这话有点过，但它是真理。

你的时间是有限的，所以不要把它浪费在过他人的生活之上。不要因循教条，那是抱着他人的思维框框过日子。别人的意见再嘈杂，也不要让它们淹没你自己内心的声音。最重要的是，要有勇气去追随你的内心和直觉。它们以一种诡异的方式让你明白你真正想要成为什么样的人。其他的一切都是其次的。

我年轻的时候，有一本很好的刊物叫《环球目录》，那可是我那一代人的圣经。它是住在离这不远的Menlo Park的一个名叫斯图尔特·布兰德（Stewart Brand）的家伙创办的，他用诗意的笔法出版了这个刊物。那是20世纪60年代后期，是在个人电脑和桌面出版技术出现以前，所以它是靠打字机、剪刀和宝丽来相机打造出来的。它就像谷歌出世35年之前的“平装本”谷歌：它是理想主义的，提供很多好用的工具和出色的概念。

斯图尔特和他的团队出版了几期《环球目录》，直到它气数已尽，他们出版了最后一期。那时是20世纪70年代中期，我正是你们的年纪。停刊号的封底是一幅照片，上面是晨曦中的乡间道路，就是那种如果你有冒险精神的话会希望搭便车前往的道路。照片下面是这些文字：“求知似渴，谦卑若愚。”（Stay hungry. Stay foolish.）这是他们停刊时的告别信息。**求知似渴，谦卑若愚。我一直都希望自己能够做到这样。现在，你们毕业了，人生秀全新开场，那也是我对你们的希望。**

求知似渴，谦卑若愚。

非常感谢大家。

我之所以推崇乔布斯的这篇演讲，除了它饱含真情实感、善于“讲故事、举例子”之外，还在于它通过简单的故事折射出了深邃的道理，而且这些道理是通过一些简单有力、朗朗上口的“金句”（甚至是书面演讲稿上的“大标题”和“小标题”等）来高度浓缩的。

善用“金句”来概括、强调和升华主题，这是高明的说话者、发言人或演讲人常用的突出主旨、强化印象、传导热情、释放激情的方法，在公关事件中也是通过制造“信息亮点”争取更多引用率、更高曝光率的手段之一。有些时候这些“金句”会成为流传久远的经典语录——甚至在人们忘了演讲本身的内容之后。在一些著名的对外发言和公众演讲中，这样的例子不胜枚举、俯拾皆是。再举几例：

“中国人民站起来了！”——1949年9月21日毛泽东在全国政协会议第一届全体会议上发表的著名讲话的主旨。

“从来没有这么多人欠这么少人这么多！”（Never was so much owed by so many to so few.）——英国前首相邱吉尔在“二战”期间高度颂扬英国皇家空军将士的话，意指国民亏欠他们的太多了。

“失败只属于那些失于勇敢的人，而不是那些敢于失败的人。”（Failures are made only by those who fail to dare, not by those who dare to fail.）——一生经历诸多曲折、取得诸多成就、曾任加拿大首相的莱斯特·B. 皮尔逊（Lester B. Pearson）回顾人生道路时如是说。

“我真心相信人性本善，相信好人有好报善有善终，相信每一个生命都有她的目的和价值。”（I know in my heart that man is good. That what is right will always eventually triumph. And there's purpose and worth to each and every life.）——美国前总统罗纳德·里根笃信人性中美好的一面。

“这个事件已经耗时太长、花费太大，并且伤害了太多无辜的人。”（This has gone on too long, cost too much and hurt too many innocent people. ）——美国前总统克里顿就“拉链门”事件向全国民众发表电视讲话时称。

“我们活着是为了在宇宙留下痕迹。否则人生为何？”（We're here to put a dent in the universe. Otherwise why else even be here?）——乔布斯生前鼓励员工，常用说辞就是“改变世界”。

……

由于“金句”通常是相关信息的浓缩或精华，因此，它在信息传递的过程中通常能起到以一当十的“功放”作用，因此当需要传递正面信息（包括负面事件中的正面信息）的时候，可适当选用“金句”。比如乔布斯在发布MacBook Air笔记本电脑时所传递的“金句”式关键信息：“（这是）史上最薄的笔记本！”**而当不得不发布负面信息（包括正面事件中的负面信息）的时候，则应尽量避免使用“金句”**，比如前面提到的原铁道部新闻发言人的一句当时流传甚广的“至于你信不信，反正我信了”就是一个反例。危机中的“金句”往往容易成为“雷语”。

我们再用“脸谱”的比喻来说明说话的热情原则。**与人说话、对外发言要有热情。只有洋溢热情、生动形象而又闪耀着“亮点”光芒的发言，说有特色的话，才更易被受众所接受。这就好比芸芸众生之中，通常我们能记住的往往是那些特别的面孔。天使的也好，魔鬼的也罢；精致的也好，粗糙的也罢。特别的脸谱总有它的不同寻常、不同凡响之处，这种不同寻常、不同凡响就是能让人印象深刻、难以释怀的DNA。否则，千语一腔、千篇一律，那就仿如千人一面，不看也罢。**对于说话者、发言人或公关人来说，我们要的是缤纷多彩的“小丑脸”，而不是表情阙如的“扑克脸”；我们要的是变幻莫测、引人入胜的“变脸”，而不是不苟言笑、一成不变的“僧脸”。

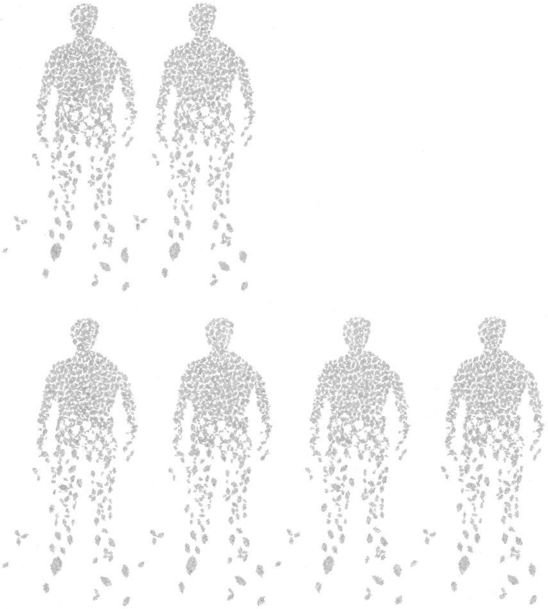

脸谱（三）
——表态的“积极”风格

为什么说话更应该通过传递积极信息、释放正面能量，产生一定的感染力和号召力？艾森豪威尔在“诺曼底登陆”前作了怎样的演讲？奥巴马在胜选和就职演讲中分别传递了哪些正面信息？

话光是说得生动形象、亮点突出还不够，更应该通过传递积极信息、释放正面能量，产生一定的感染力和号召力。

2012年年中，由于投资者忧虑中国经济会“硬着陆”，所以中国股市陷入萎靡不振的盘局，股民心理就像是在踩十分脆弱的钢丝，以至于到了风声鹤唳、草木皆兵的地步，对负面信息反应敏感，对正面信息反应迟钝。在这种时候，高层或监管者怎么“说话”着实牵动着股民的神经、大盘的起落。“中国经济面临较大下行压力”的表态，几次触发了大盘的沉重抛压。2012年7月上旬，国务院总理温家宝主持召开经济形势座谈会，并在会上说：“稳增长首先要正确判断形势，既要看到经济下行的压力，也要看到经济增长的动力……尤其要在铁路、市政、能源、电信、卫生、教育等领域抓紧做几件看得见、鼓舞人心的实事，以提振投资者信心。”在2008年面对国际金融危机所造成的经济发展困境时，温家宝总理也曾表示“信心比黄金更重要”。

大家可以看到，中国经济的基本面还是那个基本面，但高层是否能够传递积极信息、释放正面能量，却大大改观了大家对于后续经济发展的预期。这里，“要看到经济增长的动力”就是积极信息，再辅以“要做几件实事”的举措承诺，它所释放的正能量是威力无穷的。总理讲话的第二天，即使外围股市一片低迷，中国股市仍逆势上扬，总理提到的那几个板块更是风生水起，强势飙涨。可是，话音刚落，温总理在四川调研时又说：“要清醒地看到，当前经济还没有形成稳定回升态势，经济困难可能还会持续一段时间。”总理的表态虽然只是一句“大实话”，但威力还是相当大的：即使前夜欧美股市强劲反弹，但总理表态翌日，中国股市一路震荡下挫，沪深两市出现了罕见的百股跌停潮。这是两个生动的例子，从正反两个侧面很好地说明了“积极说话”所能起到的非凡的正面效应。

即使面对挑战性的局面，讲话人也要善于运用积极信息、正能量来调动受众的情绪、解除他们的疑虑、鼓舞他们的信心。1997年，重返苹果的乔布斯开始了他的复兴苹果之旅。他要面临的也许是他人生中最纠结的一个局面——苹果濒临破产。就在这生死存续之秋，微软和比尔·盖茨通过斥资1.5亿美元购买苹果股份“拔刀相助”，双方的合作协议中还包括了其他一些整合举措：微软的Office软件可用于苹果机器的平台，微软的IE浏览器也将成为苹果机器的默认互联网浏览器。对此，苹果粉丝中喝倒彩者大有人在。在宣布双方建立合作关系的大会上，乔布斯心里纵有千般不愿和无奈，但深知他不得不向资本力量低头，确实显示了他虎落平川之后的隐忍。他这样向粉丝们解释微软软件的“入侵”：“……因为我们信奉选择权。”他提醒发出嘘声的那帮粉丝：你们随时可以改变浏览器的设置嘛！

就在比尔·盖茨的大头像从屏幕上消失之后，乔布斯开始讲话。他表示苹果需要一次彻底的“转身”：

如果我们想要有前途，想要看到苹果重获健康和繁荣，我们需要抛开一些成见。我们需要抛开“苹果赢则微软输”的观念；我们需要拥抱“苹果要赢，就得切实把事情做好”的观念。如果他人愿意伸出援手，何乐不为？如果我们搞砸了，没把事情做好，那不是他人的错，是我们自己的错……所以，对我来说，那个苹果和微软势不两立的时代已经一去不复返了。一切的一切，都是为了苹果重回健康轨道，为了苹果能够为行业作出卓越贡献，为了苹果重获活力、再领风骚。

If we want to move forward, see Apple healthy and prospering again, we have to let go a few things here. We have to let go of this notion that for Apple to win, Microsoft has to lose. We have to embrace the notion that for Apple to win, Apple has to do a really good job. And if others are going to help us, that's great ... And if we screw up and don't do a good job, it's not somebody else's fault – it's our fault ... So the era of setting this up as a competition between Apple and Microsoft is over as far as I'm concerned. This is about getting Apple healthy, and this is about Apple being able to make incredibly great contributions to the industry, to get healthy and prosper again.

乔布斯使用了平实、自然、简单的内心独白式的语言，即使面对困难情境仍怀着“为行业作出卓越贡献”的激情。最重要的是，他知道受众的“心结”在哪里，深谙解开“心结”之道。他用“信奉选择权”来解释微软软件向苹果世界的“登堂入室”，用“为了苹果重获健康和繁荣”来显示苹果大难之中的大志，用“苹果和微软势不两立的时代已经一去不复返了”来说明与微软合作的战略基础。我相信，乔布斯这番非常聪明的心理独白是很有说服力和感召力的。**我们在对外讲话时应该像乔布斯和硅谷很多成功的企业精英那样说话，让内心的想法自然流淌——这是对外传递信息的至境了——而不是拿腔拿调，不必假语村言，不需虚与委蛇。**如果说，微软的解囊相助帮助挽救了濒临经营绝境的苹果，那么乔布斯的能言则帮助挽救了濒临公关绝境的苹果。**请记住：即使面对负面情境，我们都要通过正面信息传递让人们看到“隧道尽头的曙光”或是“乌云边上的亮光”。**

如果把国内仍然司空见惯的某些说话模式对比“乔布斯们”的话语风格，我们会意识到，模板化、程式化甚至“假大空”的说话模式，亟须向“真实、平易、自然、有效”的说话模式转变。时下的某些表述，要么大而化之、居高临下，要么空洞无物、陈旧滞后，甚至面目可憎。语言的板结，反映沟通的堕怠，透出权力的傲慢。这种说话模式的坏处之一，就是能轻易销蚀或扼杀受众对说话者的聆听热情，也会削弱甚至消解说话内容的感染力和号召力（如果有的话）。人们从听不懂，到不爱听，直至再也不听。如果传播在一定程度上成了自言自语式的“独白”，那还谈何效果呢？

提到说话、演讲的感染力和号召力，我建议大家从战争演讲名篇中汲取它们传递积极信息和正面能量的方式、方法。那些演说名篇通常都能体现将领们坚韧、果敢、自信等强势品质，并把这种品质传导给赴汤蹈火的战士们，在战争中起到了强大的感召和激励作用，以至于令将士们舍生取义而在所不惜。比如，艾森豪威尔将军在1944年6月6日诺曼底登陆行动之前，就向将士们发出了如下的“冲锋号”：

你们马上就要踏上伟大圣战的征程，我们已经为此奋战了很多个月了。**全世界的目光都注视着你们**，各地热爱和平的人们用期望与祈祷伴随你们前进。你们将与其他战线上的英勇盟军及铁血弟兄一起并肩战斗，摧毁德国的战争机器，推翻压迫在欧洲人民身上的纳粹暴政，为我们赢取一个自由的世界。

这是一个艰巨的任务。你们的敌人训练有素，装备精良，久经沙场。他们肯定会负隅顽抗。

但这是1944年，与纳粹在1940和1941年间所向披靡的局面已不可同日而语。联合国在正面战场予以德军迎头痛击；我们的空军攻势严重削弱了德军的空中力量和地面战斗能力；我们在后方战场拥有弹药和武器的压倒性优势，他们能为我们提供训练有素、召之即来的充足后备军力。**大势已经逆转，全世界自由的人们正一起大步迈向胜利。**

我对你们的骁勇善战和忠诚充满信心。我们一定会取得完全的胜利！

祝你们好运，让我们祈求万能的上帝护佑这一伟大而崇高的使命！

Soldiers, Sailors and Airmen of the Allied Expeditionary Force! You are about to embark upon the Great Crusade, toward which we have striven these many months. The eyes of the world are upon you. The hopes and prayers of liberty-loving people everywhere march with you. In company with our brave Allies and brothers-in-arms on other Fronts, you will bring about the destruction of the German war machine, the elimination of Nazi tyranny over the oppressed peoples of Europe, and security for ourselves in a free world.

Your task will not be an easy one. Your enemy is well trained, well equipped and battle-hardened. He will fight savagely.

But this is the year 1944! Much has happened since the Nazi triumphs of 1940-41. The United Nations have inflicted upon the Germans great defeats, in open battle, man-to-man. Our air offensive has seriously reduced their strength in the air and their capacity to wage overwhelming superiority in weapons and munitions of war, and placed at our disposal great reserves of trained fighting men. The tide has turned! The free men of the world are marching together to Victory!

I have full confidence in your courage, devotion to duty and skill in battle. We will accept nothing less than full Victory!

Good Luck ! And let us beseech the blessing of Almighty God upon this great and noble undertaking.

这篇简短有力的演讲，具有能够让将士们群情沸腾、愿意为了崇高事业“抛头颅、洒热血”的感染力和号召力。而且通篇着墨重点之一是列举事实说明为什么“大势已经逆转”，大有“直捣黄龙，当此时也”的壮志豪情。《孙子兵法》强调了战争中用“金鼓旌旗”来统一鼓舞和指挥士兵的重要性，指出胜利的原因之一是“上下同欲者胜”。艾森豪威尔深得兵法要领，也深谙鼓舞之道——他的这篇演讲就是一通隆隆震耳的“金鼓”、一面猎猎招展的“旌旗”。

在他发出铿锵有力的进军总动员号令的同时，据史料记载，他同时准备了一份一旦登陆失败后的对外宣读文字：

我们在从瑟堡至阿弗尔地区登陆后未能占领令人满意的据点。我已下令撤回部队。我是依据我得到的最佳情报决定发动进攻的时间和地点的。空军和海军部队已经充分表现了英勇无畏和忠于职守的精神。此次行动的任何责任或过错，均由我一人承担。

Our landings in the Cherbourg-Havre area have failed to gain a satisfactory foothold and I have withdrawn the troops. My decision to attack at this time and place was based upon the best information available. The troops, the air and the Navy did all that bravery and devotion to duty could do. If any blame or fault attaches to the attempt it is mine alone.

这里特别想要提醒的是，在一些涉及不确定结果的场合，就如大选投票日的美国总统竞选人都需要准备胜选和败选两份演讲稿那样，当事人应该为所有的“剧情”都准备好相应的表态说辞，做到有备无患，兵来将挡。即使最终没有发言的机会，也可以在移动终端上通过简单的复制一粘贴操作，将准备好的图文“预制件”通过微博等平台进行即时发布，从而给外界一个更加专业的形象，也有利于把事情或项目做得更加圆满。

再度胜选的奥巴马在获知结果的第一时间内在“推特”发布了“再干四年”的简短信息，并附上与妻子米歇尔拥抱的照片，将竞选活动的对外专业传播推向了高潮。与此同时，他的团队还通过自动推送系统，给所有为他的竞选活动作过贡献（包括捐过款）的人们发送了感谢信：“我即将在芝加哥向大家发表演说，但我首先要感谢你……我想要你知道，胜选不靠运气，亦非意外。是你让它成真……未来任重道远，但是此时此刻我想说：谢谢你。”这两个小小的例子，让我们感受到了奥巴马本人及其竞选团队在竞选传播上的万全准备、精准实施和专业呈现。

说到说话、演讲的感染力和号召力，我建议大家还可以借镜各种胜选、就职或上任的演讲名篇。胜选或就职，在中国古代就是“金榜题名时”，是人生最意气风发、斗志昂扬的时刻，而作为领导者，其发言也往往最是慷慨激昂的、最能动人心魄的。谓予不信？请感受几段来自第44任美国总统奥巴马胜选及就职演说文字的感召力量：

首先是奥巴马胜选演说的几段节录：

如若有人还在怀疑美国是不是一个一切皆有可能的地方、有人还有疑问我们开国先贤的宏愿是不是在当世仍生生不息、有人还在质疑民主的伟力，那么今晚他们得到了答案！

If there is anyone out there who still doubts that America is a place where all things are possible, who still wonders if the dream of our founders is alive in our time, who still questions the power of our democracy, tonight is your answer.

前路漫漫。我们攀登的将是陡坡峭壁。倏忽一载，甚或四年任期，我们都不一定能够抵达目的地。但是，美国同胞们，今晚我的内心充满了从未有过的必胜信心。我向你们承诺，我们团结一心，必将达成使命。

The road ahead will be long. Our climb will be steep. We may not get there in one year or even in one term. But, America, I have never been more hopeful than I am tonight that we will get there. I promise you, we as a people will get there.

现在就是我们作出回答的机会。这是我们的时刻。我们大有作为的时候到了：让人民有工作，并为我们的下一代开创机会，再造繁荣和推进和平事业，重塑“美国梦”并重建这些基本信念——“求同存异，万众一心”、“生命不止，希望不息”。当我们面对嘲讽、怀疑以及那些告诉我们不能做到的人，我们将以那句亘久弥真、反映民族精神的话回应他们：我们能！

This is our chance to answer that call. This is our moment. This is our time, to put our people back to work and open doors of opportunity for our kids; to restore prosperity and promote the cause of peace; to reclaim the American dream and reaffirm that fundamental truth, that, out of many, we are one; that while we breathe, we hope. And where we are met with cynicism and doubts and those who tell us that we can't, we will respond with that timeless creed that sums up the spirit of a people: Yes, we can.

接着是奥巴马就职演说的几段节录：

今天我要说，我们的确面临真切、严峻的诸多挑战，而且无法轻易或短期内就能解决这些挑战。但是我们要相信，我们一定会克服挑战。

Today I say to you that the challenges we face are real. They are serious and they are many. They will not be met easily or in a short span of time. But know this, America – they will be met.

今天，我们走到了一起，因为我们战胜了恐惧、选择了希望；我们摒弃了冲突对立、选择了齐心协力。今天，我们誓言要为无谓的摩擦、不实的承诺、相互的指责以及陈旧的教条画上句号，它们成为我们的政治发展的绊脚石。

On this day, we gather because we have chosen hope over fear, unity of purpose over conflict and discord. On this day, we come to proclaim an end to the petty grievances and false promises, the recriminations and worn out dogmas, that for far too long have strangled our politics.

要重塑这个国度的伟大，我们知道伟大从来都不靠赐予，它必须通过努力去赢取。我们的征程从来就没有捷径，我们也未曾不是全力以赴。我们的道路不适合那些生活的弱者——那些贪图享受、不思劳作的人，或是那些一心追求享受名利之徒。相反，它属于那些敢干敢做、真干实做、干出成果、做出成就的人。他们中有彪炳史册者，更多的则是默默付出的人。正是他们，带领我们走过漫长崎岖的道路，迈向繁荣与自由。

In reaffirming the greatness of our nation, we understand that greatness is never a given. It must be earned. Our journey has never been one of short-cuts or settling for less. It has not been the path for the faint-hearted – for those who prefer leisure over work, or seek only the pleasures of riches and fame. Rather, it has been the risk-takers, the doers, the makers of things – some celebrated but more often men and women obscure in their labor, who have carried us up the long, rugged path towards prosperity and freedom.

从今天开始，我们必须振作精神，除尘涤垢，重新开启重塑美国的事业……这一切，我们都能做到，而且我们都将做到。

Starting today, we must pick ourselves up, dust ourselves off, and begin again the work of remaking America...All this we can do. And all this we will do.

奥巴马在两次历史性的演讲中，通篇都在传递“使命必达”、“我们能”、“作出改变”、“重塑美国”的主旨。它们至少在其胜选和就职阶段很好地帮助说服、引导和激励民众除尘涤垢、振作精神、弘扬“一切皆有可能”的理念，再造繁荣，重塑伟大。它们很有力地鼓舞了群情，为日后的施政奠定了积极、正面的民情调性。

总之：**对外发言和公众演讲，不仅要“说了”，还要“说得清楚”、“说得精彩”、“说得动人”。发言人和演讲者的“脸谱”，既要真实、亲切、生动、丰富，又要蕴藏力量和希望，要让人们看得懂、喜欢看，甚至看得心旌摇荡、心向往之，成为一面号令四方的“旌旗”。**

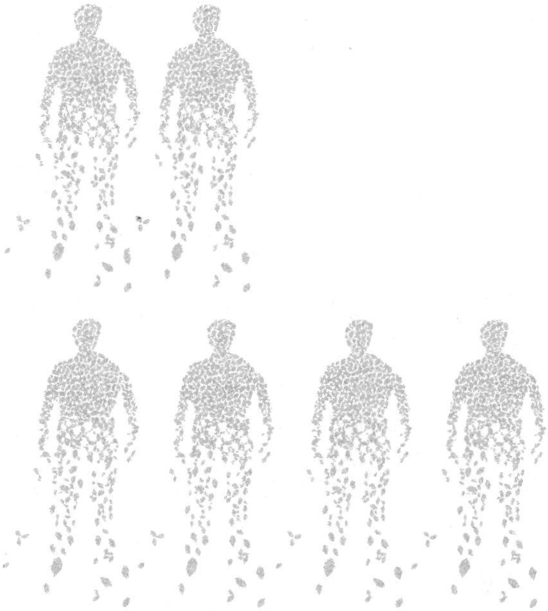

脸谱（四）
——成功的表态：平实+热情+积极

美国“第一夫人”米歇尔·奥巴马为了力挺丈夫竞选连任，2012年9月在美国民主党全国代表大会上激情演说，一“鸣”而天下惊。为什么说米歇尔的这篇演讲是一个非常优秀的表态范本？

让时光倒流回美国芝加哥1989年的夏天。一对非裔青年男女在一家律师行初次见面。那时，小伙子还是哈佛大学法学院的一年级学生，到律师行当暑期实习生。那位同样毕业于哈佛大学的师姐，当时已经是一名执业律师，受公司的安排担任小伙子的“指导老师”。一来二去，他们开始了一场“姐弟恋”，并于1992年结为连理。

1998年和2001年，他们的两个女儿玛丽亚和萨莎先后出世。2008年，当年的小伙子贝拉克·奥巴马在47岁当选美国总统，成为美国历史上第一位非裔总统，当年的师姐米歇尔·奥巴马也成为第一位非裔“第一夫人”——这位普林斯顿大学和哈佛大学的双料大律师，逐渐隐居幕后，成为一名“首席妈妈”。

女士们，先生们，现在是2012年9月4日，这里是美国民主党全国代表大会的现场。在这次“党代会”上，美国总统贝拉克·奥巴马将获得党内正式提名竞选连任美国总统。奥巴马入主白宫四年之际，他的“贤内助”米歇尔有什么话要说？下面我们有请米歇尔讲话：

（欢迎的掌声经久不息，米歇尔款款走到讲台前向热情的听众挥手致意。）

……过去几年，作为“第一夫人”，我非常有幸到全国各地访问。所到之处，见到的人，听到的故事，都让我看到了美国精神的最好体现。人们对我和我们全家（特别是我们的女儿）非常友善和热情，从中我看到了这种精神。

一个濒临破产的学区，老师们发誓没有工资也要继续上课，从中我看到了这种精神；有人不顾安危勇于救人，或为了扑灭火灾而飞越整个国家，或为了救助遭遇洪灾的城镇而驱车几个小时，他们不假思索，见义勇为……从中我看到了这种精神。

从身着戎装的军人以及自豪的军属那里；从受伤的战士那里——他们告诉我他们不仅要能再走起路来，还要能跑起步来，甚至还要跑马拉松；从一位年轻人那里——他在阿富汗被炸瞎了眼睛，他轻描淡写地说："如果能有机会做我做过、现在仍然能做的事情，再献出我的眼睛一百次也在所不惜。"……从中我看到了这种精神。

每天，我见到的人们都让我感奋；每天，他们让我自豪；每天，他们告诉我：生活在地球上最伟大的国家，我们是多么幸运！

身为"第一夫人"是一种荣耀，但回首四年前当我们第一次聚在一起的时候，我对我们踏上的这一旅程心怀忧虑。虽然我深信我的丈夫为这个国家所设计的愿景，我确信他会成为一位出类拔萃的总统。但和所有母亲一样，我担忧的是，如果他竞选成功，那将对我们的女儿意味着什么。在举国瞩目的聚光灯下，我们如何才能让她们保持脚踏实地？她们在学校、在朋友中，以及在她们唯一熟悉的家庭生活一旦改变，她们会有什么感受？

搬到华盛顿以前，我们的生活充满简单的欢乐：星期六一起看足球；星期天去祖母家；有时晚上贝拉克和我相约一起去吃晚饭或看电影，因为作为一个筋疲力尽的妈妈，我没有办法两样都做而不打瞌睡。

说实话，我热爱我们为女儿所创造的生活，我深爱和我一起创造了这种生活的男人，我不愿意一旦他成为总统这一切就会改变。我爱的是贝拉克原来的样子。

你们知道，虽然那时贝拉克是一名参议员和总统候选人，但是对我来说，他仍然是开着车来接我去约会的那个人。那辆锈迹斑斑的车让我通过侧门的小洞可以看见人行道飞驰而过。他就是这样的人：最得意的财产是他从废物堆里找回来的一张咖啡桌；唯一一双过得去的鞋子居然还小了一码……但当贝拉克开口告诉我他的家庭情况时，我发现我们志同道合，我找到了一个价值观和成长历程和我非常相像的人。

你们看，贝拉克和我都成长在这样的家庭：没有多少金钱或物质财产，但给予了我们远远更有价值的东西——他们无条件的爱、他们坚定的奉献，以及他们自己从未想过能够拥有的机会。

我的父亲是城市水厂的一名水泵操作工人，当我哥哥和我还小的时候，他被诊断患有多发性硬化症。即使当时还小，我也知道他常常备受病痛煎熬；我也知道很多个早晨他连起床这么简单的事情都要经过一番挣扎。但每个早晨，我看着我的父亲微笑着起床，依靠步行器走动，手撑着浴室的洗脸池，动作缓慢地刮好胡子、穿好制服。当他结束长长一天的工作回到家，哥哥和我会站在通往我们那套小小公寓的楼梯上方，耐心等待迎接他。我们看着他探身去抬起一条腿，然后另一条腿，慢慢爬上楼梯和我们拥抱。

尽管面对这些困难，我父亲几乎从未旷过一天工，他和我妈妈决心让我和哥哥接受他们梦寐以求的教育。当我们终于上了大学，几乎全部的学费都来自我们的学生贷款和助学金。但我父亲仍需自己支付其中很小一部分学费。每个学期，他一定要准时支付学费账单，即使手头紧的时候需要去贷款。他很自豪能够送自己的孩子上大学；他一定要做到不会因为他的支票迟付而使我们错过注册截止日期。你们看，对我父亲来说，那就是作为一个男人的含义。像我们许多人一样，那是他人生成功的标尺——能有体面的收入让他养起自己的家。

随着对贝拉克的了解，我意识到虽然我们是在相隔很远的地方长大的，但他和我有着一样的家教。贝拉克是由一位生活拮据的单身妈妈拉扯大的；当她需要帮助的时候祖父母会帮上一把。贝拉克的祖母起初是一名社区银行的秘书，她晋升很快，不过就像其他很多妇女一样，她遇到了“玻璃天花板”。年复一年，那些并不比她更称职的男士——那些实际上还是经过她培训的男士——被提升到她之上，挣的钱越来越多，而贝拉克的家庭继续过着捉襟见肘的生活。但日复一日，她总是起个大早去赶公共汽车，比任何人都早到公司，她无怨无悔地尽力做到最好。她经常跟贝拉克说：“只要你们几个孩子过得好，阿贝，那才是最最重要的。”

像许许多多美国家庭一样，我们的家庭知足常乐。他们不嫉妒别人的成功，也不在意别人比他们富有；相反，他们钦佩人家。他们单纯地信奉那个基本的美国理念，那就是：即使你出身并不怎么样，但如果你努力工作、本分做事，那么你能够让自己过上体面的生活，并让你的子孙过上更好的生活。那就是他们对我们的教育，那就是我们从他们身上学到的东西。我们学到了尊严和体面：你工作有多努力比你挣多少钱更重要；帮助别人比只是自己发达更有意义。我们学到了诚实和正直：要实事求是；不抄捷径或无视规则为所欲为；堂堂正正取得的成功才是成功！我们学到了感恩和谦卑：我们的成功依赖许许多多的人——从启发我们思智的老师，到保持学校洁净的清洁工人；我们学会看重每个人的贡献，学会尊重每一个人。

那些是贝拉克和我——以及你们许多人——正努力传承给自己的孩子的价值观。我们就是这样的人。

四年前站在你们面前，我知道我不愿意贝拉克当选总统后，这些东西会发生任何一丁点改变。那么，今天，在我的丈夫经受了我以前永远想象不到的考验、经历了那么多的挣扎、胜利和非凡时刻之后，我亲眼看到，担任总统并不改变你的为人——它揭示了你的为人。我有机会切身感受、发自内心地去体会担任总统实际上是怎么一回事。我看到需要总统解决的问题总是艰巨的问题——就是那些没有任何资料或数字能帮你作出正确决策的问题；而你的决断总是干系重大，根本没有出错余地。

作为总统，你能从形形色色的人们那里得到形形色色的建议。但到最后关头，到了作决定的时刻，作为总统，能够指引你的只有你的价值观、你的愿景，以及塑造了你的那些生活经历。所以在重建经济的问题上，贝拉克想到的就是像我的父亲和他的祖母那样的人们。他想到的是完成一天辛苦工作所带来的那种自豪。那就是为什么他签署了《丽莉·雷贝特公平薪酬法案》，帮助妇女获得同工同酬；那就是为什么他为工薪家庭和小型企业减税，并努力让汽车工业起死回生；那就是为什么他想方设法将经济从崩溃边缘拉回到又能创造工作机会了——就是大家能够赖以养家的工作、在美国大地上的好工作。

在关系到千家万户的医疗问题上，贝拉克拒绝听从所有那些告诉他医疗改革留待日后或下一任总统再议的人士。他不在意这件事情是不是从政治上来说容易做到的事情——那不是他所受的教育——他在意的是：做正确的事情。他这样做，是因为他相信，在美国，我们的父母应该付得起他们的药费；我们的孩子病了应该看得起医生；这个国家永远不应该有人因为事故或疾病而破产。他相信妇女完全有能力对自己的身体和医疗保健作出自己的选择——这就是我丈夫的立场。

关于给予我们的孩子应有的教育，贝拉克知道，像我和像你们许多人一样，没有助学贷款他就永远上不起大学。不管你们信不信，我们新婚之时，每月两人加起来的学生贷款账单实际上比我们的房贷还多。那时我们很年轻，心里有爱，肩上有债。那就是为什么贝拉克做了艰苦的努力，增加学生贷款总量，降低利率，因为他希望每个年轻人都能实现愿望，能够读上大学而无需债台高筑。

所以，到最后，对贝拉克来说，这些问题都无关政治——只需要推己及人而已。因为贝拉克知道一个家庭陷入困境的况味。他知道为子孙争取更好生活的意味。

贝拉克知道什么是美国梦，因为他是一个过来人。他希望这个国家的每个人都能拥有同样的机会，不管是什么身份、什么背景、什么种族或者信仰。他相信只要你努力了，你有出息了，你迈过那道机会之门后，不应该砰的一声关上身后的大门。相反，你应该转身帮扶一下，让其他人获得同样的成功机会。

所以当人们问我入主白宫是不是改变了我的丈夫，我可以坦诚地说，就品格、信念和内心而言，贝拉克仍然是多年前我爱上的那个男人。

他还是那个男人。他一开始就业就拒绝高薪工作，而是深入一个处境艰难的社区。那里，一家钢铁厂被关闭了。他努力重建社区，让人们重新获得工作……因为对于贝拉克来说，成功不是你挣多少钱，而是你怎样改变人们的生活。

他还是那个男人。当我们的女儿刚出生时，他每隔几分钟就焦急地到婴儿床去察看一次，确信他们还在呼吸，并且自豪地抱着向每一个我们认识的人显摆。

他还是那个男人。他几乎每天晚上都和我和我们的女儿一起吃饭，耐心回答她们就新闻事件提出的问题，并就在中学里如何交友出谋划策。

他还是那个男人。夜深人静，我看到他伏案翻阅人们寄来的信件。从苦于支付账单的一位父亲寄来的信件；从身患癌症、临近死亡而保险公司不给报销医疗费用的妇女寄来的信件；从满怀希望却缺少机会的年轻人寄来的信件……

我看到了他眼里的忧虑，我听出了他话里的决心：“米歇尔，你不会相信这些人的处境……这是不对的。我们必须继续努力解决这些问题。我们还有很多工作要做。”我看到那些故事——它们折射着我们共同的挣扎、希望和梦想——如何成为贝拉克·奥巴马每天工作的动力。

这是以前我认为不可能的事情——但今天，我比四年前，甚至比二十三年前我们初次相见的时候更爱我的丈夫。

我爱的是他从不忘本。我爱的是他让我们信赖贝拉克能够说到做到，即使是面对困难——尤其是面对困难。我爱的是，对于贝拉克来说，没有所谓的“我们”和“他们”——他不在意你是不是民主党人、共和党人或这些党派以外的人；他知道我们都爱这个国家；他总是愿意倾听，从善如流；他总是从他见到的每个人身上挖掘最闪光点。我爱的是，即使在最困难的时刻，当我们大家都捏一把汗，比如当我们担忧法案得不到通过、当看起来我们通通输掉了时，贝拉克从不为议论和杂音所动摇。

就像他的祖母，他所做的就是不断爬起身来、向前迈进，凭着那份耐心、智慧、勇敢和气度。他告诫我，我们正在进行长期的努力；改变是艰难的，改变是缓慢的，改变不可能一蹴而就。但最终我们能做到，我们总是能做到。

我们能做到，因为我们有像我父亲那样的人、有像贝拉克祖母那样的人、有着众多的男男女女——他们跟自己说：“我也许没有机会实现自己的梦想，但也许我的孩子会，也许我的孙辈会。”

所以，今晚，我们这么多人能够站在这里，要归功于他们所作的牺牲、他们的渴望、他们坚定的爱；要归功于他们一次次地战胜疑惧，勇于面对困难。

所以，今天，当我们面对的挑战开始呈泰山压顶之势——甚至成为不可能的任务——让我们永远不要忘记，在这个国家的历史上我们一直在挑战不可能；美国人就是这样，我们的国家就是这样建立起来的。

如果我们的父辈和祖父辈能为了我们不辞劳苦、不懈奋斗，如果他们能建起摩天大楼、他们能将人类送上月球、他们能通过一个按键就让世界互联……那么，我们当然能够为了我们的子孙继续牺牲和创造。

如果众多男男女女能够穿着我们国家的军装、为了我们最基本的权利而不惜牺牲性命，那么我们当然能够负起作为这个伟大民主国家公民的责任，去履行那些权利；我们当然能够在选举日亲临投票站、让我们的声音得到倾听。

如果农民和铁匠能够脱离一个帝国而赢得独立；如果移民能够放弃他们熟悉的一切、登上我们的海岸来寻求更好的生活；如果妇女甘冒坐牢的危险争取投票权利；如果一代人能够战胜经济萧条，并告诉人们什么才是恒久的伟大；如果一名传教士能够凭着他正义的梦想把我们引向上帝的“山巅”；如果自豪的美国人能够追求自己的幸福、与所爱的人大胆站到教堂的圣坛之前……那么，我们当然、当然能够给这个国家的每一个人平等的机会去实现伟大的美国梦想。

因为到最后，比任何其他东西更重要的，是这个国家的故事——用不屈不挠的奋斗脚踏实地地去实现坚定不移的希望。那是让我实现所想、让贝拉克实现所想、让许许多多其他美国人实现所想的力量。

我今晚说这番话不仅是以“第一夫人”的身份，不仅是以一名妻子的身份。你们知道，说一千道一万，我最重要的头衔仍然是“首席妈妈”。我的两个女儿仍然是我心中的中心，是我的世界的中心。

但是，今天，四年前那些关于贝拉克和我所做的是不是对女儿最好的担忧已经烟消云散。因为，今天，切身经历告诉我，如果我确实想要为我的女儿、我们大家想要为子女创造一个更好的世界；如果我们想要给所有的孩子一个实现梦想的基础、给他们一展宏愿的机会；如果我们想要让他们感到他们拥有无限的可能——让他们相信，在美国，只要你愿意争取，你就会过得更好……那么，我们必须加倍努力。我们必须再次为了我们可以信赖的、能够继续推动这个伟大国家前进的人而走到一起、站在一起——他就是我的丈夫、我们的总统——贝拉克·奥巴马。

谢谢。上帝保佑大家，上帝保佑美国。

米歇尔的这篇讲话，一“鸣”而天下惊。虽然这是为丈夫拉票的政治演讲，但它引起了会场内外、美国内外的强烈反响，而且博得罕见的齐声喝彩，为奥巴马的胜选连任加分不少。米歇尔的演讲，不矫揉造作，也没有太多惊人之语，不过，她讲的主要是平实的家庭故事，而且她讲得满怀真情、饱蘸热情，通过富有人情味的倾诉来打动人心，细腻之中但见气场磅礴，从而实现了通篇演讲的最终目的：用“家”情怀的软表达带出“国”情怀的真流露，那种永不衰竭的家国情怀贯穿其中，那种穿越时空的价值观念闪烁其中，在令人感同身受的同时取得了“推销”奥巴马的非同寻常的正面效果。

我相信米歇尔的这篇演讲是一个非常优秀的“说话”范本，因为它非常出色地体现了我前面提到的说话的“3E”风格：“平实”（Ease）、“热情”（Enthusiasm）和“积极”（Energy）。

◎ **平实、展现真魅力**（Speaking with Ease）：**直白易懂、公开透明。**

在一个政党的“全国代表大会”上，米歇尔首先是以一名“首席妈妈”的身份出现的。她不讲政治语言，也不用晦涩词汇，通篇都是口头语言的直白表述。在这一点上，我认为她也是“夫唱妇随”的典范。我留意到，奥巴马作为美国总统的一个鲜明的说话特点，就是他喜欢说大白话，说话的态度真实而诚恳，而且只说有意义、有价值的话，不说空话、废话及大而不当的话。同样地，米歇尔在这篇讲话中，通篇讲的也都是非常“接地气”（down-to-earth）的“人话”。作为一个真实的人、用真实的“人话”侃侃而谈，这是米歇尔的这篇演讲最大的成功之处，也是我认为我们在当前说话语境下最应该学习和借鉴之处。文字是这样，她在现场的演绎也很自然、自如，娓娓道来，如数家珍，就像一个“贤妻良母”跟你唠家事、话家常。两位满腹诗书的前美国大律师都习惯并喜欢用直白易懂的语言来说话，而且敞开心扉说话，一是一，二是二，这种平实的说话风格很值得在中国大地上提倡。

◎ **热情、闪耀亮光芒**（Speaking with Enthusiasm）：**亮点突出、生动形象。**

比起一些刻板的宣讲，米歇尔在讲话中掏心掏肺地跟你唠这些家长里短：

父亲是水厂泵工，即使长年患病，他仍能微笑面对，从不旷工；他希望儿女接受更好的教育，虽然手头拮据，虽然他只给得起很小一部分的学费，但他一定要准时开出支票，因为那是一份沉甸甸的男人的责任……一位生活上需要家人接济的单亲妈妈把奥巴马拉扯大，他的祖母对于职场上的性别不公从来都无怨无悔，每天起早摸黑，最早到达公司，尽力做到最好……米歇尔和奥巴马主要靠助学贷款完成大学学业，结婚的时候两人助学贷款的账单比房贷账单还要多……奥巴马虽然“贵为”参议员和总统候选人，但是他很朴素、节俭：他开的是破旧的车子、用的是捡来的桌子、穿的是小了一码的鞋；他拒绝高薪工作，深入困难社区，通过自己的努力去改变别人的生活……米歇尔甚至描述了一些关于奥巴马的非常有意思的生活场景。

我在前面讲过，善于举例子、讲故事，是让说话生动形象起来的要诀之一。米歇尔就是一个真情流露、热情洋溢地讲述故事的高手，而且她讲的所有故事都指向一个清晰的方向、一个鲜明的主旨：说明奥巴马是一个有良心、有很强价值观念、执著于自己的理念、能够做到言出必行、值得人们由衷信赖的人。

◎ 积极、释放正能量（Speaking with Positive Energy）：感染力强、号召力强。

米歇尔通过说白话、传真情、显实意，通过讲故事、摆道理、感染人，最终要达到的目的无非是：说服人、号召人、鼓舞人。通过平实的语言、热情的讲述，她释放了积极的能量：首先，她关于价值观的“推销”很能引起人们的心理共鸣和认同：

他们单纯地信奉那个基本的美国理念，那就是：即使你出身并不怎么样，但如果你努力工作、本分做事，那么你能够让自己过上体面的生活，并让你的子孙过上更好的生活。

……

我们学到了尊严和体面：你工作有多努力比你挣多少钱更重要；帮助别人比只是自己发达更有意义。我们学到了诚实和正直：要实事求是；不抄捷径或无视规则为所欲为；堂堂正正取得的成功才是成功。我们学到了感恩和谦卑：

我们的成功依赖许许多多的人——从启发我们思智的老师，到保持学校洁净的清洁工人；我们学会看重每个人的贡献，学会尊重每一个人。

其次，在讲话最后，就在听众情绪积聚到了顶峰的时刻，她水到渠成地“亮剑”，并且起到了很好的“封喉”效果，即成功地号召人们把票投给奥巴马：

……那么，我们必须加倍努力。我们必须再次为了我们可以信赖的、能够继续推动这个伟大国家前进的人而走到一起、站在一起——他就是我的丈夫、我们的总统——贝拉克·奥巴马。

所以，归纳地讲，说话就是要：说白话、传真情、显实意（平实）；讲故事、摆道理、感染人（热情）；说服人、号召人、鼓舞人（积极）。下一次，如果你需要对人说话，特别是在公众场合说话，我给出如下几点建议：

1. 在脱稿情况下让真情实意自然流淌。把对方当成你平日里的倾诉、说服对象，要“说话”，不要“读稿”——以后还再读稿，你就实在太out了！中国领导层正在力倡“不念稿子”、“讲实在话”，你再念稿就太不入流了！（可根据需要适当使用提示卡，条件允许时可在讲台上或自己座位面前放置提示屏，由工作人员实时滚动显示文字提示内容。）

2. 最好的策略永远是使用大家更能接受的日常用语，坚决杜绝生僻用词。因为你讲话的对象里既有“阳春白雪”又有“下里巴人”，你的听众既有“鸿儒”又有“白丁”，你需要悉心照顾每一位听众。而且，最重要的是，华丽辞藻或生僻词汇很多时候并不能打动人心，恰恰相反，它们会制造情感隔阂、淡化感染力量。

3. 举例子、讲故事，动真情、洒热情。举大家感兴趣的例子、讲那些大家想听的故事，而且所有的例子和故事最终要能够帮助“说事儿”。有可能的话，动用一切视觉辅助手段，通过演示实物、播放音频视频、邀请真人露面进行作证或表达认同等方式，让你的讲述生动、形象起来。说话的时候，要从“心”开始，让真情流露，让热情洋溢，否则，再好的东西也将变得索然无味。

4. 有时不妨大处着眼、小处着手；不管内容的“大”和“小”，最要紧的是以“心”换“心”。大场合、大命题并不一定需要大故事、大道理，你可以逆其道而行之，从小处着手来铺陈“大理儿”。而且，即使是政治内容也可以进行“非政治”表述……最重要的是，不要过分执著于“硬销”你的观点和态度。相反，你用心地去叙说，用自己的真心表述换取听众的真心回应，说话效果往往会更好。

话说，米歇尔·奥巴马发表演讲的第二天，同为民主党人的美国前总统比尔·克林顿在同一舞台同样大力“热卖”贝拉克·奥巴马。他的讲话内容比米歇尔的要“政治化”多了，不过，宝刀未老的克林顿思路清晰，内容上层次分明、逻辑清楚，演绎上铿锵有力、抑扬顿挫，而且把政治话题说得一点儿也不闷，其间妙语连珠、不乏诙谐幽默。由于篇幅所限，我就不在这里全文照录了。他的一段开场白倒是值得分享。请注意，“亮点”在最后一句——它从一个侧面再次说明了米歇尔演讲的热力和魅力。

我们在这里提名一位总统，我脑海里已有一位人选。

我要提名的人，他自己在生活中同样经历了诸多逆境和百般茫然；我要提名的人，他参选总统是为了改变我们疲弱经济的运行轨迹——就在胜选的短短六个星期前，他刚刚目睹我们的经济陷入大萧条以来最严重的崩溃；他阻止经济滑入萧条泥潭，让我们步上漫长的复苏道路——虽然他知道不管他挽救或创造了多少工作机会，还有另外千百万人正在等待，对于养家甚是忧心忡忡，对于未来仍然希望殷殷。

我要提名的人，他外表很酷，内心却有拳拳美国之心在燃烧；我要提名的人，他完全相信我们能够建设体现“美国梦”的，由创新、创意、教育和合作推动的全新经济。顺便还说一句，昨晚之后（前一晚是米歇尔的演讲），我要提名的人，他慧眼娶了米歇尔·奥巴马！

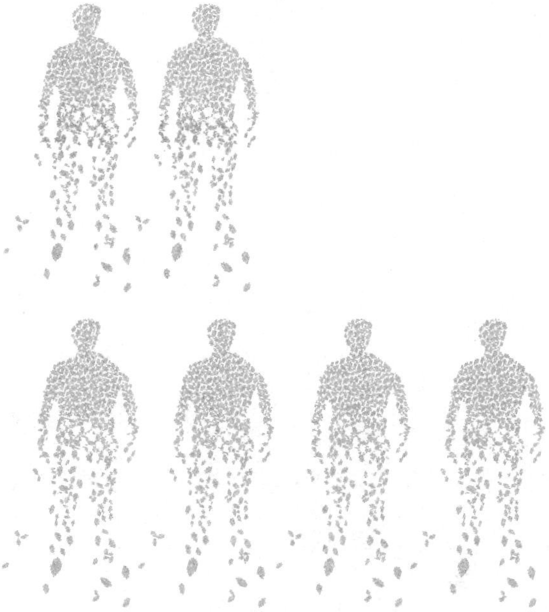

最好的时代，最坏的时代
——新媒体要有哪些“新表态”

新媒体时代都有哪些“说话”原则？事态或危机发生之后，当事组织或个人为什么要比以往更迅速地表达解决事态、应对危机的诚意、决心和举措？新媒体怎样使人人都成为信息传播的参与者甚至“主角”？怎样使事态或危机的发生更加防不胜防？怎样加大了事态或危机中当事人侥幸过关的难度和违规成本？

2012年6月，两件有关“妇女半边天”的新闻事件碰巧在同一时段吸引了人们的眼球。一位名叫“假装在纽约”的网友将它们“串联”起来加以评论，在微博上引发了大量转载：

我们可以把女航天员送上天，也可以强行堕掉村妇7个月的胎儿。33岁的刘洋和22岁的冯建梅，两个女人的命运对比，是这个国家撕裂现状的最好写照——光荣与梦想映照耻辱与绝望，最尖端的科技伴随着对人最无端的践踏，飞船上天而道德探底……最好的时代就这样遇上最坏的时代。

对上述博文的引用并不代表我认同其全部观点或措辞，但它所反映的最好的时代遇上了最坏的时代的论断，则是不争的事实。澎湃的时代大潮正在不断地推动传播理念、传播技术、传播生态的日新月异，不断地改观着信息传播和舆论环境的风景线。人们被置身于纷繁芜杂的信息“围城”当中，可接受、可共享的信息资源和舆论手段正在日趋丰富、复杂和多元。在距今5.3亿年前的寒武纪时期，短短200万年间，生命进化出现过一次脉冲式的飞跃发展。这一时期出现了大量较为高等的生物以及物种的多样性，于是，这一情形被称为“生命大爆发”。有人将人类近年的互联网信息技术的发展形象地比喻为另一次“寒武纪大爆发”。从它对人类生活的革命性改变的角度来看，这样的比喻不无道理。

我们似乎一觉醒来就跨入了这个最好的时代：信息技术一日千里，信息盛宴已然揭幕，信息传播真正跨越时空障碍的时代悄然开启。我们每个人都是信息技术日新月异所造就的资讯汪洋中的一条海阔任跃的鱼……我们也一不留神就坠入了这个最坏的时代：信息的过度公开和共享，导致了某些信息“消化不良”人群某种程度上的“信息焦虑”；负面信息的传播泛滥，在更好地帮助我们的社会正本清源、激浊扬清的同时，也因为它们的“过度曝光”而使得社会图像在某种程度上人为失真；便利的视频通话手段、即时通信工具和社交媒体平台等，在真正实现人际沟通的“天涯咫尺”的同时，也在制造新的社会浮躁及戾气、人际隔阂与鸿沟；企业或其他组织在享受与其相关利益方的广泛而深入的“全接触”的同时，也开始真正接受外界对其全方位、全天候的审视；现代化新型传播手段被不当使用或恶意利用而沦为假丑恶的帮凶、公序良俗沦陷的推手甚至在某些个案上成为有碍社会和谐与进步的羁绊……我们身处一个“最好”与“最坏”纵横交错的复杂时代，我们面对一个善美与假丑恶泥沙俱下的虚拟世界，这就是我们这个时代的鲜明特征。

问题是：新传播手段、新媒介样式的出现，是不是使得原有的传播原则和规律摧枯拉朽地崩解了呢？是不是一套全新的传播原则和规律正在应运而生？我认为，答案基本上是否定的。在新的信息共享与传播环境下，人类进行沟通与传播的一些基本套路，非但没有改变，而且其脉络越发清晰了，其路径更加明显了。

1. 在信息时代，传播活动的内在规律不曾改变，而是更加凸显。你不会通过传统媒体做的事情，也不应该通过新媒体去做；你在传统媒体时代不会采用的危机管理方式，在新媒体时代更不应该采用。

“新媒体”，即以国际互联网和无线通信终端为平台的媒体，或称“在线媒体”。目前，传统媒体由于受到一定的体制掣肘，加上传统媒体在传播样式上偏于单向和相对单薄、单调，所以在主导性方面正在经受一定程度的冲击。但是在中国，在制造诸多舆情的“大戏”中，却出现了一个暂时的“以新媒体带动传统媒体”的联动传播现象：先是新媒体上“爆”出了“料”，并在基于网络的空间里制造了一定的舆情，然后传统媒体进行挖掘和跟进，并通过它们的既有受众群体进一步推波助澜。不过，业界人士发现，新媒体遵循同样的新闻价值规律，在传统媒体上不能成为社会舆论热点的事件，在新媒体上也无法摇身成为舆论热点事件。微博等新媒体介质不过是使人人都成为爆料者，使很多本身具有新闻价值的事件不致成为“漏网之鱼”。

通常的规律是，起初只是个人体验的叙述，由于某些个人体验本身具有一定的新闻价值（在微博上也就是具有一定的可转发、可评论价值），其他人跟进分享体验或进行评论，从而将原本碎片化的个人体验“升级”为群体体验，当这种群体体验的叙述达到一定的规模和热度，就蔚然而成“热点事态”或“热点事件”，即所谓的“舆情”。例如，2012年1月28日，网友通过微博爆料：一行人春节假期到三亚吃海鲜，三个普通菜式被“宰”了近4000元；邻桌客人点了一条鱼，每斤580元，总共“挨宰”6000多元。该网友还在微博上贴出了就餐账单。这一乍看并不起眼的“个体体验”叙述，在网络上却一石激起千层浪，不少网友跟着“晒”出了他们各自的相似“个体体验”，“个体体验”从而汇成了“群体体验”，并进而引发了包括央视在内的传统媒体的大规模跟进报道，直至“逼宫”当地政府部门出来表态和采取整改措施。

不过，即使是政府部门的表态也横生了一些波折，值得引以为戒。一开始，三亚市政府新闻办官方微博发帖称：“感谢游客、网民和媒体对三亚的关注、关心和热爱。今年春节黄金周在食品卫生、诚信经营等方面三亚没有接到一个投诉、举报电话，说明整个旅游市场秩序稳定、良好……”“零投诉”的回应甫一发出就“炸开了锅”，当天即引发网友数以万计的转发或评论。具代表性的网友质疑包括：“没有投诉还有两种可能，一种是春节期间值班时间减少，一些投诉没人受理；另一种是投诉了也没用，所以就没人再投诉了。”沸沸扬扬的评论让三亚市政府新闻办工作人员坐不住了，他们通过官方微博进行“更正”并“致歉”：

三亚市工商局2012年春节期间12315值班情况公布：1月22日至28日期间12315共接到消费者申诉举报、咨询电话70个，受理申诉举报43件，与去年同期相比下降59%。其中：普通餐饮8件，与去年同期持平；普通购物13件，与去年同期相比下降43%；普通服务16件，与去年同期相比下降74%；其他类5件（核实后为6件），与去年同期相比下降33%。已成功调解30件，撤诉5件；移转2件；正在处理中6件，挽回经济损失16665元。海鲜排档、水果零投诉。上一条（前日“零投诉”）微博表述有误，是我们工作的失误，敬请广大网友见谅。

这样的“更正”和“致歉”声明，只有令内行人摇头的份儿，因为它反映了官方立场和做法与网友意见与期望的背道而驰：官方一直纠缠的只是12315的受理数字，而网友聚焦的是问题是否真实存在，并进而期望政府有所作为。其实，网友通过微博或网络聊天室等平台分享的由“个体体验”汇聚而成的“群体体验”已经在一定程度上印证了这个事实，而政府部门仍在纠结于一个字眼的表述（即是不是“零”投诉）以及所谓的12315受理举报数字，却对部分海鲜餐馆是否真实存在“宰客”现象、政府如何通过具体举措进行整改未着一字。依我所见，政府应该给出的声明可以是这样的：

重视情况反映、表态将深入调查和取证 → 本着“有则改之，无则加勉”的态度，立即加大对海鲜餐馆食肆的监督、检查和管理（罗列几个当前能够实施的具体举措）→ 感谢网友反映情况，并公布更多投诉热线电话及官方微博等其他意见反馈渠道

值得欣慰的是，一周后，三亚市委、市政府专门召开媒体见面会，时任海南省副省长、三亚市委书记的姜斯宪在见面会上表示，“将以此次事件为契机，虚心接受批评，努力向国内外优秀旅游目的地学习，实实在在作好市场监管，真正把三亚打造成高品质的度假家园”。姜斯宪首先对广大媒体、网友对三亚“宰客”事件的关注表示感谢，称三亚将组织力量，认真消化这些批评

意见。他表示，这次事件也表明，三亚旅游市场的确存在一些害群之马，对这些害群之马将采取零容忍的态度，严肃查处，切实维护广大消费者的利益。“绝大多数经营者是奉公守法的，但即便是有少数害群之马，也足以使我们这样一个城市受到很大的伤害。” 他还表示，三亚节日期间接到的投诉反映出三亚在旅游市场存在薄弱环节，但旅游市场存在的问题，肯定不止投诉反映的这些问题。“实际上这个问题存在的严重程度，要高于我们接到的投诉所反映的情况，在提升旅游服务质量方面我们要下工夫，另一方面，要完善投诉系统。”三亚市委书记的表态，与我上述的建议在基本精神上是契合的。我们要问的是：作为政府部门联系群众的窗口，三亚市政府新闻办官方微博何不从一开始就以这样的基调与网友进行回应和沟通？三亚市委书记在此事上作为三亚的“新闻发言人”作出了态度诚恳、言辞专业的表态，为什么其他的具体行政部门不可以早些作出类似表态，从而将事态抑制在萌芽状态？为什么我们的政府部门总是那么在乎“零投诉”，而对民众反映的不良现象却并不“零容忍”？

三亚“宰客”事件本身是具有一定新闻价值的。首先，海南正在建设“国际旅游岛”，而三亚是海南最主要的滨海旅游城市，这是此次事件的一个大背景——它提高了公众对于三亚旅游环境建设的期望，而“期望之切”与“失望之深”的落差，也给受众心理制造了冲突效应（新闻价值要素之一）。其次，不少去过三亚的游客亲身经历或至少耳闻过“宰客”现象，网友的反映以及之前的媒体报道也对这一现象予以了佐证，也就是说，部分三亚海鲜餐馆的“害群之马”肆无忌惮“宰客”已经存在一段时间，这是一个基本事实，绝非“个别或偶发现象”，也不是所谓的“零投诉”就可以掩耳盗铃的。另外，“宰客”的“心狠手辣”（动辄成千上万元）使其具有显著性（另一新闻价值要素）。

这样的一个社会现象，只是缺乏一个“由头”来使之得以曝光而已，而上述的网友微博刚好成为曝光这一事实的一个“触发点”。还有，事发之时正值春节假期，“旅游景点宰客”的新闻在“时机”上（也是影响新闻价值的要素之一）既适时又应景，再加上春节假期“新闻供给”的相对不足，形成了所谓的“版面真空”，“三亚海鲜宰客”的新闻在这个时候被大肆炒作，也算是“生逢其时”了（对三亚市的某些主事者来说则是“生不逢时”吧）。**可见，是新闻的，在传统媒体上和在新媒体上都一样是新闻，新媒体只不过提供了另一个新闻事实曝光渠道；而芝麻绿豆小事无法借助微博、网络聊天室等网络平台无限伸展、恣意放大。**这能够帮助解释为什么一些微博用户把自己在消费中遇到的不愉快遭遇通过微博或其他网络平台进行分享，希望事件都能成为“新闻”，从而给当事对方“施压”，可他们往往并不能如愿。**为什么？因为微博等新媒体介质只负责记录和传播新闻事实，并不负责“显微”或“放大”事实。**

正因为传统媒体与新媒体遵循同样的传播内在核心规律和原则，因此，如果你不会通过传统媒体做的事情，也不应该通过新媒体去做；你在传统媒体时代不会采用的危机管理方式，在新媒体时代更不应该采用。2012年7月某日，娱乐圈著名主持人谢娜乘坐从北京飞郑州的国航航班，由于航班延误而导致她主演的话剧推迟两个多小时上演。次日，国航官方微博向谢娜发帖公开致歉：

> 娜娜，你好，你对观众的真诚令我们非常感动!同时，对因天气原因造成的航班延误耽误你的行程，让你受到的委屈深感内疚和歉意。@谢娜

这一致歉贴一“歉”惊人，短短时间即被转发或评论了数万次，还不包括那些自行发帖对之进行痛批的评论，传统媒体也不遑多让，纷纷发文质问：“区别对待，节操何在？”“除了谢娜，国航你还欠很多道歉”“这样的道歉特别像‘追星’”“国航如此危机公关伤不起！”“国航‘只向谢娜道歉’的势利与傲慢”“国航向谢娜道歉：歉意不应只是奢侈品”“国航只向谢娜道歉是一种扭曲的服务观念”……也许当事人会责问国航：我只要求你在“自家园地”向我道个歉，这样的要求是不是太高？也许国航官方微博

管理人员也会说：我在“自家园地”道个歉就可以帮企业息事宁人了，举手之劳，何乐不为？但是，正是这样的“不高”的要求，正是这样的“举手之劳”，却让国航经受了一场公众群起鞭伐的“洗礼”，这个教训不可谓不深刻。你如果不会在报纸上为了一名乘客而登一份致歉函，那么你就不应该在自家官方微博上发这么一条致歉帖，不管她是谢娜、王娜还是李娜!

通过官方微博发帖就是一种官方表态，其内容代表的是官方立场和态度，绝对轻忽和马虎不得，绝对不可有丝毫“大行不顾细谨、大礼不辞小让”的粗疏和缺漏。它是一个正式的对外沟通和传播窗口，千万不要视之为“自留地”或“自家后花园”，或者成为微博具体管理人员的“个人园地”、“私人空间”。2012年7月，美国驻上海领事馆的官方新浪微博账号被封，官方媒体接着发表题为《美国旗下诸领事馆的微博喧哗与卖萌何时休》的评论称：“随着微博的壮大，如今洋微博越来越多，其中最活跃的当数美国旗下诸领事馆。他们热衷于针对中国内部事务说东道西，且不说这是否符合维也纳外交公约对使馆职责的规定，我们有理由发问：居于一隅的领事馆对驻在国的事务随意发表评论乃至轻佻的调侃，究竟是何居心？”

如果仅从公关的角度看问题，这样的评论并非没有道理。因为美国驻华大使馆或领事馆的微博，代表的是美国政府派出机构的官方立场和态度。从功能上来讲，这些大使馆或领事馆的官方微博作为联系身在驻在国的本国公民以及驻在国民众的一条纽带，作为强化服务的一个窗口，作为有助促进两国经济、文化、教育和科技等方面交流与发展的其中一个沟通平台，它们有着存在的必要和理由，但是，外交无小事，它们在未获美国政府授权的前提下不应“越权”就别国内部事务置喙。即使是美国的国务院或国务卿应该也不会赞同它们随意代表官方进行不合适的信息发布或肆意评论驻在国的内部事务。在我看来，这无关民主与自由，只关乎外事原则与媒体政策。事涉两国的关系和利益，借用“二战”期间英国首相丘吉尔的名言“世界上没有永远的朋友，只有永远的利益”，那么我是不是也可以说：世界上没有永远的微博账号，只有永远的利益。

说到官方微博的严肃性，还有一个话题值得一议：个人微博在一定程度上的“官方化”。玩微博的人都知道，微博平台有一个“加V”功能，即用户对自己的真实身份进行认证和披露。有一位“明星警察”，他的个人微博很受追捧，但是由于他所分享的信息有不少是与职务相关的，后来据说被单位“约谈”了；有一位“网络最红宣传部长”，一度在身份认证里标明“×××州委常委、宣传部部长”，后来也可能因为遭受来自“组织”的压力而不得不对微博账户名字及身份认证内容作了一些修改；有些广播电视主持人，在个人微博上发布节目内容“预告”或是提前泄露一些“重磅”信息；还有一些报纸、杂志的新闻记者，利用微博对正在采访的新闻事件进行图文“直播”，却浑然不觉他们正在进行的采访是代表所在单位的职务行为——这些人非但未获授权便使用了单位的资源，而且在某些情况下可能会因为自己的信息发布而置“单位”于被动境地。更为普遍的情况是，有人指名道姓地公布所在组织或其他同事的机密信息，或是未经所在组织的内部授权擅自使用单位的标志、商标、视频和图片资料等……

有一位任职于CNN（美国有线电视新闻网）北京办事处的记者，2012年12月通过个人微博账号“爆料”称某航空公司机组人员对头等舱旅客吸烟坐视不管。这位不论是个人认证资料里还是微博账号名字上都有“CNN”字样的博主，因为此次发帖而连累了东家，遭到一些网友的“口水挞伐”：“做人不能太CNN！”这位博主不得不发表声明说，他已经在“微博简介中明确指出，发帖内容仅代表个人观点，不代表公司立场”。不过，经此一役，他同时表示：“作为被认证账户，今后发帖即使为个人性质，也会更加慎重、严谨。”确实，**实际上，职场中人的个人微博一旦“加V”，或是他们在微博及其他网络平台上发布的内容中披露了自己的职业身份，那么他们所发布的内容就具有一定的官方代言性质，理论上应该受到所在组织的某种形式、某种程度的监控和制约。一个具有健全媒体政策的组织应该这样做。没有任何个人微博或个人的网上信息发布可以凌驾于组织微博或组织的网上信息发布之上，这首先是一个事关“专业操守”的问题。**

另外，运作一个组织的官方微博的人员，千万不要以为发帖就是“轻点（电脑）键盘”或“猛戳（手机）屏幕”那么简单。相反，一字一句都应该详加斟酌，字里字外都应该慎之又慎。举个例子，星巴克就曾经因为一条微博引发了公关危机：星巴克阿根廷在“脸谱”和“推特”上发布道歉声明：“由于（进口咖啡杯）暂时供应不足，一些商店不得不使用本地杯子，对此我们深表歉意。”消息一发，阿根廷人愤怒了：“用我们国家的杯子怎么了？国外杯子又怎么了？我们的就比不上别人的？”

官方微博还要时刻牢记自己的“身份”，只发分内之言，否则身份的混乱或错位也会使其发言让受众摸不着头脑。2012年7月18日，法国驻华大使馆在其官方微博上连发多条微博，分别对巴黎市中心、近郊及远郊的不同房子类型进行详细介绍，部分微博信息来源竟是当地的房产广告（其中一则如下）。

法国驻华大使馆——这栋独立别墅坐落于巴黎西部远郊，距巴黎市中心约40公里，但周边配套设施如学校、超市等俱全。别墅的使用面积为170平方米，另有一80平方米地下室，土地面积为1600平方米。客厅，餐厅，厨房，观景阳台，书房，外加4间卧室。另有可以容纳4辆汽车的车库。这套别墅的售价为62万欧元，约合人民币489万。（该微博帖子附有图片）

有网友猜测这是欧债危机所致，他们揶揄道：“看来法国人是真缺钱了。”很多人纳闷：帮本国房产行业做广告、做中介，这是作为一个大国政府外交机构的大使馆的分内事吗？如果这是在介绍自己国家的房地产状况，但介绍的方式又是颇值商榷的。有网友甚至质疑道：国情有别，法国驻华大使馆在中文官方微博上“晒”法式别墅，而且特别强调它们的“性价比”，这算不算一种炫耀、影射或刺激？“你让中国人民情何以堪”？

2012年12月，身份认证为某市某派出所的微博账号发帖说：“有个姑娘来报警，哭得很伤心，说钱包被偷了。钱不多，但钱包好贵，是男朋友上星期送的。一直到做完笔录还在哭，就算后悔心疼也不致于哭成这样！我就问她：

是不是怕男朋友说你啊？姑娘使劲点点头。是个迷糊可爱型的姑娘。于是我决定，如果她男友真因为这事跟她分了，我就把她收了！”这是典型的将官方微博“公博私用”的“卖萌贴”。其实，只要“卖”得恰如其分，我并不反对官微进行合适的、恰当的“卖萌”。官微总是当“老板”（老板着脸），在自媒体时代总不是那么一回事儿。不过，在上例中，“萌”是“卖”了，但同时被出卖的还有该官方微博的权威性和专业性。有网友跟帖逗趣道：“哦，原来派出所里都是这样的坏叔叔啊！”

有鉴于官方微博的各种“乱象”，我建议，**一个组织的官方微博应由自己团队的专业成员来负责管理和经营，不要轻易将之托付给代理公司或由“临时工”、“实习生”、新晋员工等经验不足的人来具体运作。而且，即使官方微博交由内部团队具有一定经验的成员来具体运作，这些团队成员也应该接受关于新闻发言人和危机管理等的定期培训。**

2. 新媒体时代的一个新要求是，事态或危机发生之后，当事组织或个人要比以往更迅速地表达解决事态、应对危机的诚意、决心和举措。更迅速地展现真诚、积极的态度，有助于更出色地在新媒体时代管理好外界看法，从而赢取应对事态、管理危机的先机。

组织或个人在新媒体时代回应事关乎己的负面新闻或传闻的一个新要求是：“兵贵神速”、“24小时太久，只争朝夕！”新媒体时代，信息传播实时进行，而且社交媒体使相关信息的传播量呈几何级“放大”，而企业或其他组织都会建立自己的官方网站、官方微博或官方短信发布系统等，它们的对外发言有了更加便利、更加直接、更加可控的渠道和平台，不再需要仰赖传统媒体来充当唯一的、有时可能并不“靠谱”、并不可控的“传声筒”。善用这些渠道或平台来及时地回应指控或对外发言，往往能够有效地抢占舆论的“制高点”、赢取应对事态或管理危机的先机。

举个小例子：2012年7月中旬某天，时值A股市场持续低迷、哀鸿遍野之际，一幅方正证券某营业部门口摆满花圈的图片在微博上广为流传。始作俑者还给图片配上了文字：“方正证券，这是办喜事还是办丧事啊？证券公司营业部伤不起啊！” 十多分钟后，博主又转发了这条微博，并加上了更加“犀利”的配文——“A股已死，有事烧纸！”这样的微博映照当时风声鹤唳的惨淡大盘，充分调动起了网友的情绪，一时间，两条微博帖子在网络上广泛流传，大家“围观”、“转发”之不足，纷纷借这些帖子作为情绪宣泄的口子，跟进评论中充斥着亏钱股民的无奈和愤怒情绪，其中见得最多的就是“中国股市已死”的哀叹。面对轩然大波，方正证券无法保持淡定，图片发出仅3个小时，方正证券就在其官方微博上发布辟谣声明，称照片是2008年旧照，花圈与其无关。方正证券进一步解释道，该照片摄于2008年。其时有一女子到该营业部所在大厦跳楼殉情。该女子既非大厦业主，也非营业部客户，但其家属却在大厦前（即营业部门前）摆放花圈，以此向大厦业主提出赔偿要求。因此，“花圈事件”既非新闻，也与该营业部没有任何瓜葛、与股市表现没有任何关系。反应及时、用事实粉碎传言的声明既出，网友对方正证券表示了理解。有人留言表示：“方正证券，这是‘躺着也中枪’啊！”

再举一个“兵贵神速”的例子。2012年3月15日，中国中央电视台在其“3·15”晚会上报道了北京三里屯餐厅的一些违规操作：销售过期食品、篡改制作时间、掉到地上的食品捡起再用等。当晚10时许，即节目播出后2个小时左右，麦当劳（中国）有限公司即在其官方微博上发出了如下声明。虽然声明在内容上中规中矩，乏善可陈，甚至文字和结构上还有进一步斟酌的空间，但其利用新媒体快速反应、及时表态的做法却广受赞誉，客观上避免了舆论的进一步升级。

央视“3·15”晚会所报道的北京三里屯餐厅违规操作的情况，麦当劳（中国）对此非常重视。我们将就这一个别事件立即进行调查，坚决严肃处理，以实际行动向消费者表示歉意。我们将由此事深化管理，确保营运标准切实执行，为消费者提供安全、卫生的美食。欢迎和感谢政府相关部门、媒体及消费者对我们的监督。

翌日，北京麦当劳方面表示，在总部要求下，北京三里屯餐厅被责令停业整顿一周，在此期间将积极接受并配合相关部门的检查，以及完成内部自查和培训。我不禁要“事后诸葛”一番：如果这一举措的内容能够反映到上面的声明文字当中，该声明的效果将会更佳。当然，外企任何一个官方对外声明都必须经过一整套的协调和审批流程，麦当劳能够在两个小时左右就拿出可以对外发布的官方声明（客观上也得益于时值美国白天的上班时间），足见其内部危机应对流程还是相对简单、流畅、高效的。

有意思的是，在麦当劳发表微博声明后，当晚晚些时候，被“3·15”晚会曝光的家乐福、中国电信、招商银行等其他企业也纷纷通过微博进行了回应。可见，一个活跃的（最好是已经具有固定粉丝群、具有一定影响力和号召力的）官方社交媒体的账户，已经成为一个组织应对事态或管理危机的“必配”、“标配”了。今天，社交媒体越来越重要、影响力越来越大，所以它必须充分体现在一个组织的整体企业传播规划、市场营销规划当中。**这已然不是一个关于“投资回报率”的问题了，而是“忽视的风险”的问题（有条件的组织应该聘请专门的主管人员、建立专业的管理团队）。**

新媒体时代，权威发布的真空期更加是传言“发酵”或质疑“发作”的高峰期。因此，事态或危机发生后，当事组织或个人比以往更迅速地表达解决事态、应对危机的诚意、决心和举措，至少能够在公众完全形成“看法”之前，让公众倾听到来自当事组织或个人的声音，形成一个“平衡”的看法，从而有助于当事组织或个人管理好外界的看法。而且，如果做得出色的话，当事组织的诚意、决心和举措及时传播出去以后（抢在传统媒体大肆“炒作”之前），即足以初步平息外界的负面情绪，从而奠定了事态向好的方向发展的基础。

3. 新媒体使人人都可以成为传播活动中主动或被动的参与者，甚至人人都有可能成为“主角”；同时，新媒体使得事态或危机的发生更加防不胜防；还有，新媒体加大了事态或危机中“苦主”侥幸过关的难度和违规成本（更易“毁于一旦”）。

2012年8月下旬中国发生了至少两宗突如其来的舆论事件，它们都很到位地说明，在新媒体时代，人人都可能成为传播活动的参与者甚至主角，不管是主动发起还是被动卷入。首先是一幅陕西省某安监局长在一宗重大车祸现场微笑的照片引起非议，网友对其“人肉搜索”的过程中发现他在不同场合佩戴多只名表，从而引发了声势更为浩大的质疑。一不小心沦为事件主角的当事人，被舆论事件“灼”得焦头烂额，他甚至说：“我听家人说，有些网友的言辞很激烈，甚至涉及了我的家人，对此我很难过……”而且在他接受访谈“坦白”了他之前被“搜索”出的五块手表之后，“锲而不舍”的网友再度“挖掘”出另外六块手表，质疑之声更加甚嚣尘上，从而“逼宫”有关纪检部门表态“介入调查”。有人调侃说，这是经过网络放大的“表情”（不当“微笑”）遭到围观之后所引发的“‘表’情”（名表情况）追踪。

第二个事件原本发生在一趟国内航班上，据说身份为某城某区“区委常委、武装部部长”的一名汉子，因为行李放置问题与一名空姐发生矛盾，“直接拿起行李殴打空姐”，空姐将其版本的事件描述形成文字并配上照片发送到个人微博上面，引发网友的海量转发、评论，一宗飞机上的纠纷事件因为诸多因素的共振，引发了网络情绪的“急剧发酵”、“瞬间爆发”，从而几乎演变成为一次可能影响公权声誉的舆情危机。尤其是在该区宣传部根据“初步调查”发布“调查结果”之后，民意更加汹涌，网友持续质疑该调查结果是否完全反映真相、公权是否有为暴戾行为“买单”和“背书”的可能性，有评论甚至说，一次“原生灾害”被人为制造成了影响更为深远的“次生灾害”，一次公共事件可能沦为公共形象的“滑铁卢”。

接着说说事态或危机的发生因为新媒体而更加防不胜防、事态或危机中“苦主”的“违规成本”因为新媒体而被加大。其中比较典型的一个案例就是2011年的“郭美美事件”。当时有一个微博名字叫“郭美美Baby”、真实名字叫郭美玲的网友——一个自称“住大别墅，开玛莎拉蒂”的20岁女性网友——通过微博贴出了不少炫富照片和文字。最为蹊跷的是，其认证身份居然是“中国红十字会商业总经理”。这些微博帖子引发了部分网友对中国红十字会的非议，“红十字会”的“经理”居然如此富有，“我们捐给红十字会的钱都到哪去了”？随后郭美美发微博澄清说，她所在的公司“与红十字会有着合作关系”，“简称红十字商会”。虽然其后的警方调查及一项“联合调查”都证实“郭美美”与中国红十字总会并无直接关联，但是，对于郭美美究竟与红十字会存在什么“非直接关联”，红十字会和相关调查结论都语焉不详，因此，舆论的猜测和炒作甚嚣尘上，而且直至事件尘埃落定也似乎没有一个明确的终极说法。

在整个“郭美美事件”中，两则声明值得大家“围观”。首先是中国红十字会总会2011年6月22日发表的公开声明。声明表示，在网络炫耀奢华生活方式、引发网友热议的“郭美美”与红十字会无关。声明说，经对有关信息的调查、核实，中国红十字会没有“红十字商会”机构，也未设有“商业总经理”职位，更没有“郭美玲”其人。声明指出，为维护红十字标志的严肃性，我国《红十字会法》、《商标法》及相关法规，均严格限制第三方在未经许可的情况下使用“红十字”的标志与名称。红十字会保留进一步追究有关方面相关责任的权利。红十字会一贯反对那些企图通过制造虚假信息达到对个人进行炒作的行为，也希望社会各界以平和心态看待此类问题，不被利用。中国红十字会总会还在声明中感谢社会各界长期以来对红十字事业的支持，希望继续对红十字会工作进行监督。另外，“郭美美”在事件后期也通过微博致歉：“本人杜撰这个身份是完全没有恶意的，请各位网友原谅！但本人万万没有想到这个愚昧行为会导致网友对中国红十字会产生误解，本人在此向中国红十字会鞠躬道歉，并向关心此事的网友深深致歉！”她还说：“数日来，本人已经受到家人和朋友的严厉教育和谴责！这几天我一直在反省这个给大家造成了伤害和烦恼的愚昧无知行为，希望各位网友不要再炒作，我决定用更多的时间来自我反省和自我教育！”

“郭美美事件”使红十字会遭受了百年一遇的严重信任危机，其声誉被击至冰点，并导致其后一段时间募款金额大幅下降，而且很长时间都走不出“郭美美事件”的阴影。“郭美美”则被质疑另有炒作企图，但有评论也说，“郭美美事件”客观上使得“中国慈善事业公开化、透明化改革的契机正在到来”。中国红十字会常务副会长再谈“郭美美事件”时慨叹：“红十字会107年历史的背后，是无穷的人道主义精神。但是一个没有被证实的网络事件，却可以用3天就把你打得稀里哗啦的。所以我们必须让社会了解红十字会，提高抗击风险的能力。”

依我所见，红十字会的此次危机管理是不成功的。最主要的还是我前述的两个危机管理原则他们都没有处理妥当。首先，他们的态度不够诚恳，不正视问题，更不见他们对公众道歉过什么。相反，他们一直以“受害者”自居，沉溺于对自己的“感觉良好”之中，却因为没有管理好“公众看法”而致声誉严重受损。须知，在一些热点舆情中，公众（特别是网民）经常不问是非，只问善恶，顾不上仔细辨析事件细节，而是习惯于凭借平日对社会的“刻板印象”或先入为主的“偏执看法”来宣泄牢骚和不满。在这种情况下，当事组织的态度表达非常重要，态度表达得好，则事半而功倍。其次，所谓“当局者迷”，他们一直急于“自我保护”，忙于撇清与“郭美美”的关系，一直声称“红十字会保留进一步追究有关方面相关责任的权利”，却不见他们以事件为契机，及时推出改善公开、透明操作的切实、有效举措，以此来保护更加长远、更加广泛的“公众利益”。

后来有一次中国红十字会号召大家捐款，网络上有一些网民用“捐你妹”这个网络“术语”来调侃，时任中国红十字会常务副会长回答说：“我不懂‘捐你妹’是什么意思，可能是骂人的意思，所以我不作直接评论。我觉得，老百姓的任何情绪，都是我们改进工作的动力，是一个重要的推动力。”这个回应的姿态拿捏、立场表达都是到位的，但是，**“改进工作”不应该“基本靠吼”，而应该通过向公众系统说明和切实展示具体有效的改进举措来重新赢得信任。**实际上，在我看来，像“郭美美事件”这样的网络事件导致百年信誉毁于一旦并非偶然。**这些网络事件只是使长期现实问题浮出水面的一个偶然触发点或导火索。**监管缺失、自律缺失才是危机的根源。危机后他们亟须的是试图修补信誉的切实行动，而非推诿、借口或抱怨。

再举一例子说说新媒体加大了不当行为及其当事人“侥幸过关”的难度。

2012年7月13日，浙江卫视歌唱综艺节目《中国好声音》只播出首集就火遍了网络。不过，在随后的两三天时间里，这档广受追捧的节目遭遇了信任危机：参赛选手自述的“悲情故事”的真实性遭到网友质疑。其中一位歌者被质疑是“选秀专业户”，擅长“以不幸博同情”；另一位歌者自称“从小生活拮据，曾在工厂打工，做过保安，当过售票员”，却被质疑曾经签约齐秦，并且疑为“富二代”；还有一位台上衣着朴素的“清贫农民歌手”，却被质疑“一点也不穷，打扮还很潮”……最要命的是，在新媒体时代，信息共享沛然潮涌。首先，“群众的眼睛是雪亮的”——何止“雪亮”，简直是“火眼金睛”！其次，“人多力量大”。再而，网友有了先进的网络技术手段和平台，于是神通广大、装备精良的网友们很快贴出了一些作为证据的照片，而这些照片似乎能够印证上述质疑。

所有这些，令节目组猝不及防。好在节目组在节目首播之后即开通了官方微博，他们通过官方微博火速对质疑一一作出回应和解释，并强调说“……以上内容经过了《中国好声音》节目组调查核实，均属三位学员的真实情况，以正视听。《中国好声音》节目唯一的评价标准是声音和演唱实力，欢迎所有专业和非专业人士参加节目。对所有关心本节目并心存疑问的广大观众和网友，《中国好声音》节目组会竭诚解惑，也希望各界朋友宽以待人，支持学员的音乐梦想，传递社会正能量。”尽管质疑可能仍将持续，因为综艺节目的适度“包装”和“粉饰”并不是什么见不得人的秘密，但是节目组的迅速行动及其所作的解释还是能够稍释外界质疑的。**这种新媒体时代的良性互动有助于培育一种更加成熟、更加理性的舆论生态，即双向互动、有惑必解、有疑必答、良性循环的舆论生态。**

2012年7月21日，一天的豪雨把京城变成了泽国。这场“61年一遇”的“特大自然灾害”导致78人死亡，也在微博等网络平台上掀起汹涌大潮，让人们见识了最好时代与最坏时代里舆论的气势汹汹。在暴雨中，北京市民通过个人微博和政务微博获取信息、分享信息，微博成为“特别的生命通道”；暴雨过后，全国网民纷纷通过微博表达对于有关方面、有关工作的批评和建议，形成一种新的政府工作监督模式，从而在一定意义上，微博成为“特别的民意通道”。应对民意的“洪水”，最好的方式当然应该还是“决之使导、宣之使言”。回过头看，我建议北京市的权威政府部门和有关领导应该第一时间、从一开始就遵循让灾情向公众完全公开的原则。同时，他们的对外关键信息应该始终围绕：“特大自然灾害，教训异常深刻，将认真总结和吸取教训；向遇难者表示哀悼，向其家属表示慰问（新闻发布会现场可考虑进行默哀或其他致哀行为）。” 具体举措方面，首先是全力做好善后工作，帮助需要帮助的民众。”其次是“下决心、大力度改进我们在规划建设、基础设施和应急管理等方面存在的问题”（最好能够出台一些近期可执行的具体、实际行动”，如“从现在起每年斥资多少钱用于治水防洪”、“一桥一策整改解决”等）。最后，感谢大家对工作的批评和建议，表示接受批评和监督，表态将多谋民生之利，多解民生之忧，不断加强和改进工作，避免悲剧重演。

滂沱暴雨之类的“原生灾害”具有可怖的破坏力，汹涌舆论如若应对不当所致的“次生灾害”则具有更加狰狞的摧毁力量。在这个大时代里，政府及整个社会应对大舆情要有大智慧。而这种大智慧首先要求我们遵循一些基本的价值与原则：对人的尊严、生命价值的尊重；对民意的主动顺应及正面引导；积极满足公众的知情权、参与权、表达权和监督权；有勇气面对真相、让阳光照进真相；对传播的正面效果及正面能量的注重；对公众最根本利益的最大化……

传统媒体曾经是信息传播的“精英舞台”，而如今的新媒体却是信息传播的“草根平台”。在这个“自媒体”的时代，大众传播实现了从“受众印象”到“受众表达”的转变，如今人人都可以在网络上发布信息、发表意见，人人都俨然成为一个小小“通讯社”，在信息传递的过程中，人人都可以是参与者，人人都可能成为主角。一个组织与外界的数字化沟通与传播模型，更倾向于：

1. 捕捉（Catch）：更易于找到并获得组织的核心目标受众；

2. 连接（Connect）：通过数字化工具让受众参与到组织活动当中，把组织活动与受众联结在一起；

3. 持续（Continue）：与受众形成一种长期的虚拟双向互动；

4. 转变与聚合（Convert/Converge）：将受众转变为组织的支持力量，并聚合受众的这种力量服务和贡献于组织的长远成功。

在新媒体时代，一些名人、明星或意见领袖的个人微博的粉丝数量动辄几百、几千万，甚至数倍于《人民日报》的发行量。他们每一次发言，就有数倍于主流传统纸质媒体的受众，而且这些受众是“点对点”的受众，因此他们对明星或名人发言内容的接受程度通常更高。而且，由于管理体制的羁绊、政策导向的不清，目前的舆论场存在一种可能是暂时的、相当奇特的话语失衡怪象：有些事情，网络上议论纷纷，微博上有图、有细节、有当事人诉说、有旁观者描述，可是传统媒体竟不见半句报道，纸媒无字，电视无影，广播无声。昔日主流媒体话语权和主导权的逐渐旁落并非是这个社会之福，它的成因是有关主管部门只是紧盯作为宣传“堡垒”和“图腾”的传统媒体，而对新媒体则睁一只眼闭一只眼或者干瞪眼。

实际上，**不管是传统媒体时代还是新媒体时代，信息的挖掘和提炼仍然是最重要的，而在信息挖掘和提炼方面传统媒体有着不可比拟的优势，也仍然具有一定的权威性。因此在互联网时代，主流传统媒体本应被允许或是自己争取以更加积极、开放的姿态，充当互联网纷乱信息的过滤器，而不要沦为纷乱信息的又一个传播者甚至推波助澜者。试问：在重大事件发生之后，与其让公众借助众声喧哗、众说纷纭的微博上的碎片化信息去试图拼凑出一个“完整的事实”（有人戏称“拼图游戏”），我们的传统媒体为什么不可以第一时间就发出权威的声音、第一时间抢占舆论的高地？为什么不可以通过权威的披露或解读成为事实的终极报道者（即“一锤定音者”）？**

美国小说《麦田里的守望者》的主人公霍尔顿说他想当一名“麦田里的守望者”。“有那么一群小孩子在一大块麦田里做游戏。几千几万个小孩子，附近没有一个人——没有一个大人——除了我。我呢，就在那混账的悬崖边。我的职务是在那儿守望，要是有哪个孩子往悬崖边奔来，我就把他捉住——我整天就干这样的事。我只想当个麦田里的守望者。”如果我们把互联网上的信息分享和传递视为“在一大块麦田里做游戏”、随时有可能堕入悬崖的“几千几万个小孩子”，我们的传统媒体，为什么不可以成为那位“麦田里的守望者”？

在新媒体时代，我们作为个人声誉的经营者、作为职场的一份子，也理应成为个人或组织声誉的“麦田里的守望者”：用开放、真诚、负责任的态度，通过真实信息的发布、公众疑问的解惑、正面能量的传递，维护和提升个人及其所服务组织的公信力、品牌形象和声誉。在这个“最好的”和“最坏的”时代，“麦田里的守望者”有着更举足轻重的意义以及更光辉灿烂的未来。

附录一　乔治·W. 布什对国会和美国人民的讲话（2001年9月20日）

（众议院）议长先生、（参议院）临时主席先生、国会议员及美国人民：

按照通常的议程，总统来到国会是要发表国情咨文的。今晚不需要这样的报告。因为美国人民已经作出了他们的报告。

被劫飞机的乘客奋起与恐怖分子搏斗，从而拯救了地上的人们——他们的英勇让我们看到了我们的“国情”。这些乘客当中就有一位名叫陶德·彬默的勇士。请和我一起欢迎他的妻子莉莎·彬默今晚的到来！

救援人员不知疲倦地开展工作——他们的顽强让我们看到了我们的“国情”。

我们看到了飘扬的旗帜、燃烧的烛光，看到人们在献血、人们在祈祷——不管他们用的是英语、希伯来语，还是阿拉伯语……

我们看到了人民的美善——他们相互关爱、相互帮助，把陌生人的悲痛当成己悲。

同胞们，过去九天，全世界都亲眼目睹了我们的“国情”——我们是一个强大的国家！

今晚，我们的国家由于受到威胁而警醒，一声召唤让我们奋起捍卫自由。我们的悲痛已经化为愤怒，愤怒已经变为决心。不管用什么方式将敌人绳之以法，正义终将得到伸张。

我感谢国会在这样一个重要时刻所发挥的领导作用。在悲剧发生的当晚，整个美国都看到共和党人和民主党人携手站在国会山上同唱《上帝保佑美利坚》，实在令人动容。而你们做的不仅是高歌，你们行动起来，拨款400亿美元用于重建我们的家园和满足军队的需要。

（众议院）议长哈斯特，（众议院）少数党领袖泽哈特，（参议院）多数党领袖达施勒以及参议员洛特，我感谢你们的鼎立相助、你们的领导作用，以及你们对国家的奉献。

我代表美国民众，感谢世界各地的大力支持。美国人民永远不会忘记，我们国歌的旋律响起在白金汉宫、在巴黎街道、在柏林勃兰登堡城门……

我们不会忘记，韩国儿童聚集在首尔的美国大使馆外面为我们祈祷；同情我们的人们在开罗一座清真寺为我们祷告；我们不会忘记，连日来，在澳大利亚、非洲和拉丁美洲，人们举行默哀或悼念活动。

我们同样不会忘记，与美国公民一道罹难的有来自80个其他国家的公民：几十名巴基斯坦人、130多名以色列人、250多名印度公民，还有来自萨尔瓦多、伊朗、墨西哥和日本的男男女女，以及数百名英国公民。英国是美国最要好的朋友，我们又一次为了一项伟大的事业而携起手来。英国首相跨洋而来，向人们显示他与美国同仇敌忾；我们深感荣幸并感谢朋友的到来。

9月11日，自由的敌人对我们国家发动了一场战争。美国人民早就领教过战争，然而除1941年那个星期天的（珍珠港）事件之外，过去136年间的战争都是在外国疆土上进行的；美国人民也早已见识过战争的伤亡——但那些伤亡都不是在一个平和的早晨、在一个伟大城市的中心发生的；美国人民也遭受过突然袭击——但是以前它们从未针对过数以千计的平民。所有这些都在一天之内遽然降临，黑夜笼罩，整个自由世界遭受了袭击。

今晚，美国人有很多疑问。美国人民在问：谁袭击了我们的国家？我们现在收集到的证据都指向了一个由众多松散组织所组成的恐怖分子网络——基地组织。他们和炸弹袭击美国驻坦桑尼亚和肯尼亚大使馆的凶手是同一拨人，也对美国驱逐舰“科尔”号爆炸案负责。

基地组织之于恐怖主义，就像黑手党之于犯罪一样。但他们的目的不是为了钱，而是为了改造这个世界，为了把他们的极端教义强加给世界各地的人们。

这些偏门左道的伊斯兰极端教义早就被穆斯林学者和绝大部分穆斯林信众所抛弃，然而这些恐怖分子却奉若神明，他们发起不入流的运动肆意歪曲倡导和平的伊斯兰教义。这些恐怖分子的教条就是要杀戮基督教徒和犹太教徒、杀光美国人，不管是军人还是平民，也不管是妇女还是孩童。

这个组织和它的头目本·拉登的爪子遍及不同国家的其他许多组织，包括埃及伊斯兰组织吉哈德和乌兹别克斯坦的伊斯兰运动组织。成千上万这样的恐怖分子分布在60多个国家，他们从自己的国家、自己的所在地被招募，带到阿富汗等地的训练营接受恐怖主义手段的训练，然后被派回自己的国家或潜藏在全球其他国家，策划罪恶和破坏行径。

基地组织的首领在阿富汗有着巨大影响，他们支持塔利班政权控制了阿富汗大部分地区。在阿富汗，我们看到了基地组织所构想的世界。

阿富汗人民受到了残酷对待——许多人忍饥挨饿，许多人逃离家园；妇女不能上学；拥有一台电视机就可能被打入监牢；所有的宗教信仰只能遵照领袖旨意进行；在阿富汗，一个男人的胡子不够长也可能要坐牢……

美国尊重阿富汗人民——毕竟，我们目前是阿富汗最大的人道主义援助国。但是，我们谴责塔利班政权。它不仅压制自己的人民，而且通过支持、庇护和输出恐怖分子，威胁各个地方的人民。通过资助和教唆杀戮行径，塔利班政权也在进行杀戮。

今晚，美利坚合众国向塔利班发出如下要求：把阿富汗境内所有基地组织头目交给美国政府；释放所有非法关押的包括美国人在内的所有外国公民；保护外国记者、外交官员以及救援人员；立即永远关闭阿富汗的恐怖分子训练营地，交出所有恐怖分子以及支持他们的任何人员；向美国完全开放恐怖分子训练营地，以便我们确保它们不再使用。

这些要求都不容谈判或商量。塔利班必须执行，而且必须马上执行。他们必须交出恐怖分子，否则恐怖分子的下场就是他们的下场。

今晚，我还想直接对世界各地的穆斯林说：我们尊重你们的信仰。在美国，千百万民众自由信奉伊斯兰教，而在美国视为友邦的国家中也有另外千百万信众。它的教义是良善的，也是推崇和平的。那些借真主之名开展罪恶行径的人们亵渎了真主的圣名。恐怖分子背叛了他们自己的信仰，实际上是试图绑架伊斯兰教。美国的敌人不是我们的众多的穆斯林朋友和阿拉伯朋友；我们的敌人是一个恐怖主义极端网络以及任何一个支持他们的政府。

我们反恐怖主义的战争将从打击基地组织开始，但不会止步于此。我们不会停止战斗，直到每一个有着全球触角的恐怖主义组织被揪出、阻止和彻底打败。

美国人民在问：他们为什么仇恨我们？因为他们仇恨我们在这个国会大厅里看到的一切——我们有着一个经过民主选举的政府，而他们的首领是自命的；他们仇恨我们的自由——我们的宗教自由、言论自由、选举自由、集会自由，以及反对不同意见的自由等。

这些恐怖分子妄图推翻许多穆斯林国家的现任政府，比如埃及、沙特阿拉伯和约旦；他们要把以色列赶出中东；他们要把基督教徒和犹太教徒赶出亚洲和非洲的广大地区。

这些恐怖分子的杀戮不仅是为了结束生命，而是意图打乱和终止一种生活方式。通过一次次的暴行，他们希望美国恐惧起来，从世界舞台上退却下去，将自己的朋友抛弃。他们反对美国，因为我们挡住了他们的道路。

我们没有被他们虚伪的宗教虔诚所欺骗。我们以前也见识过他们的同类。他们只不过是20世纪那些杀人的各种主义的沉渣。通过牺牲人的生命来实现他们极端的理想，通过抛弃除了权力欲望之外的一切价值观念，他们步的是法西斯、纳粹主义和极权主义的后尘。他们会沿着那条道路一直走到黑，走入由遭人唾弃的谎言垒成的历史荒冢。

美国人民在问：我们怎样去打并打赢这场战争？我们将动用一切可用的资源——所有的外交途径、所有的情报工具、所有的执法手段、所有的金融影响以及所有必要的战争武器——以瓦解和击溃全球恐怖主义网络。

这场战争不像十年前打击伊拉克的战争，那时我们有一个解放被占领土（科威特）的明确目标，并能够做到速战速决；它也不像两年前在科索沃进行的战争，那时我们没有动用地面部队，没有任何一个美国人在作战中牺牲。

我们的回应将远远超出立即的报复行动和单一的军事打击。美国人民不应指望能够毕其功于一役，相反它将是一场长期的战争，不像任何一场我们见过的战争。它可能包括一些大家通过电视可以看到的场面恢弘的打击行动，也可能包括一些即使取得成功但仍不足为外人道的秘密行动。我们要切断恐怖分子的资金来源，促使他们互相撕斗，把他们赶得四处逃窜，直至无处藏身、无暇喘息。我们也将追究那些为恐怖主义提供资助和避风港湾的国家。世界各个地区的每个国家，你们现在可以作一个抉择：你们要么和我们同仇敌忾，要么和恐怖分子同流合污。从今天开始，美国将把任何继续庇护和支持恐怖主义的国家视为敌对政权。

我们的国家已经得到警诫：我们并非没有可能遭到袭击。我们将采取防御性措施，打击恐怖主义，保卫美国民众。今天，联邦政府数十个部门和机构，以及各州和各地的政府部门，都负有保卫国土安全的义务。这些工作必须由一个最高机构来协调。因此，今晚，我宣布成立直接向我负责的内阁级别机构——国土安全办公室。

今晚我还要宣布领导这一工作、从而强化美国安全的一位优秀的美国人：一位退伍军人、一位工作卓有成效的州长、一位真正的爱国者、我的一位值得信赖的朋友——来自宾夕法尼亚州的汤姆·瑞奇（Tom Ridge）。他将领导、监管和协调一个全方位的全国战略，护卫我们的国家免遭恐怖主义侵害，应对任何可能发生的袭击。

这些措施都是关键的。但是，击败恐怖主义对我们的生活方式所构成的威胁的唯一办法，是在它滋长起来的地方制止它、消除它、摧毁它。

很多人将会介入这些行动，从联邦调查局的人员到情报部门的特工，再到召之即来的后备役军人。我们应当感谢他们，我们应当为他们祈祷。今晚，就在遭创的五角大楼的数英里之外，我要对我们的军队说：作好准备！我已经要求军队枕戈待旦，这是有原因的。美国采取行动的时刻就要到来，你们将令我们自豪！

当然这不仅仅是美国在单兵作战。受到威胁的不仅仅是美国的自由。这是整个世界的斗争，这是整个人类文明的斗争，这是所有信奉进步和多元、宽容和自由的人们的斗争。

我们请每一个国家都加入我们。我们会请求，而且我们也需要世界各地警察机构、情报机关、银行系统对我们的帮助。很多国家和国际组织已经通过表达同情和提供支持作出了回应。这些国家来自拉美、亚洲、非洲、欧洲，乃至伊斯兰世界。也许《北约宪章》（NATO Charter）里面的话最能反映国际社会的态度：对一国的攻击就是对所有国家的攻击。

文明社会正站在美国的这一边。他们明白，如果恐怖主义不受惩罚，那么他们的城市和他们的民众可能就是下一个目标。恐怖主义如果不受惩戒，他们将不仅仅会炸毁大楼，还会威胁合法政府的稳定。请你们相信，我们不会容许他们的行径。

美国人民在问：我们应该做些什么？我请你们继续自己的生活，拥抱你们的孩子。我知道今晚很多民众仍心存恐惧，我请你们保持镇定，坚定意志，即使仍然继续面对威胁。

我请你们坚守美国的价值观念，谨记为什么会有那么多人来到美国。我们是在为原则而战，我们首要的责任是践行这些原则。任何人都不能因为他们的种族背景或宗教信仰而被区别开来遭受对待上的不公平和言语上的不友善。

我请你们通过捐助继续支持灾难中的受害者。那些有意捐助的人们可以登陆到一个信息汇总网站www.libertyunites.org，去查找在纽约、宾夕法尼亚和弗吉尼亚提供直接援助的机构名称。

成千上万正在开展调查工作的联邦调查局人员可能需要你们的合作，我请你们配合。

我希望你们保持耐心——由于加强安全而导致的各种延误和诸多不便，以及面对一场长期的斗争都需要你们保持耐心。

我希望你们继续投入美国经济建设，并对经济充满信心。恐怖分子袭击了美国繁荣的一个标志。但是他们没有伤及美国繁荣的根源。美国的成功是由于我们人民的辛劳、创造力和创业精神。这些是9月11日之前我们经济的真正实力，它们仍然是今日我们的实力所在。

最后，请继续为恐怖行径的受害者及其家人祈祷，为身着制服的救援人员祈祷，为我们伟大的国家祈祷。祈祷抚慰了我们的悲痛，也将给予我们前行的力量。

今晚，我感谢所有的美国同胞，感谢你们为国家所做的一切和将要做的一切。国会的各位女士们、先生们，我也感谢代表人民的你们，感谢你们为国家所做的一切和我们一起所将要做的一切。

今晚，我们国家面临新的、突如其来的挑战。我们要站到一起，加强航空安全，显著增加国内航班安保人员的数量，采取新的措施防止劫机事件的发生；我们将站到一起，在这个紧急时期通过提供直接协助，促进形势的稳定，确保航空公司继续营运。

我们将站到一起，给予执法机关所需的更多配备，彻底打击国内的恐怖活动；我们将站到一起，强化我们情报机关的能力，以便在恐怖分子采取行动之前截获他们的信息、在他们发动袭击之前锁定他们。

我们将站到一起，采取积极措施，巩固美国经济，让人们恢复就业。

今晚，我们欢迎在座的两位领导人，他们代表着全体纽约市民的非凡精神：州长乔治·帕塔奇（George Pataki）和市长鲁道夫·朱利安尼（Rudolph Giuliani）。作为美国意志的象征，我的内阁将与国会及这两位领导人一起合作，向世界显示，我们会重建纽约。

在这一切发生之后：生灵的涂炭，那些可能和希望的随之破灭……人们自然而然会发问：美国的未来是不是充满恐惧？有些人提到我们将步入一个恐怖主义的年代……我知道前路会有斗争和危险。但是我们的国家将定义我们的时代，而不是由他们来定义这个时代。只要美国足够坚决、足够坚强，就不会有一个恐怖主义的年代，就会有一个自由的年代，不管是在这里，还是在世界其他地方。

我们蒙受了巨大的伤害；我们承受了莫大的损失。在悲痛和愤怒当中，我们感到了自己的使命和担当。自由和恐惧正在交锋。人类自由事业的进步——我们这个时代的伟大成就，同时也是任何时代人们的伟大追求——就指望我们了。我们的国家——我们这代人——为了我们的人民和我们的未来，一定会将暴力恐怖的阴霾驱散。通过做出努力，通过展示勇气，我们将动员全世界加入这一事业。我们不会倦怠，我们不会摇摆，我们不会失败。

我希望，在接下来的年月里，大家的生活能够恢复正常。我们将回复到我们正常的起居生活，这是大家期盼的。即使是悲伤，时间和理性也会让它渐渐淡去。但是我们的决心不应该流逝。我们每个人都会记得那天发生的事情，以及事件中罹难的人们；我们会记得消息传来的那个时刻：当时我们在哪里、我们正在做什么。有些人会记得那个着火的场面或者一则救援的故事；有些人的脑海里将长留已经永远离去的面孔和声音……

而我将会保留这份纪念品，它是一位名叫乔治·霍华德的警察留下的警徽。他在世贸大厦抢救他人时牺牲了。警徽是他的母亲艾琳娜作为一份对她儿子的骄傲记忆交给我的。它在提醒我：那些结束了的生命，以及不会结束的使命。

我不会忘记这次袭击给我们国家造成的创伤，也不会忘记是谁造成的创伤。我不会屈服；我不会停息；我不会在这场关系到美国人民自由与安全的斗争中有一念之仁。

这场斗争的过程还不明朗，但是它的结局是肯定的。自由与恐惧，正义与残酷，从来就是针锋相对的。我们知道，对于它们的取舍，上帝的立场不是中立的。

公民同胞们，假以时日，我们将用正义来对付暴力，因为我们确信我们的事业是正义的，我们对将要取得的胜利充满信心。展望未来，愿上帝赐予我们智慧，愿上帝保佑美利坚合众国。

谢谢！

附录二　第44届美国总统贝拉克·奥巴马的胜选演讲
（2008年11月4日）

芝加哥的同胞们，大家好!

如若有人还在怀疑美国是不是一个一切皆有可能的地方、有人还有疑问我们开国先贤的宏愿是不是在当世仍生生不息、有人还在质疑民主的伟力，今晚他们得到了答案!

你们可以从这个国家从未见过的遍布学校和教堂的排队投票人群感知这一答案，从苦候三四个小时的投票人群感知这一答案，他们中许多人是平生第一次如此执着，因为他们相信这一次必须有所不同，他们相信投下的这一票能够缔造不同。

这一答案是由美国人民给出的：年轻的、年迈的；富贵的、贫穷的；民主党人、共和党人；黑人、白人、西班牙裔、亚裔、美国土著；同性恋者、异性恋者；残障人士、非残障人士……他们向世界发出一个信息：我们从来都不仅是众多个体的集合体，不仅是“红州”（历史上支持共和党的州——本书作者注）与“蓝州”（历史上支持民主党的州——本书作者注）的集合体。

我们是，而且将永远是美利坚合众国。

这一答案让人们把手放到历史的天平上，再次给它加上砝码，让它向着美好未来的方向倾斜。这些人长期以来被很多的人教唆：对于我们能够实现什么，应该抱着嘲讽、惧怕和疑虑的态度……

为此我们走过了漫漫长路，但是今晚，因为我们在这个日子里、在这个决定性的时刻、在这次大选中的作为，改变已经降临美国。

今晚稍早时候，我接到了参议员麦凯恩（奥巴马在此次大选中的竞争对手——本书作者注）打来的很有风度的电话。

参议员麦凯恩在这次竞选中进行了长期而艰辛的努力。他为这个他热爱的国家进行了更加长期而艰辛的奋斗。他为了美国作出了大多数人所难以想象的牺牲。这位勇敢而无私的领导人所作出的奉献，使我们的生活更加美好。我祝贺他，也祝贺佩林州长（麦凯恩的竞选搭档——本书作者注），祝贺他们取得的所有成绩。我期待在未来的年月里和他们一起努力，重燃这个国家的希望。

我要感谢我的竞选搭档——美国候任副总统乔·拜登。这是一个用心参加竞选的人，他为那些他在斯坎顿大街上一起长大、他在返回特拉华州的路上一起坐过火车的人们代言。

如果没有来自她的坚定支持，今晚我不会站到这里。她是我过去16年的挚亲，我的家庭支柱，我生命中的最爱，这个国家的下一任第一夫人——米歇尔·奥巴马。

萨沙和玛利亚，我对你们的爱超乎你们的想象。你们有了新的爱狗，它将跟随我们入主新白宫。

虽然她已经不在了，但我知道我的祖母正在注视着我，和她一起的还有其他先辈家人。是他们造就了今日的我。今晚我想念他们。我知道我对他们的感恩之情难以言表。

感谢我的姐姐玛雅、我的姐姐艾尔玛，以及我的其他兄弟姐妹。我想说，非常感谢你们给予我的全部支持。——我感谢你们的支持！

我要感谢我的竞选活动负责人大卫·普劳夫。他是这次竞选活动的幕后英雄。我认为，他运作了美国历史上最出色的一次政治选战。

感谢我的首席策略顾问大卫·埃塞罗，他在整个过程中都是我的一名伙伴。

感谢整支政治史上最优秀的竞选团队！你们做到了！我永远感谢你们为了取得成功所作出的牺牲。

但是最为重要的，我将永远不会忘记谁才是这场胜利的真正归属。它属于你们。它属于你们！

我原本是最不可能赢得选战的候选人。开始的时候我们财力单薄，挺者寥寥。我们的竞选活动不是在华盛顿特区的大厅里筹划的，它起步于位于得梅因市（Des Moines）的后院、位于康科德市（Concord）的卧室以及位于查尔斯顿市（Charleston）的前廊。它是工薪一族掏出微薄积蓄中的5美元、10美元、20美元而成就了一番事业的。

它从年青一代汲取力量，是他们打破了大家对这一代人冷漠无情的成见：他们告别家庭、离开家人，去做那些收入少、工时长的工作。

它从年长一代汲取力量，是他们冒着严寒、顶着酷暑去拜访发动陌生人的家庭；它从千百万美国人那里汲取力量，是他们志愿行动，组织起来，向人们证明两百年之后，政府“民有、民治、民享”的理念不曾从地球上消亡。

这是你们的胜利。

我知道你们所做的不仅仅是为了赢得选举。我知道你们所做的不仅仅是为了我。

你们所做的，是因为你们理解摆在我们面前的重任。即使在这个庆祝的夜晚，我们知道明天要面对的挑战是我们这辈子以来最为艰巨的——两场战争、岌岌可危的地球、百年一见的最深重金融危机。

即使今晚我们站在这里，我们知道还有勇敢的美国人正在伊拉克的沙漠、阿富汗的山区，为了我们甘冒生命的危险。

还有母亲和父亲在孩子入睡以后辗转难眠，忧心忡忡：不知道该怎样偿还房屋按揭、支付医疗费用，不知道该如何存够钱供小孩读大学。

我们需要开发新的能源、创造新的工作、建设新的学校，我们需要应对威胁、修补同盟关系。

前路漫漫。我们攀登的将是陡坡峭壁。倏忽一载，甚或四年任期，我们都不一定能够抵达目的地。但是，美国同胞们，今晚我的内心充满着从未有过的必胜信心。我向你们承诺，我们团结一致，定将使命必达。

我向你们承诺，我们万众一心，就一定能够做到。

我们会遭遇挫折，也可能出师不利。会有许多人不同意我作为总统作出的每一项决定或政策。而且我们知道政府无法解决所有问题。

但我会总是据实相告我们面对的挑战。我会倾听你们的声音，特别是当我们意见相左的时候。最重要的是，我会邀请你们加入再造这个国家的努力当中——这是过去221年美国的唯一打造之路——一砖一瓦、一椽一木、用我们粗糙的一双双手。

21个月前在隆冬时节开启的这个旅程，不能就在这个秋夜戛然而止。

胜选本身并非我们所寻求的改变。它只意味着我们有了机会去作出改变。而如果我们一切因循旧制，改变就不会发生。

如果没有你们，没有一种全新的奉献精神、一种全新的牺牲精神，改变就不会发生。

所以，让我们召唤一种全新的爱国、责任精神，每个人都下定决心投身其中、做出更大努力，不仅能守望好我们自己，还能彼此相助。

让我们记住，如果这次金融危机教会了我们什么，那就是：我们不能让华尔街蓬勃繁荣而寻常街巷却凋敝荒凉。

在这个国家，举国同进退，全民共患难。让我们抵御诱惑，切莫回到以前那种长期毒害美国政治的党派之争、计较之风和幼稚之气。

让我们记住，正是从这个州走出来的一个男人首次扛着共和党的大旗入主白宫，而共和党是基于自我依赖、个人自由和全国团结的理念建立起来的。

那些理念是我们共同的信条。虽然今晚民主党取得了大胜，我们怀着谦卑和决心，希望愈合那道阻碍我们进步的鸿沟。

正如林肯面对比我们现在还要分裂的国民所说的，我们不是敌人，我们是朋友。虽然那份激情可能已有消减，但我们之间的感情纽带不应就此断裂。

我想对那些我还没有赢得你们支持的美国人说，今晚我虽然还没有赢得你们的选票，但我听到了你们的心声。我需要你们的帮助。我也将是你们的总统。

对那些今晚隔洋关注我们的人——不管是议会诸公还是皇宫贵族，以及对那些在被世界遗忘了的角度里围听收音机的人，我想说：我们各有各的问题，但我们的命运是相通的，我们正在迎来一个新的美国领导时代。

对那些企图破坏这个世界的人，我想说：我们将打败你们；对那些寻求和平与安全的人，我想说：我们支持你们！对那些怀疑美国这座灯塔是否明亮依旧的人，我想说：今晚我们再次证明，我们国家的真正力量不是来自武器的威力或财富的规模，而来自我们的理念的那份生生不息的伟力：民主、自由、机会和不息的希望。

这才是美国的真正特性：那就是，美国能够作出改变！我们的合众国能够进一步完善。我们已经取得的成就给予了我们希望，告诉我们能够而且必须去争取明天的成就。

这次选举留下了将被后代传诵的许多“首次”和故事。今晚让我难忘的是在亚特兰大投票的一名妇女。她和在这次选举中其他千千万万排队投票、表达心声的人并无二致，只有一点特别之处：安·尼克松·库派106岁了。

她是奴隶制度结束不久的那个时代出生的；那个时代路上没有汽车、天上没有飞机；那个时代像她这样的人因为两个原因而无法参加投票——因为她是一名妇女；因为她的肤色。

今晚，我想起她在美国的一个世纪中所见证的一切——痛心与希望；挣扎与进步；我们屡屡被告知我们不能做到，而我们总是勉力而为，心中怀着这样的美国精神：是的，我们能！

挺过那个妇女无法表达心声和实现希望的时代，她终于见到妇女有了地位、有了发言权、有了投票权。是的，我们能！

尘暴频仍的三十年代，一片绝望，举目萧条，她见证了这个国家通过实施“新政”、创造就业，大家同心同德，战胜了恐惧。是的，我们能！

当炸弹侵袭我们的港口、暴政威胁这个世界，她亲身见到一代人缔造了伟绩，见证他们拯救了民主。是的，我们能！

她见证过蒙哥马利的巴士工潮、伯明翰的黑人暴动、塞尔玛的血腥周末和那位来自亚特兰大的传教士向人们的高声呐喊：“我们一定能战胜困难。”是的，我们能！

她见证了人类登陆月球、推倒柏林墙，以及我们通过科学和创新让世界联为一体。

今年，在这次选举中，她用手指点击屏幕投下一票。因为在美国活了106年，历经繁荣时期和黑暗岁月，她知道美国能够作出什么改变。

是的，我们能！

美国同胞们，我们走过了长路，我们见证了成就，但还有很多工作等着我们去做。所以，今晚，让我们自问：如果我们的孩子们能够一直活到下个世纪，如果我的女儿们有幸像安·尼克松·库派那么长寿，他们将会看到什么改变？我们将会取得什么进步？

现在我们有了作出回答的机会。这是我们的时刻。

我们大有作为的时候到了：让人民有业可就并为我们的下一代开创机会；再造繁荣和推进和平事业；重塑“美国梦”并重建这些基本信念——“求同存异，万众一心”以及“生命不止，希望不息”。当我们面对嘲讽、怀疑以及那些告诉我们不能做到的人，我们将以那句亘久弥真、反映民族精神的话回应他们：是的，我们能！

谢谢。上帝保佑你们。也愿上帝保佑美利坚合众国。

附录三　第44届美国总统贝拉克·奥巴马的就职演讲
（2009年1月20日）

我的同胞们：

今天我站在这里，深感面前使命的重大，诚谢你们寄托的信任，并牢记前辈作出的牺牲。我感谢布什总统对国家的奉献以及他在整个交接过程中的大度与合作。

至此，已有四十四名美国人作过总统宣誓。这些誓词曾在蒸蒸日上的繁荣年代和安宁静好的和平岁月诵读。但是，间或它们也响起在阴云密布、风暴肆虐的时期。在那样的时期，美国总是能够勉力继续前行，不仅仅因为当政者具有才干或远见，也因为我们的人民始终坚持我们先辈的理想，并忠实奉行我们的建国理念。

它既是过来之路，也必将是这一代美国人的必由之路。

我们正在经历危机，对此人们已有很好的认识；我们的国家正在进行战争，打击具有庞大网络的暴力和仇恨势力；我们的经济严重衰弱，这既要归咎于一些人的贪婪成性和罔顾责任，也是因为我们作为一个整体，未能作好一些艰难的抉择，未能让我们的国家准备好面对新的时代。以致于，房产不保，就业减少，商家破产；医疗保健费用过于昂贵；学校教育埋没了很多英才；每一天都有新的迹象显示，我们使用能源的方式正在壮大我们的对手、威胁我们的星球。

这些是危机的指标，有资料和数据为证。比较不易衡量但严重程度毫不逊色的，是整个国家信心的滑坡——一种萦绕心头的恐惧，认为美国的衰弱将不可避免，下一代人应该降低期望。

今天我要对你们说，我们的确面临真切、严峻的诸多挑战，而且要解决这些挑战并非轻而易举或一蹴而就。但是我要美国人民相信，我们一定会克服挑战。

今天，我们走到了一起，因为我们战胜了恐惧、选择了希望；我们摒弃了冲突对立、选择了齐心协力。

今天，我们誓言要为无谓的摩擦、不实的承诺、相互的指责以及陈旧的教条画上句号，它们成为我们政治发展的绊脚石。

我们仍是一个年青的国度，但用《圣经》的话说，现在是摒弃幼稚行为的时侯了。现在是时候弘扬我们的永恒精神，是时候选择创造更好的历史业绩，是时候发扬光大我们世代相传的宝贵财产、崇高理念——即上帝赋予的“众生平等、众生自由以及众生皆有机会追求最大幸福”的承诺。

要重塑这个国度的伟大，我们知道伟大从来都不靠赐予。它必须通过努力去赢取。我们的征程从来都没有捷径，我们也未曾不是全力以赴。我们的道路不适合那些生活的弱者——那些贪图享受、不思劳作的人，或是那些一心追求享受名利之徒。相反，它属于那些敢干敢做、真干实做、做出成就的人。他们中有彪炳史册者，更多的则是默默付出的人。正是他们，带领我们走过漫长崎岖的道路，迈向繁荣与自由。

为了我们，他们打点羞涩的行囊，远涉重洋，追求新的生活。

为了我们，他们劳作在血汗工厂，拓荒在西部荒原，忍受鞭笞开垦坚硬的土地。

为了我们，他们征战沙场，万死不辞，长眠于康科德、葛底斯堡、诺曼底和溪山……

为了我们能够过上更好的生活，他们备尝艰辛，倾力奉献，不辞劳苦，直至双手变得粗糙。他们看到的美国超越了我们每一个人各自的雄心壮志，也超越了出生、贫富或族群带来的所有差异。

这是今天我们要继续踏上的旅程。我们依然是地球上最繁荣、最强大的国家。我们工人的生产力并不比这场危机爆发前降低；我们的头脑并不比以前少了创造力；我们的产品和服务并不比上个星期、上个月份或上个年度少了需求；我们的能力并不比以前逊色。但是，维持现状、保护狭隘的集团利益、怯于作出艰难决策的时代无疑已经一去不返。从今天开始，我们必须振作精神，除尘涤垢，重新开启重塑美国的事业。

触目所及，许多工作等着我们去做。经济的现状要求我们采取果敢、快速的行动，而我们定会采取行动——不仅要创造新的就业，而且要为增长奠定新的基础；我们将修路筑桥、铺设电网和数字通讯网络，助力商务发展，紧密联接你我；我们将恢复科学的尊崇地位，善用科技的神奇手段提升医保质量、降低费用；我们将驯服太阳能、风能及利用大地资源作为汽车动力及工厂能源；我们将改造各级学校及高等院校，以适应新时代的需求……这一切，我们都能做到，而且我们都将做到。

现在，有人怀疑我们的雄心壮志——他们说我们的体制不能承受太多的宏伟规划。他们是健忘的，因为他们忘记了这个国家已经缔造的业绩，忘记了一旦共同的目标插上理想的翅膀、现实的需要鼓起勇气的风帆，自由的人民就能成就非凡。

那些风言冷语的人没有认识到时移势易——那些长期以来空耗我们精力的陈腐政治争拗已经过时。我们今天面临的问题不是政府太大还是太小，而是它是否起作用——是否能帮助人们找到薪水不错的工作，是否能让他们支付得起医疗费用，是否能让它们过上有尊严的退休生活……如果答案是肯定的，我们就要向前推进;如果答案是否定的，相关项目将被终止。那些公共财富的管理者必须承担责任——明智花钱，改变恶习，阳光履责——因为只有这样我们才能重塑人民和政府之间沉甸甸的信任。

摆在我们面前的问题也无关市场力量的好与坏。市场在创造财富和推广自由方面具有无与伦比的力量，但这场危机提醒了我们：如果没有监管，市场就会失控；如果一个国家仅惠及富者，那么它将无法长盛。衡量我们经济的成功，从来都不是只看国内生产总值的规模，而还要看繁荣的普惠程度，以及我们是否有能力为每一个有梦想的人提供机会——而不是通过施舍——因为这才是最可靠的共享繁荣之路。

至于我们的共同防御，我们不接受确保安全与坚守理念不可兼得的错误观点。我们的建国先贤面对我们难以想象的凶险，起草了一部保障法治和人权的宪章，一部子孙后代用自己的鲜血使其日臻完善的宪章。今天，这些理念仍然光照世界，我们不会为了权宜之计而放弃对它们的坚守。因此，对于今天正在观看转播的其他各国人民和政府——无论你们身处最繁华的首都还是像我父亲出生所在的小村庄——我们希望大家了解，凡是追求和平与尊严的国家以及每一位男人、女人和儿童，美国是你们的朋友。我们已经作好准备，再度引领大家前行。

回顾过去，几代人在抗衡敌对阵营的过程中依靠的不仅仅是导弹和坦克，更是牢固的联盟和不渝的信念。他们懂得单凭实力无法保护我们的安全，实力也并不赋予我们随心所欲的权利。相反，他们知道审慎使用实力会使我们更加强大；我们的安全源于事业的正义性、典范的感召力、以及谦卑和克制的平衡作用。

我们是这一传统的继承者。只要我们继续以这些原则为指导，就能应对那些新的威胁——这些威胁需要我们付出更大的努力，需要国家之间更多的合作与谅解。我们将开始以负责任的方式将伊拉克交回给它的人民，并在阿富汗巩固来之不易的和平。我们将与多年的朋友和昔日的敌人一道不懈努力，减轻核威胁，扭转地球变暖的厄运。我们会坚持我们的生活方式，也不会动摇捍卫它的决心。对于那些以煽动恐怖和屠杀无辜的手段实现企图的人，我们现在就正告你们，我们的意志是顽强而坚不可摧的；你们拖不跨我们，我们必将打败你们。

因为我们知道，我们丰富多元的传统是一种优势，而不是劣势。我们是一个由基督教徒、穆斯林教徒、犹太教徒和印度教徒等以及无宗教信仰者组成的国家；我们受惠于地球上四面八方每一种语言和文化的影响；经受过国内战争和种族隔离的洗礼，走出那个黑暗年代的我们变得更加坚强和团结，并且因而坚信昔日的仇恨终有一天必须消弭、族群界线必须尽快消除，在一个变得越来越小的世界里我们应该彰显人性的共性；美国必须为迎来一个和平的新纪元发挥自己的作用。

对于穆斯林世界，以共同利益和相互尊重为基础，我们寻求一条全新的前进路径；对于世界上那些妄图制造矛盾或将自己的社会弊端归罪于西方的统治者，你们应该知道：你们的人民将以你们的建设成就而不是你们的毁灭能力来评判你们；对于那些依靠腐败、欺骗、压制异见等手段死守权力的人，你们应该明白：你们站到了历史的错误一边；但只要你们停止压迫，我们愿意伸出援手。

对于贫穷国家的人民，我们保证与你们并肩努力，让你们的农田收获丰收，让你们用上清洁的水；让饥饿的身体得到温饱，让饥渴的心灵得到滋润。对于那些像我们一样享有相对富足的国家，我们要说，我们再也不能对别国人民的苦难无动于衷，同时再也不能不计后果恣意消耗地球资源。因为世界已经改变，我们必须随之改变。

在我们憧憬前路的时候，我们怀着谦卑的敬意记挂起那些此刻正巡逻在遥遥大漠、偏远山区的勇敢的美国人。他们用行动向我们诉说着什么，就像在阿灵顿公墓长眠的阵亡英雄穿越时空传来的低语。我们崇敬他们，不仅因为他们是我们的自由卫士，而且因为他们象征着奉献精神，体现着一种超越个体、追寻大义的觉悟。在这个时刻，在这个具有划时代意义的时刻，我们大家都必须具备的正是这样的一种精神。

虽然政府能够而且也必须有所作为，但这个国家的立国之本最终是美国人民的信念和决心。正是人们在堤坝崩溃时对于陌生人的关爱，正是工人们宁愿减少自己的工时而不愿看到工友失去工作的无私，才使我们度过了最暗淡的时光；正是消防队员冲进浓烟滚滚的楼道的勇气，也正是父母们倾心培养孩子的担当，才能决定我们最终的命运。

我们面临的挑战或许是新的，我们应对这些挑战的方式可能是新的。但我们赖以成功的价值观——诚实和勤奋、勇气和公平、包容心态和探索精神、忠诚和爱国——

却是恒久而真切的。它们一直是贯穿我们整个历史的一股无声的进步力量。现在要求我们做的便是重新拥抱这些真理。现在我们必须开创一个负责任的新时代——每一个美国人都需要认识到我们对自己、对国家、对世界都负有一份义务，一份不需勉强接受、而是欣然承担的义务，同时坚信我们为了实现艰巨使命而全力以赴，这比任何其他事情都更能带给我们精神上的满足、更能体现我们品格上的高尚。

这就是公民应尽的义务和承诺。

这就是我们的信心源泉，因为我们知道上帝在召唤我们开创未知的命运。

这就是我们的自由和信念的真谛——为什么各个种族、各类信仰的男女老少能在这个雄伟的广场欢聚庆祝；为什么今天有人能站在这里作出最神圣的宣誓，而不到60年前他的父亲仍可能会被当地餐馆拒之门外。

因此，请让我们记住这个日子，记住我们鲜明的特质，记住我们走过的长路。在美利坚诞生的年月，在那些最寒冷的日子，一群爱国将士在一条冰河岸边围着奄奄一息的篝火取暖。首都已被占领。敌人正在挺近。雪地沾着血迹。在那样一个革命存亡最受考验的时刻，我们的开国之父向人民宣读了这样一段话："让我们昭告未来的世界……在这个隆冬时节，万物萧索，唯有希望和勇气能够顽强存活……这座城市和这个国家面临着共同的危难，我们挺身而出，奋起迎战。"

美国同胞们，在我们面临共同危难之际，在我们遇到艰难险阻的冬日，让我们牢记这些历久弥新的话语。怀着希望和优秀品格，让我们再一次抵御寒流、对抗风暴。让我们的后代子孙这样评说：我们在遇到考验的时候没有放弃、没有退却、没有动摇；放眼前方的道路，沐浴上帝的恩泽，我们继承自由这一宝贵的精神，并且薪火相传、砥砺后代。

谢谢。上帝保佑你们。上帝保佑美利坚合众国！